Pasta

Julia della Croce

Pasta

Die große Leidenschaft · 140 Rezepte

Fotos von Ian O'Leary

BLV

Für meine geliebte Gabriella Leah und Celina Raffael
die sich an Sternchennudeln, Ring- und Muschelnude
Schmetterlingsnudeln und an allem anderen erfreue

Die Deutsche Bibliothek – CIP-Einheitsaufnahme

Della Croce, Julia: Pasta : die große Leidenschaft ; 140 Rezepte / Julia Della Croce. Fotos von Ian O'Leary. [Übers. aus dem Engl.: Susanne Bunzel-Harris]. – München ; Wien ; Zürich : BLV, 1998
Einheitssacht.: Pasta <dt.>
ISBN 3-405-15529-0

Ein Dorling Kindersley-Buch

BLV Verlagsgesellschaft mbH
München Wien Zürich
80797 München

Titel der englischen Originalausgabe: PASTA

Übersetzung aus dem Englischen: Susanne Bunzel-Harris
Herstellung: Sylvia Hoffmann
Satz und DTP: Satz + Layout Fruth GmbH, München
Einbandgestaltung: Sander + Krause, München
Einbandfoto vorn: Ian O'Leary
Einbandfoto hinten: Dave King

Printed in Italy • ISBN 3-405-15529-0

Sofern nicht anders angegeben sind alle Rezepte für 4 Personen berechnet.

Inhaltsverzeichnis

Einführung

Als mich mein Verleger bat, dieses Buch zu schreiben, fragte ich mich zunächst einmal, was ich denn noch zum Thema Nudeln sagen könnte. Denn dies würde dann mein drittes Buch über Nudeln werden. Doch dieser Gedanke verflog gleich wieder, und ich freute mich, daß ich meine Gespräche über Nudeln würde fortsetzen dürfen. Bei dem Versuch, meine Begeisterung für dieses wunderbare Nahrungsmittel zu beschreiben, kommen mir die Worte des Volkskundlers Folco Portinari, Professor an der Universität Turin, in den Sinn, der sich zur Stellung der Pasta im italienischen Alltag folgendermaßen geäußert hat: »Nudeln – und Wein – sind in ihrer Bedeutung für Italien zwischen einem Sakrament und einer Droge anzusiedeln.« Wie groß die Hingabe der Italiener an ihre Nudeln ist, erkennt man bereits an der Tatsache, daß der heilige Stephan als Schutzpatron der Nudelbäcker gilt. Das Ereignis, das zu seiner Heiligsprechung führte, ist in einem Renaissancegemälde dargestellt, das heute im Museo Nazionale delle Paste Alimentari in Rom hängt. Das Gemälde zeigt, wie der Heilige in einem Holztrog, wie man ihn zum Kneten von Nudelteig verwendet, ermordet aufgefunden wird.

Es gibt Beweise dafür, daß Nudeln bereits zu Zeiten der Etrusker, der frühesten Siedler auf der Apenninenhalbinsel, auf dem Speiseplan standen. Einen regelrechten Aufschwung erlebte die Pasta jedoch erst im achtzehnten und neunzehnten Jahrhundert, als die Entwicklung getrockneter Nudeln die Produktion in großem Maßstab ermöglichte. Dieser neue Teig wurde aus Hartweizengrieß und nicht aus feingemahlenem weißen Mehl gemacht und enthielt keine Eier. Der Teig war daher für die Massenproduktion einfacher und zugleich billiger. Die industrielle Herstellung nahm in Sizilien ihren Anfang und kam später über den bedeutenden Handelshafen Genua nach Ligurien. Ende des neunzehnten Jahrhunderts hatte sich schließlich Neapel wegen seines günstigen Klimas und seines Hafens, über den zusätzlich Weizen aus dem Ausland importiert werden konnte, als Zentrum der Nudelherstellung etabliert. Getrocknete Nudeln wurden schnell zum Synonym für süditalienische Küche. »Pastifici«, Nudelherstellungsbetriebe, schossen überall in Neapel und an der amalfitanischen Küste wie Pilze aus dem Boden, denn das heiße und windige Klima war zum Trocknen der Nudeln im Freien ideal. Ende des neunzehnten Jahrhunderts zählte man allein in Neapel 1500 solcher Pastifici.

Nudeln trocknen vor einer neapolitanischen Nudelfabrik im Freien, um 1900

Pasta und Mythos

Getrocknete Nudeln waren schon bald selbst für die ärmsten Italiener in reichen Mengen erschwinglich. Man begann dieses Nahrungsmittel, das den sprichwörtlichen Wolf vor der Tür verjagt hatte, zu verehren. Nudeln wurden zu einer neuen Folklore, ja man schrieb ihnen sogar magische Eigenschaften zu. In der Commedia dell'arte, dem Volks- und Straßentheater des sechzehnten bis achtzehnten Jahrhunderts, waren »maccheroni« ein zentrales Thema. Die Liebe Neapels zu seinen Nudeln wird durch die Figur des Pulcinella, des

Drei Pulcinellas stehen um einen brodelnden Topf mit Gnocchi, Giambattista Tiepolo, 1751

gefräßigen und listigen Dieners mit der berühmten Halbmaske und der Vogelnase, zum Ausdruck gebracht. Der Legende zufolge stammt er von einem Huhn ab (Pulcinella bedeutet wörtlich »kleines Küken«, d. Ü.) und trägt deshalb so deformierte Gesichtszüge. Seine weißen Hosen und der konische Hut (in manchen Darstellungen sein Kochtopf) entsprachen der traditionellen Kleidung süditalienischer Bauern. In einem Aufsatz über Pulcinella beschreibt Alberto Consiglio, wie fahrende Theatertruppen im Pulcinella-Kostüm die Gestalt in ganz Europa bekannt machten und somit auch den Nudeln zu Berühmtheit verhalfen: »... zusammen mit Pulcinella werden Maccheroni als Instrument für lustiges Vergnügen, als ein Symbol für den grotesken Hunger des neapolitanischen Volks bekannt.«

Für Pulcinella, das Maskottchen der Armen, ist Hunger ein immerwährender Zustand; er ist für immer und ewig besessen von den »maccheroni«, den getrockneten Nudeln des Südens. Das Bild Pulcinellas, der voller Gier einen Teller Nudeln in Angriff nimmt, galt als Symbol für den Appetit der Neapolitaner auf Teigwaren und ist in den Werken volkstümlicher Illustratoren und großer Meister, von Pinelli bis Giambattista Tiepolo, zu sehen. Und was ist Pulcinella anderes als eine idealisierte Darstellung der Dankbarkeit, die das Volk als eine wunderbare Erfindung empfindet? Bis zum heutigen Tage überleben Darstellungen eines Nudeln essenden Pulcinella – des öfteren ist seine weiße Bauernkluft auch mit Tomatensauce bekleckert – auf Nudelpackungen und als Schilder für Spaghettirestaurants in ganz Europa und Amerika.

Neapolitanische Straßenszene mit Nudelköchen und Kundschaft, Ende 19. Jh.

Eine Heldenspeise

Eine Zeichnung, die die Zeitung *The Street Lamp Newspaper for Everybody* am 4. September 1860 (drei Tage nach dem Einmarsch des Freiheitskämpfers Garibaldi in Neapel) veröffentlichte, zeigt die neapolitanische Armee als Legion von Pulcinellas, die mit Nachttöpfen voller Spaghetti bewaffnet ist. Die Neapolitaner, die als Gesetzesbrecher und wilde Kämpfer galten, erlangten ihre Stärke durch den Verzehr nahrhafter Nudeln – genauso wie Popeye seine übermenschliche Kraft aus seinem Spinat gewann.

Die Geschichte der Nudeln war jedoch nicht immer einfach. Im Laufe der Jahrhunderte sahen Päpste, Philosophen, Reformer, Diktatoren und Doktoren im Genuß von Pasta Gefahren für Leib und Seele. Selbst noch in moderner Zeit wurde die gastronomische Leidenschaft der Italiener angegriffen. 1932 schrieb der futuristische Künstler und Gesellschaftsreformer F.T. Marinetti mit *La Cucina Futuristica* ein Manifest gegen die Nudel. Mit seinem Feldzug suchte er Mussolini und die Italiener zu überzeugen, daß ständiger Pastagenuß das Land in den Ruin stürzen würde. Er betonte, daß diese Nudelsucht eine Nation von Träumern statt Kämpfern hervorgebracht habe, und daß Italien wegen seiner pastabetonten Ernährungsweise rückständig geblieben sei. Marinetti entwickelte Menüs, die die Menschheit der Zukunft auf eine »luftigere und schnellere Existenz« vorbereiten könnten und die den Ideen des zwanzigsten Jahrhunderts besser entsprächen. Anstelle von Pasta empfahl er Bananen- und Sardellen-Sandwiches sowie gekochtes Gemüse, das in astrologische Formen geschnitten wurde. Mit seinen Ideen stieß er allerdings auf taube Ohren. Mussolini ließ seine neuen und schlanken Aluminiumzüge pünktlich verkehren, doch die italienischen Eßgewohnheiten revolutionieren konnte er nicht.

»Mangiamaccheroni« (Maccharoni-Esser) in einer Darstellung des englischen Künstlers Percival Seaman, Neapel 1843

Ein Nahrungsmittel mit Tradition

»Wenn du ewig leben willst, mußt du Wein trinken und Nudeln essen.«
(Sizilianisches Sprichwort)

Meine erste Einführung in das Geheimnis der Nudeln fand in der Küche meiner Mutter statt. Sie kochte unzählige und immer neue Variationen von Pasta, um unseren ungezügelten Appetit zu stillen. Getreu der alten italienischen Küchenweisheit, daß zuerst das Auge und dann erst der Mund ißt, verwandelte sie Mehl und Eier zu Bandnudeln, Spiralen, Schmetterlingen, Halbmonden und Engelshaar. Es gab auch getrocknete Nudeln in einer beachtlichen Vielfalt von kleinen und schlanken Mehl-und-Wasser-Skulpturen, die jeweils einen ganz bestimmten kulinarischen Zweck erfüllten. Im Einklang mit der sprichwörtlichen italienischen Lebensfreude gab es absurde und extravagante Nudeln – von »fliegenden Untertassen« bis zu »Avemarias«. Es gab auch die Superlative und die Diminutive: nicht nur kleine Schilfrohre (Cannelle), sondern auch winzige Schilfrohre und dicke Schilfrohre (Cannelloni). Und welches Kind kann schon Nudeln widerstehen, die Clownshüte, Priesterhüte, Forellenaugen, Wolfsaugen und Spatzenzungen heißen? Bis vor wenigen Jahren war es

Eine Auswahl getrockneter Nudelsorten, die jeweils einen ganz bestimmten kulinarischen Zweck erfüllen

schwierig, diese ausgefallenen Formen außerhalb Italiens aufzutreiben. Jetzt, da fast die ganze Welt im Nudelfieber steckt, gibt es viele von den einst unbekannten Formen überall zu kaufen.

Italiens Pasta

Da ich die italienischen Ernährungsgewohnheiten ernsthaft und eingehend untersucht habe, kenne ich mich mit den unendlich vielen verführerischen Nudelrezepten Italiens aus. Wo immer man hinkommt, wo immer man Nudeln ißt, sei es nun hervorragende Hausmannskost oder in einem Restaurant – ein Teller Nudeln schmeckt fast immer köstlich. Die Saucen bestehen immer aus den besten Zutaten, die es gerade frisch gibt und die dann einfach, aber geschickt mit den typischen Aromen der italienischen Küche kombiniert werden. Aufwendige Nudelgerichte wie Lasagne al forno oder gefüllte Nudeln werden mit derselben sicheren Hand zusammengestellt, die die italienische Handwerkskunst in der ganzen Welt so berühmt gemacht hat.

Ein Teller Pasta ist eine kulinarische Ode an Italiens komplexe und reiche Geschichte, an der die etruskischen und griechischen Vorfahren ebenso mitgewirkt haben wie die Überfälle der Sarazenen und die Königreiche der Spanier, Bourbonen und Habsburger sowie viele andere fremde Völker. So kommen heute in einem Teller Nudeln Zutaten aus der einheimischen Küche und aus der Neuen Welt zusammen.

Diese Rezeptsammlung zeigt die meiner Ansicht nach besten Nudelgerichte der Welt – italienische Nudeln. Niemand kocht Pasta so wie die Italiener. Die Rezepte in diesem Buch sind das Ergebnis meines lebenslangen Umgangs mit italienischer Küche. Ich habe einige Regionalgerichte aufgenommen und auf meine Weise interpretiert, doch die meisten Rezepte entspringen meiner Phantasie; andere wieder stammen von Freunden und Kollegen. Alle Rezepte basieren auf klassisch italienischer Küche, selbst wenn sie etwas kreativer zubereitet werden. So wird meine Buttersauce zu den Kürbistortelli beispielsweise mit (sehr un-italienischem) Kardamom aromatisiert oder eine Brühe mit Safran gefärbt.

Ich möchte meine Leser mit köstlichen Rezepten verführen und ihnen zeigen, wie man Pasta richtig kocht. Damit Sie auch das einfachste Gericht »alla italiana« bis zum letzten Bissen genießen können.

Eine Nudelgalerie

Nudeln haben mich mein ganzes Leben lang begleitet. In der Tat waren Nudeln in der Form von Pastina, d. h. Suppennudeln, die erste feste Nahrung, die ich zu mir nahm. Dann kamen die vielen anderen Formen, mit denen ich aufwuchs, und die dazu passenden Saucen: mit Knoblauch, Wiesenkräutern und Blattgemüse bis hin zum würzigen Ragù. An Feiertagen wurden die Nudeln festlicher zubereitet. Dann gab es handgemachte Tagliatelle mit einer Sauce aus Wein und Steinpilzen oder beispielsweise mit dem würzigen, nach Rosmarin duftenden Saft des sonntäglichen Lamm- oder Schweinebratens. Von der bescheidenen Suppeneinlage bis zu üppiger Pasta zum Füllen – Nudeln sind bemerkenswert vielseitig, wie die außergewöhnliche Vielfalt in dieser Galerie zeigt.

Minestre

Suppen

Safransuppe mit kleinen Teigflecken

Nudeln und Suppen sind perfekte Partner, solange die Form und die Größe der Nudeln zum Charakter der Suppe paßt. In klare Brühe gibt man nur die winzigkleinen Suppennudeln (Pastina) oder feines Engelshaar. Im Verhältnis zu den übrigen Zutaten gibt man eher weniger Nudeln in die Suppe, damit die Suppe nicht zu dick wird und die Flüssigkeit beim Garen der Nudeln nicht ganz aufgesogen wird.

Minestrone estivo con prosciutto e parmigiano

Die Minestrone, wörtlich »dicke Suppe«, steckt voller Sommergemüse und Bohnen. Diese Version wurde auch noch mit Schinkenwürfeln und hochwertigem Olivenöl angereichert. (Rezept auf Seite 64).

Brodo con zafferano e quadrucci

Diese goldgelbe und aromatische Minestra duftet intensiv nach Safran. Die winzigen Eiernudeln (Quadrucci) können Sie fertig kaufen oder von Hand machen. (Rezept auf Seite 68.)

Stracciatella con polpettine e pastina

Kleine, leichte Suppennudeln (hier Orzi) und verquirlte Eier werden in diese klare Brühe gegeben. Die winzigen Klößchen werden aus Putenfleisch und italienischer Bratwurstmasse gemacht. (Rezept auf Seite 65.)

Brodo con polpettine di pollo e capelli d'angelo

Die zarten Fleischbällchen bleiben saftig, weil sie in der Brühe gegart werden. Die Engelshaarnudeln sorgen für Fülle. (Rezept auf Seite 69.)

Minestra di fave con linguine

Zarte grüne Puffbohnen, kurze Linguinestückchen, frisch gehacktes Basilikum und Minze sowie Parmaschinken zeichnen diesen sizilianischen Klassiker aus. (Rezept auf Seite 67.)

Pasta fresca

Frische Nudeln

Tomatennudeln mit Lauch und Garnelen

Nirgendwo werden frische Nudeln so gut und so phantasievoll zubereitet wie in der italienischen Küche. Während einige bekannte Gerichte aus frischer Pasta auch in den Restaurants im Ausland angeboten werden, reichen sie dennoch nicht an die Nudeln heran, die in Italien daheim in der Küche zubereitet und (wie alle guten Nudeln) auf die Minute genau gekocht werden. Der Nudelteig muß unglaublich dünn sein, damit er porös und zart bleibt und die feine Sauce aufnehmen kann.

Tagliatelle con melanzane arrosto, pomodoro e mozzarella

Die harmonische Kombination von kräftigen und zarten Aromen ist das Besondere an dieser ungewöhnlichen Nudelsauce aus gebratenen Auberginen, schmelzendem Mozzarella und fruchtigen Eiertomaten. (Rezept auf Seite 84.)

Tagliatelle di pomodoro con porri e gamberi

Lauch und Estragon verleihen dieser zarten Sauce, die hier zu Tagliatelle gereicht wird, eine natürliche Süße. (Rezept auf Seite 84.)

Farfalle con carne di vitello e pinoli

Die geglückte Saucenkreation für frische Schmetterlingsnudeln vereint würzig gebratenes Kalbfleisch, Pinienkerne, Zitronenschale und aromatischen Rosmarin. (Rezept auf Seite 88.)

Maltagliati con piselli, cipolla e pancetta

Zarte Erbsen, Pancetta, Minze und Petersilie bilden die Grundlage für diese frühlingshafte und vielseitige Sauce, die zu Maltagliati und anderen Nudelsorten paßt. (Rezept auf Seite 89.)

Taglierini con salsa di pesce

Butter bildet die Basis für diese raffinierte Safransauce mit Meeresfrüchten, die zu frischen Taglierini gereicht wird. (Rezept auf Seite 80.)

Pasta secca

Getrocknete Nudeln

Schmetterlingsnudeln mit rotem und gelbem Paprika

Die erstaunliche Vielfalt getrockneter Nudeln (Pasta secca) paßt zu vielen verschiedenen Gerichten. Im allgemeinen eignen sich getrocknete Nudeln besser zu kräftigen Saucen als zarte und frische Nudeln. Bestimmte Formen werden auf unterschiedliche Art mit ihren Saucen kombiniert. Spaghetti passen beispielsweise zu Saucen auf Sahne- oder Olivenölbasis; Penne (die klassischen Federkiele) sind hervorragend geeignet für dickere Saucen, die sich in den Einkerbungen und Röhren festsetzen können.

Penne con broccoli, salame e fagioli

Die kräftige Sauce vereint cremige Cannellinibohnen, hochwertige Salami und zarte Brokkoliröschen und verlangt daher nach kurzen Nudeln. (Rezept auf Seite 95.)

Farfalle con peperoni arrostiti

Gebratene rote und gelbe Paprikaschoten verleihen der Sauce einen rauchigen Geschmack und sind in ihrer Form und Konsistenz die ideale Ergänzung zu Schmetterlingsnudeln. (Rezept auf Seite 92.)

Spaghetti con aglio, olive ed erbette

Dieses einfache Gericht, in dem schlichte, doch aromatische und köstliche Zutaten verarbeitet werden, ist in Süditalien sehr beliebt. (Rezept auf Seite 96.)

Nidi con carciofi e finocchio fresco

Diese sardische Nudelspezialität wird aus dem Lieblingsgemüse der Insel gemacht: Artischocken und Fenchel. Sahne und Parmesan ergänzen sich hierzu ideal. (Rezept auf Seite 101.)

Linguine con calamari e aglio

Meeresfrüchte, Pfefferschoten, Weißwein und frische Strauchtomaten, aufgepeppt mit einem Hauch Knoblauch, sind eine klassische Kombination. Hierfür können Sie auch Spaghetti verwenden. (Rezept auf Seite 99.)

Pasta secca con salse crude

GETROCKNETE NUDELN MIT KALTEN SAUCEN

Fusilli mit Tomaten und Mozzarella

Die Kombination von dampfend heißer Pasta mit einer kühlen, rohen Sauce schmeckt köstlich. Hier ist es ganz besonders wichtig, daß Sie nur die allerbesten Zutaten verwenden. In Italien serviert man im Sommer diese leichten und erfrischenden Nudelgerichte – und nicht die kalten, sogenannten Nudelsalate mit einem Essigdressing, das nur allzu oft als Deckmantel für unharmonisch zusammengewürfelte Zutaten dient.

CONCHIGLIE CON POMODORO CRUDO, AVOCADO E GAMBERETTI

Dieses köstliche Sommergericht besticht durch die wunderbar ausgewogene Kombination von verschiedenen Aromen und Konsistenzen.
(Rezept auf Seite 104.)

FUSILLI CON POMODORO E MOZZARELLA

Milde, milchige Mozzarellawürfel verwandeln diese klassische Tomatensauce in ein völlig neues Gericht, das mit würzigem Basilikum und frisch gemahlenem Pfeffer noch belebt wird. (Rezept auf Seite 104.)

TRENETTE AL PESTO ALLA SILVANA

Pesto alla genovese mit seinem Aroma von frischem Basilikum, Pinienkernen, Parmesan und fruchtigem Olivenöl gehört zu den verführerischsten rohen Nudelsaucen.
(Rezept auf Seite 107.)

SPAGHETTINI CON LIMONE, CAPPERI E OLIVE

Die pikante Kombination von säuerlichen grünen Oliven, salzigen Kapern, Zitrone und scharfen roten Pfefferschoten ergibt ein einfaches und zugleich wohlschmeckendes Gericht. (Rezept auf Seite 106.)

PASTA ALLA PUTTANESCA

Der neapolitanische Klassiker wurde hier mit Conchiglie zubereitet. Die gekühlte Version der bekannten Puttanesca-Sauce schmeckt genauso lebhaft und kräftig wie die gekochte Spielart. (Rezept auf Seite 106.)

Pasta ripiena

Gefüllte Nudeln

Tortellini mit Pilz-Sahne-Sauce

Hauchdünne Blätter handgemachten Nudelteigs können zu Täschchen geformt oder zurechtgeschnitten werden, die eine verführerische Vielfalt frisch zubereiteter Füllungen umschließen. Zu den regionalen Spezialitäten gehören solche Köstlichkeiten wie Cappellacci mit einer Füllung aus süßem Kürbis und Orangen, klassische Spinat- und Ricotta-Ravioli mit frischer Tomatensauce, würzig gefüllte Crêpes, die mit Béchamelsauce und Parmesan überbacken werden, sowie die Bologneser Tortellini, die sanft in Brühe garen.

Tortelloni al pomodoro ripieni di pesce e patate in burro fuso

Die zarten Nudeltäschchen, die aus einem mit Tomaten leicht gefärbten Eierteig zubereitet und mit Fisch und Kartoffeln gefüllt werden, braucht man nur mit etwas Butter und Pecorino anzurichten. (Rezept auf Seite 116.)

Tortellini con salsa di funghi e panna

Diese Tortellini sind mit einer duftenden und raffiniert gewürzten Fleischmasse gefüllt. Die sahnige Pilzsauce ergänzt die Aromen der Füllung. (Rezept auf Seite 118.)

Pansotti di ricotta e prosciutto all'Aurora

Parmaschinken ergänzt die klassische Käsefüllung in diesen vielseitigen Nudeltäschchen. (Rezept auf Seite 113.)

Ravioli di zafferano con spinaci, ricotta e salsiccia

Eine kleine Prise Safran verleiht dem Teig für diese venezianisch inspirierten Ravioli eine sonnengelbe Farbe. (Rezept auf Seite 113.)

Caramelle di zucca e mela in burro fuso

Diese Nudeltäschchen sehen wie Bonbons aus, werden mit Kürbis und Äpfeln gefüllt und schmecken durch die mit Kardamomkapseln gewürzte Buttersauce leicht exotisch. (Rezept auf Seite 118.)

Pasta al forno

NUDELAUFLÄUFE

Nudelauflauf mit Pilzen

Auch die Regel, daß Pasta vor dem Anrichten mit Sauce gekocht werden muß, hat eine Ausnahme. Bei Aufläufen werden getrocknete oder frische Nudeln direkt mit Würsten, Schinken, Gemüse und Käse und allen nur erdenklichen Saucen verarbeitet. Bei aller Kreativität sollten die einzelnen Zutaten jedoch zusammenpassen und die Nudeln beim Überbacken schön saftig halten.

CONCHIGLIONI AL FORNO CON RICOTTA E SPINACI IN SALSA AURORA

Riesige Pastamuscheln dienen als Behälter für die sahnige Ricotta- und Spinatfüllung. Gehackte Pinienkerne sorgen für angenehmen Biß. (Rezept auf Seite 127.)

MACCHERONI AL FORNO CON FUNGHI

Kräftige Steinpilze, zarte Pfifferlinge und Zuchtpilze werden hier mit Lumache angerichtet. Semmelbrösel machen den Auflauf leicht und knusprig. (Rezept auf Seite 125.)

BUCATINI AL FORNO ALL'AMENDOLARA

Diese üppige Mahlzeit stammt aus Apulien. Fruchtige Eiertomaten, Hähnchenfleisch und eine kräftige Tomatensauce werden unter einer Kruste aus Bucatini und Pecorino gebacken. (Rezept auf Seite 126.)

TAGLIATELLE AL FORNO CON TONNO

Leichte Tomatensauce und viel saure Sahne machen diese frischen Tagliatelle mit Thunfisch wunderbar saftig. (Rezept auf Seite 129.)

PENNETTE AL FORNO CON CAVOLO E FONTINA

Kreuzkümmel und Fontina gehören zwar in die traditionelle norditalienische Küche, doch dieser herzhafte Auflauf aus Röhrennudeln und Weißkohl ist eine neue Erfindung. (Rezept auf Seite 128.)

Pasta al forno per le feste

Festliche Nudelaufläufe

Lasagne mit Auberginen und Fleischsauce

Elegante Nudelformen, vielschichtige Lasagne und Teighüllen umschließen die üppigen Pastagerichte aus der bürgerlichen Küche. Bauernspeisen werden in der Regel auf dem Herd zubereitet, weil früher viele Leute kein Backrohr besaßen. Köche in wohlhabenden Haushalten verfügten dagegen über relativ gut ausgestattete Küchen und über die Zeit, die die Bereitung eines solchen Auflaufs erfordert. Erst hier konnten *Timbale*, Aufläufe und andere festliche Nudelgerichte entstehen.

Timballo di pasta con polpettine

In diesem Timballo werden Maccheroni und Fleischbällchen mit Tomaten- und Béchamelsauce kombiniert und dann mit einem Teigmantel überzogen, damit der Auflauf beim Backen schön saftig bleibt. (Rezept auf Seite 137.)

Lasagne al forno con melanzane e ragù

Diese aufwendige Lasagne ist mit gebratenen Auberginen und einer kräftigen Bologneser Hackfleischsauce oder einem Ragù gefüllt. Hierfür braucht man sehr feine und frische Nudelblätter. (Rezept auf Seite 136.)

Timpano di tagliatelle con salsa di vitello

Frische Eiernudeln werden mit Zwiebelbéchamel angemacht, in einer Ringform gebacken und mit einer Sauce aus Kalbfleisch, Zwiebeln, Wein und Salbei serviert. (Rezept auf Seite 138.)

Lasagne al forno alla Marcella

Aufgeschnittene Artischockenherzen, Spinat, Ricotta und eine zarte Béchamelsauce werden zwischen Lagen aus frischem und hauchdünnem Nudelteig gefüllt. (Rezept auf Seite 134.)

Cannelloni al forno con pollo e funghi

Frische oder getrocknete Cannelloni umschließen zartes Hähnchenfleisch und Pilze in einer samtigen Sauce. Der Auflauf wird dann überbacken, bis er goldbraun aussieht und Blasen wirft. (Rezept auf Seite 140.)

Gnocchi

Gnocchi, Klösschen und Knödel

Kartoffelgnocchetti mit Tomaten und Mozzarella

Klassische Gnocchi (sprich: »njocki«) aus Kartoffelteig sind vermutlich am bekanntesten. Unter dem Begriff versteht man aber auch Klößchen und Knödel aus Brot und Gemüse, z. B. Kürbisfleisch, Auberginen und Spinat. Unter den vielen Regionalrezepten finden sich auch die habsburgisch beeinflußten Zwetschgenknödel aus Istrien: Kartoffelklößchen mit Zwetschgenfüllung, die mit zerlassener Butter und Zimtzucker serviert werden.

Gnocchi di spinaci alla Marcella

Eine bunte Version der klassischen Kartoffelgnocchi, hier mit einer zarten Tomatensauce auf Butterbasis angerichtet. (Rezept auf Seite 147.)

Gnocchetti con pomodoro e mozzarella

Diese winzigen Kartoffelgnocchi sind mit einer einfachen Sauce aus frischen und saftigen Strauchtomaten angemacht und mit frischem Mozzarella überbacken. (Rezept auf Seite 146.)

Canederli

Diese köstlichen Speckknödel ißt man im Trentino und in Südtirol. Sie werden in einer kräftigen Fleischbrühe gegart und serviert und ergeben einen köstlichen ersten Gang oder ein kleines Mittagessen. (Rezept auf Seite 150.)

Gnocchi di semolino alla romana

Verschiedene Grundnahrungsmittel (Grieß, Milch, Butter, Eier und Käse) werden hier zu einem eleganten Gericht verarbeitet, das auf einem traditionellen römischen Rezept beruht. (Rezept auf Seite 149.)

Gnocchi di ricotta

Frische Ricotta verleiht diesen Klößchen eine saftige und cremige Konsistenz, die sehr gut zum süß-säuerlichen Aroma einer Tomatensauce paßt. (Rezept auf Seite 143.)

Ein Nudelkatalog

Ein italienischer Sozialwissenschaftler hat in Italien die erstaunliche Menge von 2000 verschiedenen Nudelsorten gezählt. Ungefähr 350 davon sind getrocknet und industriell hergestellt. Den Rest bestreiten die vielen Arten von frischen, hausgemachten Nudeln und seltenen, regionalen Spezialitäten. Der typisch italienischen Lebensfreude entspringen denn auch diese phantastischen, grotesken und profanen Nudelsorten, die »Kußräuber«, »Bräutigame« oder gar »Priesterwürger« getauft wurden. Dieses Kapitel zeigt Ihnen eine Auswahl der Nudelsorten, die es in der Regel auch außerhalb Italiens zu kaufen gibt.

Suppennudeln

Es gibt unvorstellbar viele verschiedene Arten von Suppennudeln, doch die meisten sind außerhalb Italiens entweder unbekannt oder unbedeutend. Sie stellen eine köstliche Beigabe zu Brühe und Suppe dar. Bei Suppennudeln hält man sich an folgende Faustregel: Die kleine und leichte Pastina (wörtlich: »kleine Nudeln«) wie Sternchennudeln, »Pfefferkörner« oder »Melonenkerne« verwendet man für klare Brühe. Pastina läßt sich außerdem schnell in Salzwasser kochen und mit etwas Butter anrichten. Dies ist in Italien die typische Kleinkindernahrung, doch auch für größere Kinder und Erwachsene ergibt Pastina ein gutes und einfaches Mittagessen. Italienische Nudelhersteller bieten auch Pastina mit Spinat- und Karottenaroma mit zusätzlichen Nährstoffen sowie Eier-Pastina an. Größere Suppennudeln kommen in kräftigere Suppen, wobei die Größe der Nudeln den Ausmaßen der anderen Zutaten entspricht.

ACINI DI PEPE *(»Pfefferkörner«)*
Die vermutlich kleinste Spielart der Pastina heißt manchmal auch »Peperini« und paßt gut in klare Brühe.

ORZI *(»Gerstenkörner«)*
Die wie Gerstenkörner oder Graupen geformten Orzi sind für meine Variante der Stracciatella (Seite 65) ideal.

RISI, RISONI *(»Reis«)*
Diese Nudelsorte, auch »Pasta a riso« genannt, sieht im gekochten Zustand Reis täuschend ähnlich.

ALFABETI *(Buchstabennudeln)*
Die winzigen Buchstaben und Zahlen gefallen Kindern besonders gut.

STELLINE *(»Sternchen«)*
Die zarten Sternchennudeln werden oft mit Butter und heißer Milch angerichtet (Seite 100).

QUADRUCCI *(»kleine Quadrate«)*
Diese kleinen, quadratischen Eiernudeln machen leichte Suppen etwas gehaltvoller.

CAPELLINI TAGLIATI
(feine Haarnudeln, gekürzt)
Diese haarfeinen Nudeln werden gekürzt und in Brühe gekocht.

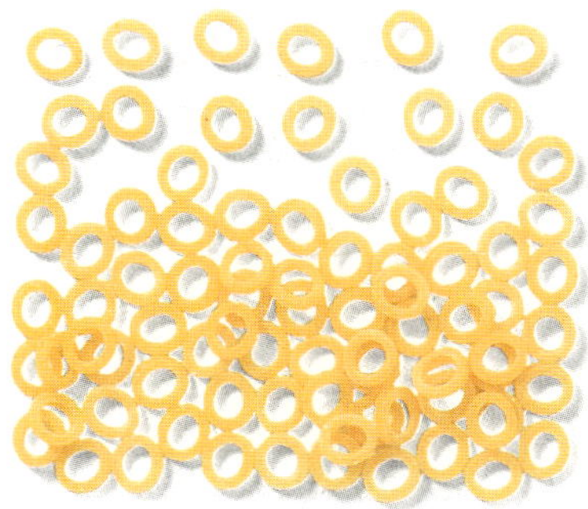

ANELLINI *(»Ringlein«)*
Geben Sie diese Anellini in Gemüse- und Fleischbrühe.

TUBETTINI *(»kleine Röhrchen«)*
Diese winzigen Röhrennudeln passen zu leichten Suppen. Die größeren Tubetti sind für Minestrone geeignet.

CONCHIGLIETTE *(»kleine Muscheln«)*
Diese Form bildet eine gute Einlage für leichte Suppen, wie Gemüse- oder Linsensuppen.

FARFALLINE *(»kleine Schmetterlinge«)*
Geben Sie diese zarte Nudelform in klare Brühe und leichte Suppen.

FUNGHETTI *(»kleine Pilze«)*
Diese witzigen Eiernudeln in Pilzform schmecken gut in einer herzhaften Suppe.

Lange Nudeln

Die meisten langen Nudeln (pasta lunga) werden einfach mit Saucen serviert. Die sehr langen und weiten Röhrennudeln wie Zitoni und Penne di natale (»Weihnachts-Penne«) werden auch zu Aufläufen verarbeitet. Ich habe bereits hitzige Debatten darüber gehört, ob man lange Nudeln vor dem Kochen kürzen soll oder nicht. Puristen lassen sie ganz; Pragmatiker halten dagegen, daß man die Nudeln leichter kochen und essen kann, wenn man sie in kürzere Stücke bricht. Ich selbst lasse sie lieber ganz. Warum gibt es denn sonst all diese phantasievollen Formen, wenn man sie bricht, bevor sie überhaupt den Kochtopf erreicht haben? Gewiß, lange Röhrennudeln sind schwierig zu essen. Doch schließlich ist die Fertigkeit, diese Nudeln zu konsumieren ohne zu kleckern, Teil der Nudelkunst.

Capelli d'angelo, Capellini

»Engelshaar«, haarfeine Nudeln
Servieren Sie Capelli d'angelo in Brühe; Capellini in Brühe, mit zarten, durchpassierten Saucen oder in Nudelaufläufen.

Vermicelli, Fedelini

»Würmchen«, sehr feine Nudeln
Kürzen Sie die dünnen Vermicelli und Fedelini und verwenden Sie sie als Einlage für klare Suppen. Etwas dickere Versionen der Vermicelli können auch mit Sauce gegessen werden.

Spaghetti alla chitarra, Spaghetti

Spaghetti mit quadratischem Querschitt, »Schnürchen«
Spaghetti alla chitarra sind nach dem Drahtrahmengestell benannt, auf dem sie geschnitten werden. Spaghetti passen zu Tomaten- oder Fischsaucen und zu Saucen auf Ölbasis.

Bavettine, mezze linguine

Schmale Bandnudeln, halbbreite Linguine
Nehmen Sie diese halbbreiten Linguine für Saucen mit Meeresfrüchten und zarte Saucen mit Olivenöl.

Linguine

»Zünglein«
Linguine werden traditionsgemäß mit »weißen« Muschelsaucen (d. h. ohne Tomaten), Pesto und zarten Saucen auf Ölbasis angerichtet.

Perciatelli

Kleine Röhrennudeln
Passen zu Ragù, Fleischsaucen und Auberginenaufläufen.

Bucatini

Hohle Fadennudeln
Diese langen und schmalen Röhrennudeln werden zu Pesto und Saucen mit Pancetta (z. B. Bucatini all'amatriciana), Gemüse und Käse gereicht.

Fusilli bucati lunghi

Lange, gedrehte Röhrennudeln
Die gelockten Nudeln passen zu Fleischsaucen und werden traditionsgemäß für das neapolitanische Ragù verwendet. Sie eignen sich auch für überbackene Nudelgerichte.

Ziti

»Lange Bräutigame«
Diese langen Röhrennudeln werden vor dem Kochen gewöhnlich in kurze Stücke gebrochen. Sie passen zum Ragù und zu anderen Fleisch- und Gemüsesaucen.

Candele

»Kerzen«
Die traditionellen Begleiter des neapolitanischen Ragùs sind ideal für alle Fleischsaucen.

Röhrennudeln

Röhrennudeln besitzen verhältnismäßig dicke Wände. Dadurch sind sie so kräftig, daß sie nicht nur für Tomatensaucen, sondern auch für Zubereitungen mit Fleisch, Käse und Sahne geeignet sind. Wegen ihrer Kürze passen sie auch zu einfacheren Buttersaucen. An Röhrennudeln mit gerillter Oberfläche, wie Penne rigate, können Saucen auf Olivenölbasis besser haften als auf Nudeln mit glatter Oberfläche. Trotz ihrer Vielseitigkeit sollte man auch auf die Größe der Zutaten in der Sauce achten. Weite Röhrennudeln wie Rigatoni sind beispielsweise ideal zu Brokkolisauce, weil die Fleisch- und Gemüsestückchen schön hängenbleiben. Röhrennudeln eignen sich hervorragend für Aufläufe.

Ditaloni rigati
Gerillte »Fingerhüte«

Diese »Fingerhüte«, die es glatt und gerillt auch in anderen Größen gibt, sollte man für Bohnensuppen verwenden.

Tortiglioni
Hohle Spiralnudeln

Diese hohlen Spiralnudeln werden auch Succhietti (»Bohrerspitze«) genannt und passen zu Fleisch- und Käsesaucen.

Fusilli corti
Kurze Spiralnudeln

Diese kurzen und eng gelockten Spiralnudeln nehmen Fleischsaucen, Ragù und Ricottasaucen wunderbar auf.

Sedani rigati
»Selleriestengel« (pur und mit Tomaten)

Kombinieren Sie die gerillten »Selleriestengel« mit Fleisch- und Gemüsesaucen und mit Bratwurstmasse; die glatten Sedani passen auch zu Käse- und Eiersaucen.

Elicoidali
»Schraubennudeln«

Tomaten-, Fleisch- und Käsesaucen passen zu diesen in sich gedrehten und gerillten Nudeln.

Rigatoni
Große, gerillte Röhrennudeln

Diese kräftigen Nudeln eignen sich für Saucen mit Fleisch und Bratwurstmasse, frische Tomatensaucen und Gemüsesaucen sowie für Aufläufe.

Penne mezzanine
»Halbe Federkiele«

Die nur halbbreiten Penne schmecken am besten zu leichten Gemüse- und Tomatensaucen.

Penne rigate
»Gerillte Federkiele«

Zu den gerillten Penne können Sie Öl- oder Buttersaucen, Fleisch- oder Gemüsekreationen und schwere Käsesaucen reichen.

Penne lisce
»Glatte Federkiele«

Tomatensaucen, auch die Versionen mit groben Tomatenstückchen, Fleischsaucen und Sahnesaucen lassen sich zu diesen Penne servieren.

Pennotti tricolori
»Große Federkiele«

Die langen und großen Pennotti aus Hartweizengrieß (hier in Tomaten-, Spinat- und einfacher Version) sind eine Spezialität Apuliens.

Pennette
»Kleine Federkiele«

Reichen Sie diese winzigen Penne zu Tomaten- und Fleischsaucen und zu Zubereitungen mit Sahne.

Penne grandi (sarde)
»Riesenfederkiele«

Diese dicken Röhrennudeln passen zu Ragù und kräftigen Gemüsesaucen mit Brokkoli oder Blumenkohl.

Bandnudeln

Die meisten getrockneten Bandnudeln lassen sich durch frische Nudeln ersetzen. Hausgemachte Nudeln sollte man jedoch mit zarten und nicht mit kräftigen Saucen anrichten. Getrocknete Bandnudeln, wie Linguine und Lasagnette, besitzen eine festere Struktur als frische Eiernudeln, weshalb sie vielseitiger einsetzbar sind. Trenette sind beispielsweise die klassische Nudelsorte für Pesto, weil die kräftigen, flachen Nudelstränge als Trägersubstanz für die festen Zutaten dienen und dabei aber noch die Aromen der öligen Sauce aufnehmen können, ohne ihre angenehm robuste Form zu verlieren. Die Saucen, die man zu getrockneten und frischen Bandnudeln serviert, sollten die Nudeln der ganzen Länge nach umhüllen können.

Taglierini

Diese papierdünnen, 1,5 mm breiten Nudeln kann man mit einem sehr schmalen Schneidaufsatz auf der Nudelmaschine schneiden. Sie sind auch als Tagliarini, Tagliolini oder Tonnarelli bekannt.

Frische Eiertaglierini

Getrocknete Spinattaglierini

Trenette

Die traditionellen Pesto-Nudeln sind 2 mm breit und etwas dicker als gewöhnliche Bandnudeln (frische Trenette werden nur bis zur vorletzten Einstellung der Nudelmaschine ausgerollt).

Frische Eiertrenette

Getrocknete Trenette

Fettuccine

Diese »kleinen Bänder« sind etwas dicker als die meisten Nudeln und sollten von Hand aufgeschnitten werden.

Frische Spinatfettuccine

Tagliatelle

Frische Tagliatelle sind sehr dünne und zarte Bandnudeln und etwa 5 mm breit. Frische Nudeln kann man mit dem Aufsatz der Nudelmaschine zurechtschneiden. Getrocknete Tagliatelle sind praktisch überall erhältlich.

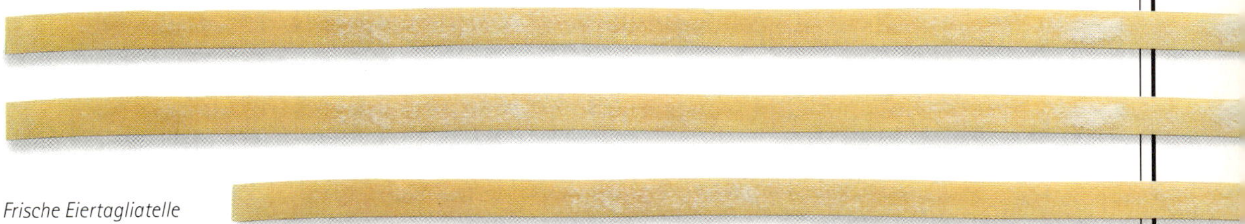

Frische Eiertagliatelle

Fettuccia riccia

Diese gewellten Bandnudeln sind recht breit und werden getrocknet angeboten. Sie sind dicker als Tagliatelle und passen zu Sahnesaucen und anderen üppigen Saucen.

Getrocknete Fettuccia riccia

Pappardelle

Der Name »Pappardelle« kommt vom italienischen Wort »pappare«, stopfen. Die frischen Nudeln sind 1,5–2,5 cm breit und haben gezackte Ränder, getrocknete Eierpappardelle sind glatt.

Frische Pappardelle

Pizzoccheri

Die flachen, dünnen Buchweizennudeln stammen aus der norditalienischen Region Lombardei und werden schräg zu kürzeren Nudelstreifen geschnitten. Man kann sie auch getrocknet kaufen.

Frische Pizzoccheri

Nudelformen

Mit dem steigenden Verbrauch von getrockneten Nudeln kamen immer mehr verschiedene Nudelformen auf den Markt. Dies gilt besonders für kurze, getrocknete Nudeln, die leichter zu kochen sind. Im 19. Jahrhundert begannen Pastahersteller einen regelrechten Wettstreit und erfanden immer phantasievollere Formen, die die Neugier der Verbraucher wecken sollten. Man wollte mit diesen neuen Nudeln auch Form und Funktion vereinen – interessante Formen, die eine gute Grundlage für Saucen bilden. Heute bringen die italienischen Pastahersteller etwa 350 verschiedene Formen getrockneter Nudeln auf den Markt. Mit Ausnahme von Eier- und Vollkornnudeln sind alle anderen Sorten aus Hartweizengrieß und Wasser gemacht. Tomaten, Spinat und andere Zutaten dienen manchmal zum Färben.

FUSILLI
Korkenziehernudeln
Fusilli passen zu Ragù, Fleisch- und Ricottazubereitungen, die sich in den Einkerbungen verstecken.

GEMELLI
»Zwillinge«
Diese Nudeln nehmen Fleisch- oder Gemüsesaucen sowie Saucen mit Käse oder Sahne gut auf.

CASARECCIE
Gedrehte Nudeln
Die gelben und grünen Nudeln eignen sich wunderbar für Saucen mit Tomaten, Fleisch und Bratwurstmasse.

STROZZAPRETI
»Priesterwürger«
Handgemachte Nudeln für Tomaten-, Fleisch- und Wurstsaucen

RICCIOLI
»Löckchen«
Die dreifarbigen, trompetenförmigen Locken schmecken ausgezeichnet zu Tomaten- und Fleischsaucen.

FARFALLE
»Schmetterlinge«
Reichen Sie hierzu einfache Saucen auf der Basis von Öl, Butter, Tomaten oder Käse.

CONCHIGLIE, CONCHIGLIONI
»Muscheln, große Muscheln«
Nehmen Sie die kleineren Conchiglie für Tomaten-, Fleisch- und Buttersaucen. Die großen Conchiglioni eignen sich gut zum Füllen und Überbacken.

CAVATELLI (OBEN), ORECCHIETTE
»Kleine ausgehöhlte Nudeln«, »Öhrchen«
Hierzu passen dicke und herzhafte Saucen oder Sprossenbrokkoli, Gemüse und Ragù.

GNOCCHETTI (OBEN), GNOCCHI
Kleine und große »Klößchen«
Gnocchetti passen zu Fleisch-, Tomaten und Käsesaucen, Gnocchi zu Tomaten-, Butter- oder Fleischsaucen.

RUOTE TRICOLORE
»Räder«
Die Speichen dieser Pastaräder fangen Fleisch- und Käsesaucen wunderbar auf.

RADIATORI
»Heizkörper«
Lustige Nudeln für Ragù und Fleischsaucen sowie für Zubereitungen mit Ricotta und Sahne.

LUMACHE, LUMACONI
Kleine und große »Schnecken«
Ragù, Tomaten- und Fleischsaucen schmecken gut zu den Schneckennudeln. Die Lumaconi sind zum Füllen und Überbacken gedacht.

Gefüllte Nudeln

Ravioli hießen ursprünglich Rabiole und waren vermutlich der Vorläufer der heutigen gefüllten Nudeltäschchen. Der Historikerin Waverly Root zufolge wurden die Rabiole von den Genuesen erfunden. Die Seefahrer konnten mit dem Gericht Essensreste auf den Schiffen verarbeiten. Die Reste wurden zu Füllmasse püriert und in Teigtaschen gestopft. Heute werden Ravioli und andere Teigtäschchen nur mit frischen und hochwertigen Zutaten gefüllt. Ravioli und Tortellini sind international fast so bekannt wie Spaghetti. Doch in der italienischen Küche gibt es noch viele andere gefüllte Nudelsorten. Derselbe Eierteig wird auch zu Scheiben, Halbmonden, Bonbons und anderen phantasievollen Päckchen geformt.

CAPPELLACCI
Die Cappellacci werden aus 7 cm großen Teigkreisen (oder Quadraten) geformt und sind oft mit Kürbis gefüllt. Dazu gibt es eine einfache Buttersauce.

TORTELLINI *(»kleine Kuchen«)*
Der Bauchnabel der Venus soll für die Tortellini Pate gestanden haben. Die 5 cm großen Teigkreise werden mit Fleisch oder Käse gefüllt.

CAPPELLETTI *(»kleine Hüte«)*
Diese wie Einstecktücher gefalteten Teigtäschchen werden aus 5 cm großen Teigflecken gemacht und mit Fleisch oder Käse gefüllt. Man ißt sie in der Brühe, mit Butter oder in einer Sahnesauce.

PANSOTTI *(»bauchige Täschchen«)*
Die Nudeltäschen werden aus 5 cm großen Quadraten geformt und haben einen glatten oder gezackten Rand. Sie sind typisch für die Region Ligurien im Nordwesten Italiens.

RAVIOLETTI
Die kleinere Ausgabe der Ravioli ist meist 2,5 cm groß und mit Käse, Gemüse oder Fleisch gefüllt. Man formt sie von Hand oder mit Modeln.

TORTELLI *(Anolini)*
Die Halbmonde werden aus 5 cm großen Teigkreisen gemacht und haben einen glatten oder gewellten Rand. Sie sind meist mit Käse oder Gemüse gefüllt.

TORTELLONI
Diese Teigtaschen werden meist aus 7 cm großen Quadraten oder Kreisen aus frischem Nudelteig geformt und mit Käse oder Gemüse gefüllt.

CARAMELLE *(»Bonbons«)*
Die bonbonförmigen Caramelle sind passenderweise mit süßem Kürbisfleisch gefüllt und werden mit einer einfachen Buttersauce serviert.

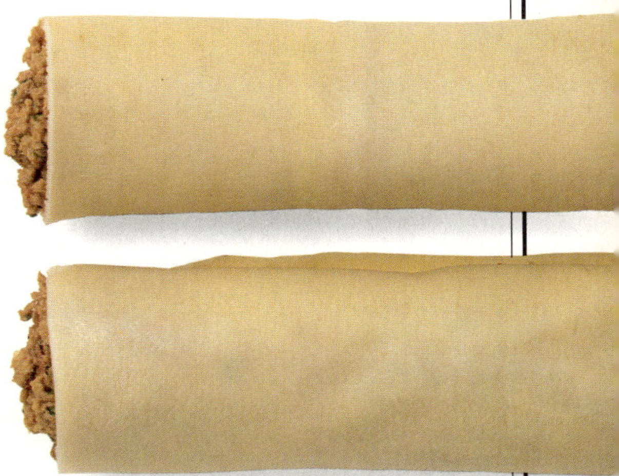

CANNELLONI *(»dickes Schilfrohr«)*
Hauchdünner Nudelteig wird in Rechtecke (8 × 11 cm) geschnitten und verschieden gefüllt. Getrocknete Cannelloni gibt es fertig zu kaufen.

Frisch gefärbte Nudeln

So unterschiedliche Zutaten wie Tinte vom Tintenfisch, Zitronenschale und Kakaopulver können einen Nudelteig färben. Gewöhnlich verwendet man jedoch Gemüsepürees (z. B. Spinat oder Tomaten). Obwohl diese Farbstoffe die Nudeln kräftig färben, verändern sie den Geschmack nur wenig. Eier, die man meist in frischen Nudelteig gibt, sorgen für einen warmen Gelbton, doch ihr Geschmack ist sehr fein. So soll es auch sein, denn zu stark aromatisierte Pasta übertönt die Sauce, die es dazu gibt. Servieren Sie gefärbte Nudeln mit einer Sauce, die Geschmack und Farben zu einem harmonischen Ganzen vereint. Rezepte zum Färben von frischem Nudelteig finden Sie auf Seite 54–55.

Eiernudeln

Eier verleihen dem Teig eine kräftige Farbe und geschmackliche Tiefe. In der Toskana gibt man auch Öl an den Teig, weil er sich dadurch viel leichter verarbeiten läßt. (Rezept auf Seite 48.)

Chilinudeln

Diese Nudeln schmecken schön scharf. Wenn Sie gerne scharf essen, können Sie gleich mehr Pfefferschoten unter den Teig geben. Die Sauce sollte jedoch nicht vollends hinter der feurigen Pasta verschwinden. (Rezept auf Seite 55.)

Kräuternudeln

Kräuter findet man nur selten im Nudelteig; es gibt aber einige regionale Spezialitäten. Frische Petersilie, Schnittlauch, Basilikum, Salbei und Rosmarin sind besonders beliebt. (Rezept auf Seite 55.)

Rote-Bete-Nudeln

Von allen Färbemitteln sorgen rote Beten für eine besonders auffällige Farbe. Beim Kochen verblaßt das intensive Rosa aber zu einem gedeckteren Farbton. (Rezept auf Seite 54.)

Tomatennudeln

Ein wenig Tomatenmark verleiht dem Nudelteig einen warmen und zarten Rotton. Es macht den Teig auch weicher und daher schwieriger in der Verarbeitung. (Rezept auf Seite 55.)

Safrannudeln

Safran verleiht den Nudeln eine leuchtend goldene Farbe und einen zarten Geschmack, der wunderbar zu Meeresfrüchten und Tomatensauce paßt. (Rezept auf Seite 55.)

Spinatnudeln

Frischer Spinat muß gekocht, ausgewrungen und gehackt werden. Die Feuchtigkeit macht den Nudelteig weicher und geschmeidiger. (Rezept auf Seite 54.)

Steinpilznudeln

Ich habe diese ungewöhnlichen Nudeln zum erstenmal in den Abruzzen gegessen. Sie wurden mit einer Tomatensauce serviert, aber auch eine Fleischsauce würde ausgezeichnet dazu passen. (Rezept auf Seite 54.)

Buchweizennudeln

Die traditionellen Pizzoccheri sind eine einzigartige Spezialität aus dem Veltlin. Buchweizennudeln besitzen einen nussigen Geschmack und passen zu verschiedenen Saucen. (Rezept auf Seite 55.)

Frischer Nudelteig: Herstellung und Zubereitung

Die italienische Küche ist im Grunde recht unkompliziert. Selbst die Herstellung von frischem Nudelteig erfordert nur ein paar Grundkenntnisse und eine Nudelmaschine. Diese Einfachheit trägt nicht zuletzt zur Beliebtheit der italienischen Küche im allgemeinen und der Nudeln im besonderen bei. Warum wird dann frische oder getrocknete Pasta außerhalb Italiens nur selten richtig zubereitet? Die paar Handgriffe, die das Nudelkochen daheim einfacher machen und mit vielen frischen Pastaformen belohnen, sind schnell gelernt. Dieses Kapitel zeigt Ihnen, wie man Nudelteig richtig herstellt und zubereitet.

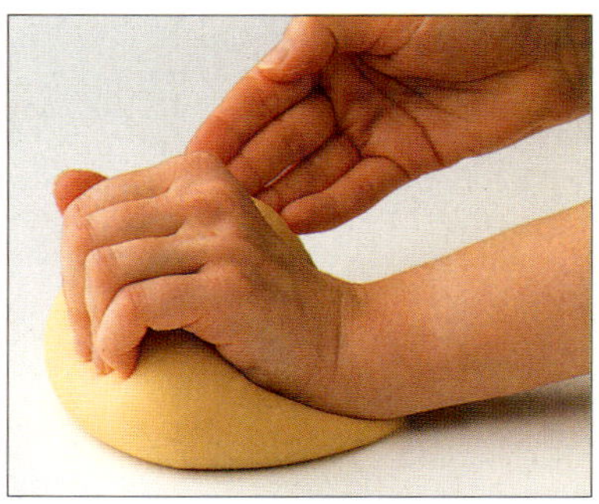

Zubehör

Abgesehen von erstklassigen Kochtöpfen und Pfannen kommt die italienische Küche mit sehr wenig Gerätschaften aus. Die Pastaherstellung wird jedoch sehr viel einfacher, wenn Sie sich eine handbetriebene oder elektrische Nudelmaschine zum Ausrollen des Teigs und das entsprechende Zubehör anschaffen. Das wichtigste Instrument ist eine stabile Arbeitsfläche. Denn die Nudelmaschine muß an eine Tischkante oder an die Kante einer Arbeitsfläche angeschraubt werden. Wenn die Arbeitsfläche dafür zu dünn ist, schieben Sie zusammengefaltete Geschirrtücher zwischen Arbeitsfläche und Schraubstock. Ein großer Kochtopf ist ebenfalls ganz wichtig. Das Fassungsvermögen sollte etwa 5 Liter betragen. Für leichte Kartoffelgnocchi brauchen Sie außerdem ein Kartoffeleisen.

GABELN: Sie brauchen eine Gabel zum Verarbeiten des frischen Nudelteigs. Die Holzgabel ist hilfreich beim Umrühren und Probieren der Nudeln.

AUSSTECHFÖRMCHEN: Mit diesen Förmchen, die einen glatten oder gewellten Rand haben, können Sie die Teigflecken für gefüllte Nudeln ausstechen. Für Tortellini nehmen Sie Förmchen mit 5 cm Durchmesse für größere Teigtaschen 7 cm große Formen.

TEIGSCHABER: Mit einem Teigschaber können Sie die Arbeitsfläche von Teigresten reinigen, die sonst in die Teigkugel gerollt werden.

SPRITZBEUTEL UND TEELÖFFEL: Setzen Sie die Füllmasse für Ravioli mit einem Teelöffel oder einem Spritzbeutel mit weiter Tülle auf die Teigstreifen.

TEIGRÄDCHEN: Ein Teigrädchen mit glattem Rand (auch Pizzaschneider genannt) und ein Teigrädchen mit gezacktem Rand nimmt man zum Zurechtschneiden von Bandnudeln und zum Ausrädeln von Nudeltäschchen.

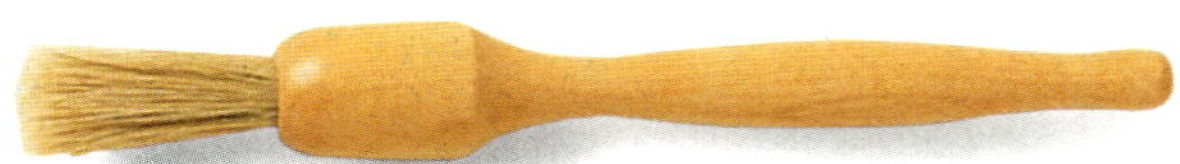

BACKPINSEL: Säubern Sie die Walzen der Nudelmaschine mit einem trockenen Pinsel. Zum Versiegeln von Ravioli den Backpinsel in Wasser oder Eiweiß tauchen und die Teigstreifen einpinseln.

MESSER: Scharfe Profimesser sind unentbehrlich für das Schneiden von Fettuccine oder Lasagne.

SCHNEIDBRETT: Nehmen Sie ein massives Holzbrett mit glatter Oberfläche.

BUTTERSPATEL: Gnocchi erhalten auf einem gerillten Spatel ihr typisches Wellenmuster. Streichen Sie die Gnocchi ersatzweise über ein gerilltes Holzbrett.

Hier stellen Sie den Abstand zwischen den Walzen ein

Schneidaufsatz für Tagliatelle und Taglierini

RAVIOLIMODEL:
Die Model für Ravioletti und Ravioli haben einen gezackten Rand. Man rollt mit dem kleinen Nudelholz über den Teigdeckel und schneidet die Teigtäschchen aus. Mit den Förmchen kann man die Ravioli praller füllen als von Hand.

SIEB:
Ein Edelstahlsieb mit Henkeln und einem Stellring ist ganz wichtig. Das Sieb sollte breite Löcher haben, damit das Kochwasser rasch abfließen kann.

NUDELMASCHINE:
Eine handbetriebene Walzenmaschine ist unentbehrlich für guten, hausgemachten Nudelteig. Die Walzen kneten den Teig und rollen ihn zu dünnen und gleichmäßigen Blättern. Wählen Sie eine solide Maschine mit präzise ausgerichteten Walzen, damit der Teig gleichmäßig ausgerollt wird und nicht reißt. Man kann diese Maschinen auch mit einem Motor nachrüsten.

BLECH: Schichten Sie frische Nudeln, die Sie aufheben oder einfrieren wollen, auf ein Backblech.

MEHLSTREUER:
Damit können Sie den Teig und die Nudelmaschine immer wieder problemlos mit Mehl bestäuben, damit der Teig nicht an den Walzen kleben bleibt.

SCHAUMLÖFFEL: Mit einem großen Schaumlöffel können Sie Gnocchi, Knödel und zarte Teigtäschchen schnell und sicher aus dem kochenden Wasser heben und abtropfen lassen. Ein Spaghettiheber ist hilfreich bei langen Nudeln.

GESCHIRRTÜCHER:
Lassen Sie frische Nudeln auf Geschirrtüchern trocknen.

BACKTRENNPAPIER:
Frische Nudeln oder Ravioli können Sie zwischen Backtrennpapier schichten, damit sie nicht zusammenkleben.

HAUSHALTSFOLIE:
In Haushaltsfolie eingeschlagen bleibt der Nudelteig bis zum Ausrollen feucht.

Zubereiten

Nur Fachleute können pasta fresca, frischen Nudelteig, problemlos von Hand machen und ausrollen. Eine handbetriebene oder elektrische Nudelmaschine liefert jedoch auch ganz hervorragende Ergebnisse. Maschinen, die den Teig austreiben, und Nudelaufsätze für Küchenmaschinen sind ungeeignet, weil sie den Teig nicht richtig kneten. Wenn es schnell gehen soll, können Sie den Teig in der Küchenmaschine mischen, doch das geht auch leicht von Hand auf einer großen Arbeitsfläche oder in einer weiten Backschüssel. Auf dieser Doppelseite zeigen wir Ihnen das Grundrezept für frische Eiernudeln. Rezepte für gefärbten und aromatisierten Nudelteig finden Sie auf Seite 54–55.

Frische Eiernudeln

Das Rezept ist ausreichend für ungefähr 500 g Nudeln, d. h. 4 normale Portionen. In der Toskana wird der Teig mit Öl angereichert, weil er dadurch weicher und leichter zu verarbeiten ist als die Eiernudeln aus der Emilia *(sfoglia)*. In der Emilia hält man dagegen, daß der Teig ohne Öl poröser ist und deshalb die Saucen besser aufnehmen kann. Frischen Nudelteig macht man am besten aus feingemahlenem weißen Mehl (Type 405). Nehmen Sie keinen Weizengrieß, der manchmal als »Nudelmehl« angeboten wird. Wenn Sie Ihren Teig aromatisieren wollen, geben Sie die entsprechenden Zutaten zusammen mit den Eiern (s. Schritt 1) unter den Teig.

Zutaten

300 g Weizenmehl Type 405
+ Mehl zum Bestäuben

1 Prise Salz (nach Wunsch)

3 Eier

2 Teelöffel Pflanzenöl (nach Wunsch)

1 Mehl und (nach Wunsch) Salz vermischen. Auf einem großen Nudelbrett oder auf einer Arbeitsfläche zu einem Kegel aufschütten und in die Mitte eine Mulde drücken. Die Eier leicht mit dem Öl verquirlen und in den Krater gießen.

Arbeiten Sie vorsichtig, damit die Mehlwand nicht einstürzt

2 Mit einer Gabel das Mehl nach und nach von der inneren Kraterwand in den Teig einarbeiten. Leicht und gleichmäßig in eine Richtung schlagen, damit sich keine Luftblasen bilden. Mit der anderen Hand die Außenwand stützen, bis die Flüssigkeit gut verarbeitet ist.

3 Wenn der Teig zu fest wird, um mit einer Gabel bearbeitet zu werden, von der Gabel in den Krater schaben und mit den Händen weiterarbeiten. Das Mehl vom Boden langsam untermengen und immer darauf achten, daß sich keine Luftblasen bilden.

4 Den Teig zu einer sehr lockeren Kugel formen. Die Teigkugel sollte gerade so fest sein, daß sie nicht zerfällt, aber zugleich weich und sehr geschmeidig bleibt. Wenn Sie zuviel Mehl aufgeschüttet haben, nicht alles einarbeiten. Im gegenteiligen Fall nach Bedarf noch etwas Mehl dazugeben. Der Teig sollte weich, aber nicht klebrig sein und sich leicht verarbeiten lassen.

5 Die Teigkugel mit den Handballen flachdrücken; von der Mitte nach außen kneten und immer wieder auf die Hälfte zusammenklappen. Den Teig, der seine runde Form behalten soll, auf beiden Seiten insgesamt 10 Minuten durchkneten, bis er gleichmäßig und elastisch wirkt.

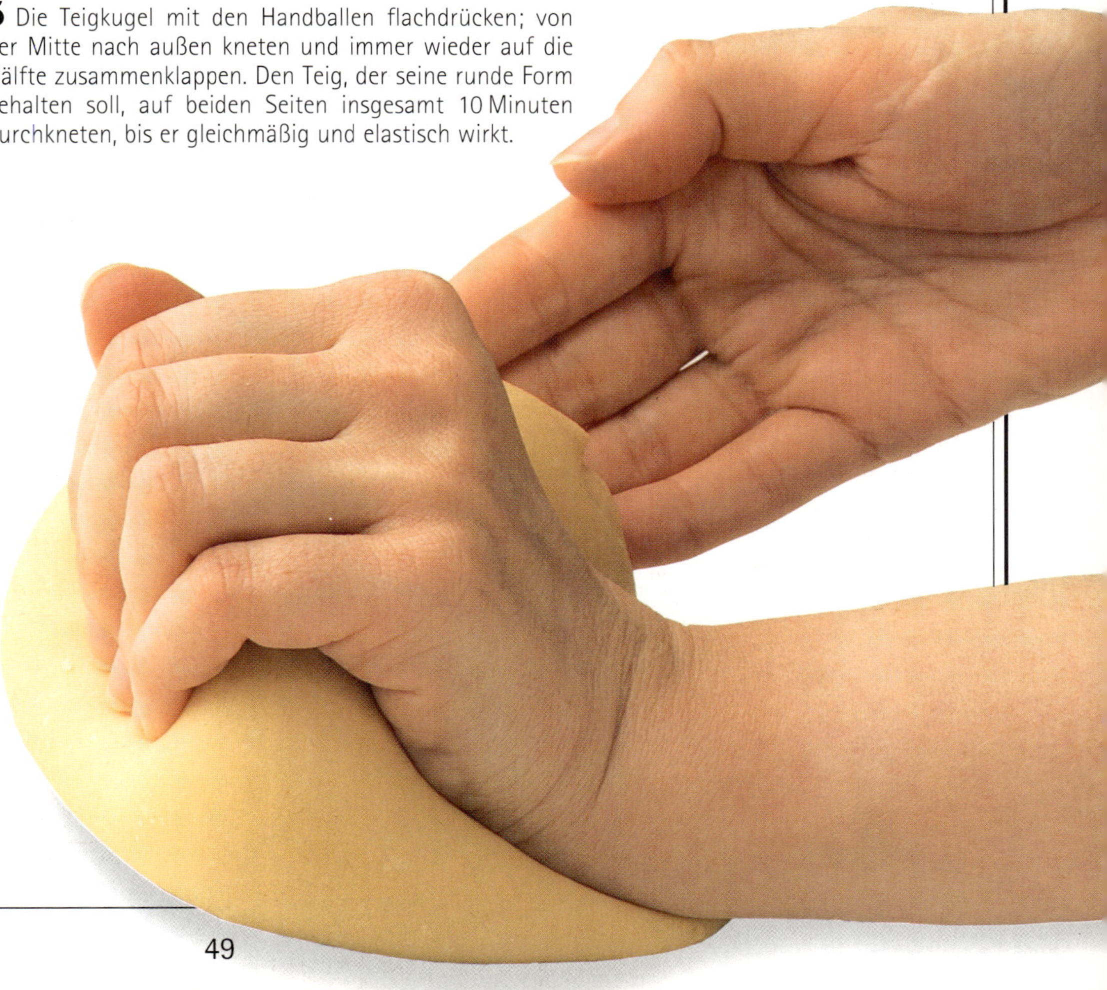

6 Den Teig abdecken oder in Haushaltsfolie einschlagen und mindestens 15 Minuten, höchstens aber 3 Stunden ruhen lassen.

Teigbereitung in der Küchenmaschine

Nudelteig kann in einer Küchenmaschine gemischt werden. Die trockenen Zutaten in die Rührschüssel geben. Eier, nach Wunsch Öl, Salz und andere Zutaten wie Tomatenpüree in einer zweiten Schüssel vermischen und dann in die Rührschüssel geben. In der Maschine verrühren, bis eine Kugel entsteht und alle Zutaten gleichmäßig eingearbeitet sind. Wenn der Teig zu trocken ist und keine Kugel formt, etwas Wasser hinzufügen und mit einer Umdrehung einmixen.

Ausrollen

Wenn Sie frischen Nudelteig mit der Maschine ausrollen, erhalten Sie nicht nur genau die gewünschte Stärke, sondern kneten den Teig dabei auch zusätzlich durch. Alle gefüllten Nudeln, Lasagne und Cannelloni sowie alle anderen Nudelsorten (mit Ausnahme der dickeren Trenette, Spaghetti und Spaghetti alla chitarra) rollt man bis zur feinsten Einstellung aus (in der Regel die höchste Zahl auf der Walze). Etwas dickere Nudeln werden bis zur vorletzten Einstellung ausgerollt. Fettuccine müssen zwar ein wenig dicker sein als die ganz feinen Tagliatelle, aber die vorletzte Einstellung ist schon wieder zu groß. Nehmen Sie deshalb die letzte Einstellung. Verwenden Sie keine Nudelmaschinen, die den Teig durch eine Schnauze austreiben, weil diese den Teig nicht kneten und keine besonders guten Nudeln erzeugen.

1 Befestigen Sie die Nudelmaschine auf Ihrer Arbeitsfläche. Teilen Sie den Teig in sechs Portionen. Die erste Teigportion mit den Händen flachdrücken; den restlichen Teig unter einer Schüssel oder in Haushaltsfolie feucht halten. Die Teigportion mit Mehl bestäuben. Die Walzen der Nudelmaschine auf die weiteste Einstellung rücken.

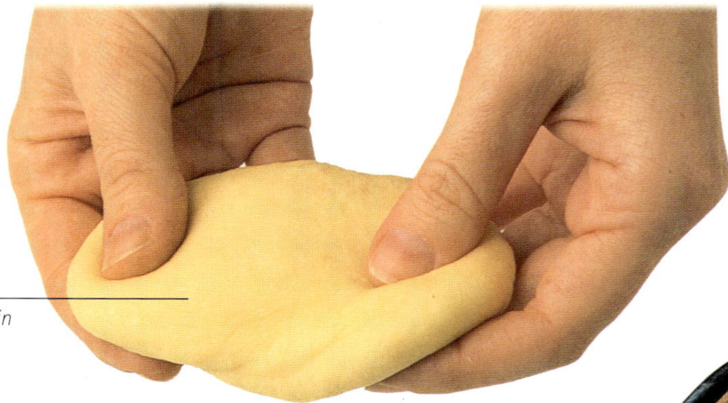

Die Teigportion flachdrücken und ein Rechteck formen

2 Den Teig ohne zu schieben oder zu ziehen durch die Walzen treiben. Den ausgerollten Teigstreifen über die Hand gleiten lassen. Spreizen Sie dabei Ihren Daumen ab, damit Sie den Teig nicht einreißen.

Tip

Pasta von grober Konsistenz, wie Buchweizen-, Vollkorn- oder Maisnudeln, schmeckt am besten, wenn sie sehr dünn ausgerollt wird. Zu dicke Nudeln bleiben auch nach dem Kochen hart. Da die Nummern und Einstellungen auf den Nudelmaschinen je nach Hersteller schwanken, sollten Sie mit Ihrer eigenen Maschine ein wenig herumexperimentieren, bis Sie die beste Einstellung für Ihren jeweiligen Nudelteig gefunden haben.

3 Den Teigstreifen wie einen Briefbogen dreifach zusammenfalten: Zuerst das obere Drittel und dann das untere Drittel über die Mitte falten, so daß ein Rechteck entsteht. Den Teigstreifen auf einer Seite sehr leicht bemehlen (die andere Seite nicht bemehlen, damit Sie den Teig nachher wieder zusammenfalten können). Nudelteig, der mit Gemüsepüree gefärbt wurde, braucht wesentlich mehr Mehl.

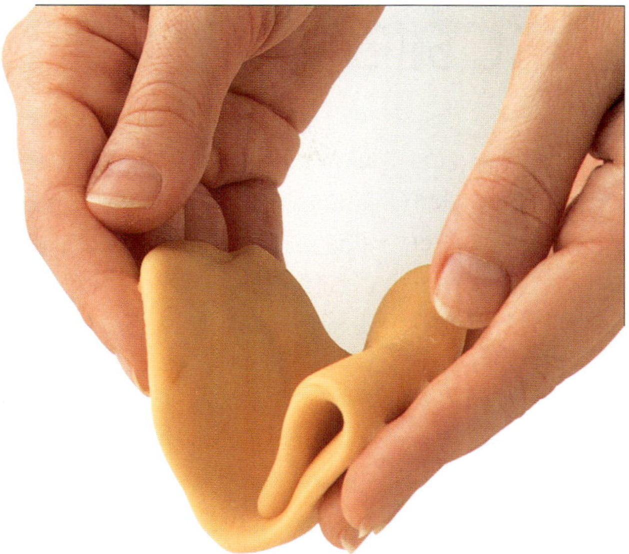

4 Den Teigstreifen mindestens sechsmal durch die weiteste Einstellung rollen. Nach jedem Durchgang den Teig wie einen Briefbogen zusammenfalten, die Luft herauspressen, bemehlen und wieder durch die Walzen treiben.

5 Die Nudelmaschine nun in die nächste Einstellung bringen. Den Teigstreifen auf beiden Seiten leicht bemehlen, damit er nicht an den Walzen festklebt. Den Teigstreifen einmal durch die Maschine ziehen und am anderen Ende auffangen. Sie erhalten nun ein recht ordentliches Rechteck. Risse und Brüche im Teig stopfen.

6 Das glatte Teigblatt nun je einmal durch jede weitere Einstellung auf der Nudelmaschine ziehen. (Trenette, Spaghetti und Spaghetti alla chitarra werden nur bis zur vorletzten Einstellung ausgerollt.) Wenn der Teig klebrig wird, mit etwas Mehl bestäuben.

7 Wenn Sie das Teigblatt durch die letzte und feinste Einstellung gezogen haben, vorsichtig mit den Händen aufheben und der ganzen Länge nach ausbreiten. Spreizen Sie dabei Ihre Daumen ab, damit Sie den Teig nicht einreißen. Die restlichen fünf Teigportionen wie beschrieben ausrollen. Wenn Sie gefüllte Nudeln machen, sollten Sie jeweils nur eine Teigportion ausrollen und gleich verarbeiten. Denn der Teig muß sehr feucht sein, damit er sich richtig verschließen läßt.

8 Die Teigstreifen 5–10 Minuten auf Küchentüchern ausbreiten. Mit Tüchern abdecken und leicht trocknen lassen. Der Teig sollte jedoch nicht zu lange ruhen, weil er sonst brüchig wird und sich nicht mehr schneiden läßt.

Zuschneiden

Sobald frischer Nudelteig ausgerollt ist, muß man ihn entweder mit der Maschine oder von Hand aufschneiden, wenn er genau den richtigen Trocknungsgrad erreicht hat. Wenn der Teig am Schneidaufsatz der Maschine festklebt, mit etwas Mehl bestäuben. Lassen Sie die Teigstreifen nicht zu stark trocknen, weil sie sonst an den Rändern brüchig werden und nicht mehr durch den Schneidaufsatz getrieben werden können. Sollte dies doch einmal passieren, die Ränder mit einem scharfen Messer abtrennen und den Teig erneut durch die Maschine ziehen. Rasch arbeiten, damit der Teig nicht austrocknet. Wenn Sie das Gefühl haben, Ihre Pasta trocknet zu schnell, mit einem angefeuchteten Küchentuch abdecken.

Nudeln und Formen zurechtschneiden

Maltagliati

Diese unregelmäßig geformten Nudeln (wörtlich: »schlecht geschnitten«) werden von Hand geschnitten. Mit einem gezackten Teigrädchen oder einem scharfen Küchenmesser etwa 7 cm lange Rhomben oder Dreiecke ausschneiden.

Quadrucci

Den Teig zu Tagliatelle schneiden (s. rechte Seite). Dann die Bandnudeln mit einem Küchenmesser quer in kleine Vierecke schneiden, solange der Teig noch weich ist. Die Quadrucci auf einem trockenen Küchentuch ausbreiten und trocknen lassen.

Pappardelle

Die dünn ausgerollten Nudelblätter halbieren (ca. 35 cm lang). Mit einem gezackten Teigrädchen ebenmäßige und 1,5–2,5 cm breite Bandnudeln ausrädeln.

Farfalle

Den Teig zu Pappardelle (s. links) schneiden. Mit einem gezackten Teigrädchen die Nudeln in 5 cm lange Stücke trennen. Teigstreifen in der Mitte zusammenkneifen, so daß kleine Schleifchen entstehen. Binnen 3–4 Stunden kochen oder sorgfältig trocknen lassen und aufbewahren.

Tagliatelle

1 Den Schneidaufsatz für Tagliatelle an der Nudelmaschine montieren. Einen Teigstreifen (der nun eine leichte 'Patina' haben sollte) aufheben und auf die Hälfte kürzen. Die Teigstreifen durch den Schneidaufsatz ziehen.

2 Die geschnittenen Nudeln am unteren Ende des Aufsatzes auffangen. 4 Backbleche mit trockenen Küchentüchern auslegen. Die Nudeln darauf ausbreiten und mindestens 10–15 Minuten, höchstens aber 3 Stunden trocknen lassen.

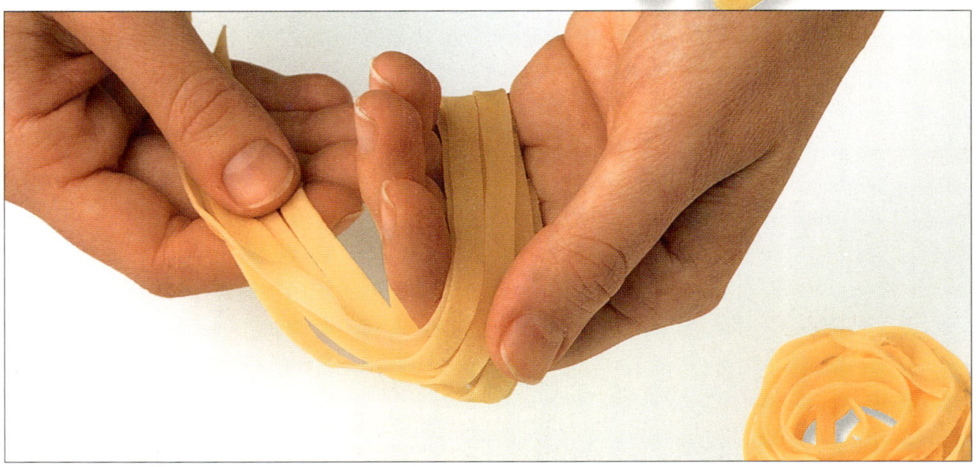

3 Für Nudelnester (Nidi) ein paar Bandnudeln gleich nach dem Schneiden locker um die Finger wickeln. Auf eine glatte Fläche setzen und gut trocknen lassen. Sie halten sich in einem verschlossenen Behälter 3–4 Wochen frisch.

Taglierini

Für dünne Nudeln wie Taglierini oder die etwas dickeren Spaghetti alla chitarra den Teig durch den schmalsten Schneidaufsatz ziehen. Zum Trocknen flach ausbreiten oder zu Nestern rollen.

Färben

Zart gefärbter und aromatisierter Nudelteig ist eine willkommene Ergänzung für viele Saucen. Tomaten und Spinat sind die beliebtesten Zugaben, doch in den letzten Jahren haben vielerlei Zutaten ihren Weg in frischen Nudelteig gefunden. Kräuter findet man nur selten im Teig, weil sie gewöhnlich als Bestandteil der Sauce gelten. Es gibt allerdings ein paar Regionalrezepte für Kräuternudeln und einige neuere Kreationen, die nicht zuletzt dem kometenhaften Aufstieg der Pasta in der Gunst der Verbraucher zu verdanken sind. Gefärbter Nudelteig ist weicher als einfache Eiernudeln und gart daher in kürzester Zeit. Vollkorn- und Buchweizennudeln brauchen etwas länger.

Rezepte

Rote-Bete-Nudeln

Rote Beten sorgen zunächst einmal für eine besonders dramatische Färbung im frischen Nudelteig. Sobald der Teig aber gekocht wird, verblaßt das intensive Rot zu einem sanften, gedeckten Hellrosa. Ergibt etwa 500 g.

Zutaten

1 mittelgroße oder 3 kleine rote Beten (für 1 Eßlöffel gekochtes Püree)

300 g Weizenmehl Type 405 + etwas Mehl zum Bestäuben

3 Eier

1 Teelöffel Pflanzenöl

1 Die rote Bete waschen und die Blätter entfernen. Den Blattansatz jedoch intakt lassen, damit die Knolle beim Kochen nicht ausblutet. Die rote Bete mit kaltem Wasser aufsetzen und bei mittlerer Hitze weich kochen (je nach Größe 30–60 Minuten).

2 Die rote Bete abgießen und abkühlen lassen, bis Sie sie anfassen können. Die Haut ablösen. Die Knolle von Hand fein reiben oder zermusen oder in der Küchenmaschine pürieren. Das Fruchtfleisch in ein Sieb geben und 1 Stunde oder über Nacht abtropfen lassen. Genau einen gestrichenen Eßlöffel Püree abmessen.

3 Nach der Anleitung auf Seite 48–49 einen frischen Nudelteig bereiten; das Betenpüree sorgfältig unter die Eimischung rühren. Dieser Teig klebt leichter an der Arbeitsfläche und an der Nudelmaschine fest, so daß Sie zum Kneten und Ausrollen mehr Mehl als sonst brauchen. Die Nudeln vor dem Kochen 5–6 Minuten länger trocknen lassen.

Spinatnudeln

Durch die Zugabe von Spinat erhält der Teig eine tiefgrüne Farbe und einen ausgeprägten Geschmack. Die zusätzliche Feuchtigkeit, die der Spinat beisteuert, macht den Teig weicher und etwas schwieriger in der Verarbeitung als einfachen Eierteig. Stäuben Sie deshalb mehr Mehl über den Teig, das Nudelbrett und die Walzen der Nudelmaschine. Ergibt etwa 500 g.

Zutaten

150 g frischer Spinat (waschen und Stengel abtrennen)

1 Teelöffel Salz

285 g Weizenmehl Type 405 + Mehl zum Bestäuben

3 Eier

2 Teelöffel Pflanzenöl

1 Den Spinat mit 1 Teelöffel Salz in einen Topf geben, mit kochendem Wasser bedecken und im geschlossenen Topf garen (ca. 10 Minuten). Sorgfältig abtropfen lassen, dann in ein Sieb setzen und darin abkühlen lassen. Den Spinat so trocken wie möglich pressen. In ein trockenes und sauberes Küchentuch einschlagen, damit das Gemüse noch mehr Feuchtigkeit abgeben kann. Sie sollten ungefähr 75 g Spinatmasse übrig haben.

2 Spinat von Hand oder, besser noch, in der Küchenmaschine oder mit dem Pürierstab sehr fein hacken.

3 Nach der Anleitung auf Seite 48–49 einen frischen Nudelteig bereiten und den Spinat unter die Eimischung ziehen. Den Teig, die Walzen der Nudelmaschine und die Arbeitsfläche mit mehr Mehl als gewöhnlich bestäuben. Der Teig ist feuchter als einfacher Eierteig und muß vor dem Kochen 5–6 Minuten länger trocknen.

Steinpilznudeln

Ich habe diese außergewöhnlichen Nudeln zum erstenmal vor ein paar Jahren in einem kleinen Bergdorf in den Abruzzen gegessen. Sie wurden mit einer leichten Tomatensauce serviert, doch Saucen mit Fleisch oder Wild passen ebenfalls wunderbar dazu. Im Gegensatz zu vielen Zutaten, die man sonst in frischen Nudelteig gibt, sind Steinpilze besonders aromatisch. Ergibt etwa 500 g.

Zutaten

30 g getrocknete Steinpilze

300 g Weizenmehl Type 405

2 Eier

2 Teelöffel Pflanzenöl

1 Die getrockneten Steinpilze mit 175 ml kochendem Wasser überbrühen und 1 Stunde einweichen lassen. Die Pilze vorsichtig aus dem Wasser heben, damit der Satz nicht aufgerührt wird. Soviel Wasser wie möglich aus den Pilzen herauspressen, dann die Steinpilze möglichst fein hacken (große Pilzstücke reißen beim Ausrollen Löcher in den Teig).

2 Das Einweichwasser der Pilze durch ein Küchentuch filtern, um Verunreinigungen zu entfernen, und für eine Pilzbrühe oder ein anderes Rezept aufheben.

3 Nach der Anleitung auf Seite 48–49 einen frischen Nudelteig bereiten. Die gehackten Pilze mit einer Gabel unter die Eimischung ziehen. Wenn die Steinpilze den Teig beim Ausrollen sehr stark reißen lassen, den Teig auf die Hälfte zusammenklappen, erneut ausrollen, aber nur bis zur vorletzten Einstellung auf der Maschine fortfahren.

Chilinudeln

Dieses Rezept ergibt Pasta mit echtem Pep. Wenn Sie gerne scharfe Pfefferschoten essen, können Sie noch mehr davon unter den Teig geben. Wählen Sie Saucen, die neben den feurigen Nudeln bestehen können. Ergibt etwa 500 g.

Zutaten

300 g Weizenmehl Type 405

3 Eier

2 Teelöffel Pflanzenöl

1 Teelöffel getrocknete Pfefferschoten, zerstoßen und grob zermahlen

1 Nach der Anleitung für frische Eiernudeln (Seite 48–49) einen Nudelteig bereiten und die Pfefferschoten unter die Eimischung ziehen.

2 Wenn die Chilis den Teig beim Ausrollen sehr stark reißen lassen, den Teig auf die Hälfte zusammenklappen, erneut ausrollen, aber nur bis zur vorletzten Einstellung auf der Maschine fortfahren.

Buchweizennudeln

Die Sarazenen oder die Kreuzfahrer brachten Buchweizen nach Italien. Die Pizzocheri aus Buchweizenmehl sind eine Spezialität des Veltlin. Buchweizen ist sehr nahrhaft und besitzt einen angenehmen, nussigen Geschmack. Das Mehl enthält kein Gluten (Klebereiweiß) und kann daher nur zusammen mit Weizenmehl zu Nudeln verarbeitet werden. Ergibt etwa 500 g.

Zutaten

250 g Buchweizenmehl, vermischt mit 125 g Weizenmehl Type 405

2 Eier

125 ml warme Milch

1 Messerspitze Salz

1 Nach der Anleitung auf Seite 48–49 einen frischen Nudelteig bereiten. Wenn der Teig zu weich erscheint, mehr Mehl hinzufügen.

2 Zu Fettuccine (Seite 85, Schritt 1) aufschneiden und diese Stränge dann schräg halbieren.

Vollkornnudeln

Der Geschmack von Vollkornnudeln (Bigoli) paßt besonders gut zu Saucen mit Anchovis. Bei Saucen mit Tomaten und Olivenöl kommt das nussige Weizenaroma nicht richtig zur Geltung. Servieren Sie Bigoli lieber mit zarten Buttersaucen. Ergibt etwa 1 kg.

Zutaten

375 g Vollkornmehl, vermischt mit 125 g Weizenmehl Type 405

5 Eier

2 Eßlöffel Olivenöl

1 Nach der Anleitung auf Seite 48–49 einen frischen Nudelteig bereiten, den Teig aber 3–4 Minuten länger durchkneten.

2 Den Teig mit einem Spaghetti-Aufsatz zurechtschneiden oder zu Tagliatelle aufschneiden (Seite 53).

Kräuternudeln

Jedes der hier genannten Kräuter paßt zu Nudelteig. Die Saucen sollten einfach sein, damit sie das Kräuteraroma nicht übertönen. Ergibt etwa 500 g.

Zutaten

300 g Weizenmehl Type 405

Je 15 g frische Petersilie, Schnittlauch oder Basilikum oder je 5 g frischer Salbei oder Rosmarin

3 Eier

2 Teelöffel Pflanzenöl

1 Die Kräuter von Stengeln und Blattstielen befreien und sehr fein hacken.

2 Nach der Anleitung auf Seite 48–49 einen frischen Nudelteig bereiten und die gehackten Kräuter mit einer Gabel unter die Eimischung ziehen.

3 Wenn der Teig wegen der Kräuter beim Ausrollen zu stark reißt, den Teig auf die Hälfte zusammenklappen, erneut ausrollen, aber nur bis zur vorletzten Einstellung auf der Maschine fortfahren.

Safrannudeln

Safran verleiht den Nudeln eine leuchtend goldene Farbe und einen zarten Geschmack, der wunderbar zu Meeresfrüchten und Tomatensauce paßt. Sie können Safranfäden verwenden, aber gemahlener Safran färbt den Teig gleichmäßiger. Dosieren Sie den Safran ganz nach Ihrem Geschmack. Ergibt etwa 500 g.

Zutaten

300 g Weizenmehl Type 405

3 Eier

2 Teelöffel Pflanzenöl

2–4 Portionsbriefchen Safranpulver oder 1 große Prise Safranfäden

1 Die Safranfäden in einer Pfanne erwärmen und dann in einem Mörser fein zerstoßen.

2 Nach der Anleitung auf Seite 48–49 einen frischen Nudelteig bereiten; den Safran mit einer Gabel unter die Eimasse ziehen.

3 Den Teig sorgfältig durchkneten, damit sich die leuchtende Farbe gleichmäßig verteilt. Dann mit der Nudelmaschine ausrollen.

Tomatennudeln

Ein Klecks Tomatenmark gibt dem Nudelteig eine angenehm weiche und warme zartrote Färbung. Der Teig wird dadurch auch feuchter. Halten Sie Mehl zum Ausrollen bereit, damit der Teig nicht klebrig wird. Ergibt etwa 500 g.

Zutaten

300 g Weizenmehl Type 405 + etwas Mehl zum Bestäuben

3 Eier

1 Teelöffel Pflanzenöl

1 1/2 Eßlöffel Tomatenmark

1 Nach der Anleitung auf Seite 48–49 einen frischen Nudelteig bereiten; das Tomatenmark mit einer Gabel sorgfältig unter die Eimischung ziehen.

2 Wie bei der Pasta mit roter Bete und den Spinatnudeln bleibt der Teig für Tomatennudeln gerne auf der Arbeitsfläche und auf den Walzen der Nudelmaschine kleben. Sie brauchen vermutlich mehr Mehl zum Bestäuben. Den feuchteren Teig vor dem Zurechtschneiden und auch vor dem Kochen 5–6 Minuten länger als im Grundrezept angegeben trocknen lassen.

Füllen

Die vielen Formen, die es für gefüllte Nudeln gibt, werden aus möglichst dünnem Teig (s. Seite 50–51) gemacht. Rollen Sie jeweils nur ein Sechstel des Teiges aus. Denn der Teig muß sehr feucht bleiben, damit Sie ihn richtig versiegeln können. Die Füllmasse sollte außerdem nicht zu naß sein, damit die Teigtaschen nicht durchweichen, an der Arbeitsfläche festkleben und dann reißen. Ricotta- oder Gemüsefüllungen sind feuchter als die meisten Fleischfüllungen. Die Nudeltäschchen sollten nicht länger als 15 Minuten bei Zimmertemperatur oder 1–2 Stunden im Kühlschrank ruhen. Wenn die Füllmasse nicht zu naß ist, können Sie die Täschchen auch bis zu 4 Stunden im voraus zubereiten.

Ravioli

Wenn Sie Ihre gefüllten Nudelpäckchen nicht innerhalb der empfohlenen Zeitspanne verarbeiten können, in ausreichendem Abstand voneinander in den Kühlschrank legen, damit sie nicht zusammenkleben, und regelmäßig wenden. Sie können die Teigtäschchen auch einfrieren. Dazu die Teigtäschchen auf ein mit Backtrennpapier ausgeschlagenes Blech setzen, auf dem Blech gefrieren lassen und dann in Tiefkühlbeutel oder -dosen umfüllen.

1 Einen Teigstreifen quer halbieren, eine Hälfte mit einem feuchten Tuch abdecken. Jeweils einen Teelöffel Füllmasse in Abständen von 5 cm auf die freie Teighälfte setzen. Dabei rasch arbeiten.

2 Einen Backpinsel in Eiweiß, Milch oder Wasser tauchen und ein Gittermuster zwischen die Füllungen zeichnen (und nach Wunsch etwas Eiweiß direkt um die Füllungen herum geben), so daß jede Füllung in einem Kästchen aus Eiweiß sitzt.

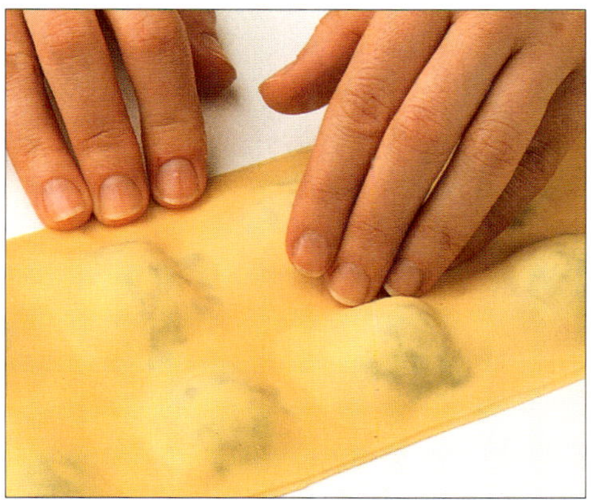

3 Die zweite Teighälfte auf den Teigstreifen mit den Füllungen legen. In den Zwischenräumen gut festdrücken, Luftblasen herauspressen und die Teigtäschchen sorgfältig versiegeln.

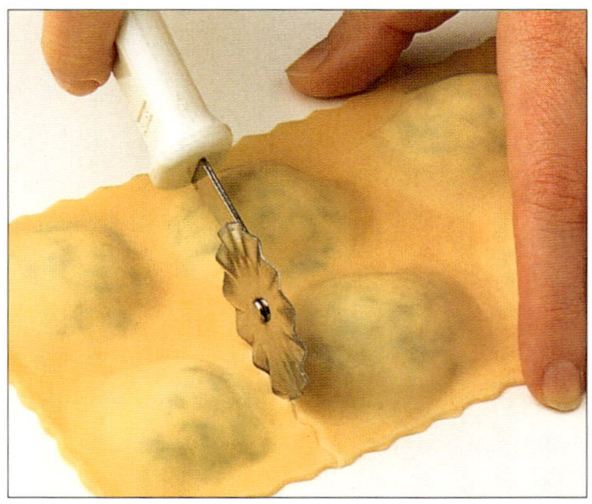

4 Mit einem gezackten Teigrädchen oder mit einem Küchenmesser 5 cm große Ravioli entlang dem Eiweißgitter ausschneiden. Die Ränder der Teigtaschen nochmals festdrücken. Restlichen Teig und Füllung genauso verarbeiten.

Pansotti

Den Teig in 6 cm große Quadrate schneiden. ½ Teelöffel Füllmasse in die Mitte eines jeden Quadrats setzen (machen Sie ein Probetäschchen und geben Sie nach Möglichkeit mehr Füllmasse hinein). Die Ränder anfeuchten, diagonal zusammenklappen und versiegeln.

Caramelle

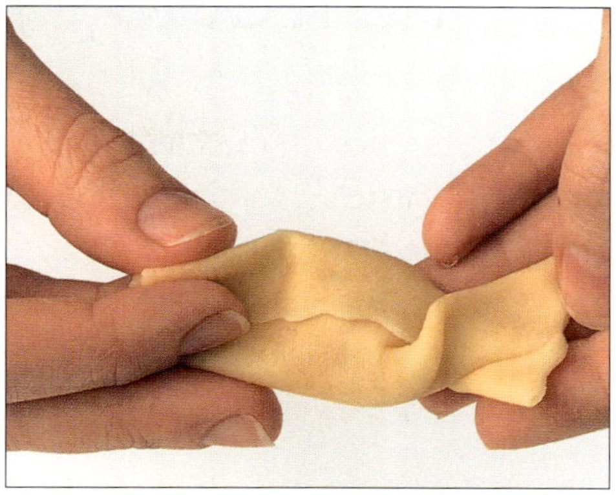

Den Teig in 2,5 × 7 cm große Rechtecke schneiden. ½ Teelöffel Füllmasse in die Mitte setzen. Den Teigflecken über der Mitte zusammenfalten, so daß ein schmales Päckchen entsteht. Die beiden Enden wie Bonbonpapier aufdrehen.

Tortelli (Anolini)

Mit einem Keksförmchen oder einem Glas 5 cm große Teigkreise ausstechen. ½ Teelöffel Füllmasse in die Mitte setzen. Die Ränder mit Eiweiß, Milch oder Wasser bestreichen. Zusammenklappen und versiegeln.

Tortellini

Tortellini und Cappellacci haben praktisch dieselbe Form; Tortellini werden jedoch aus 5 cm großen Teigkreisen gemacht, während die Cappellacci 7 cm groß sind. Cappelletti (»Hütchen«) sehen ähnlich aus, die Grundform ist hier allerdings ein 5 cm großes Quadrat. Das Füllen und Falten erfolgt jedoch nach demselben Schema.

1 Jeweils nur einen Teigstreifen und nicht mehrere gleichzeitig verarbeiten. Mit einem Keksförmchen oder Glas (5 cm Ø) Teigkreise ausstechen. Etwa ¼ Teelöffel Füllmasse in die Mitte setzen.

2 Die Ränder mit Eiweiß, Milch oder Wasser bepinseln. Den Kreis zu einem Halbmond zusammenklappen, aber einen Rand etwas weiter überstehen lassen.

3 Die Ränder gut versiegeln und die Luft herauspressen, damit die Täschchen sich beim Kochen nicht aufplustern und platzen. Das Täschchen sieht nun aus wie ein kleiner, gefüllter Halbmond.

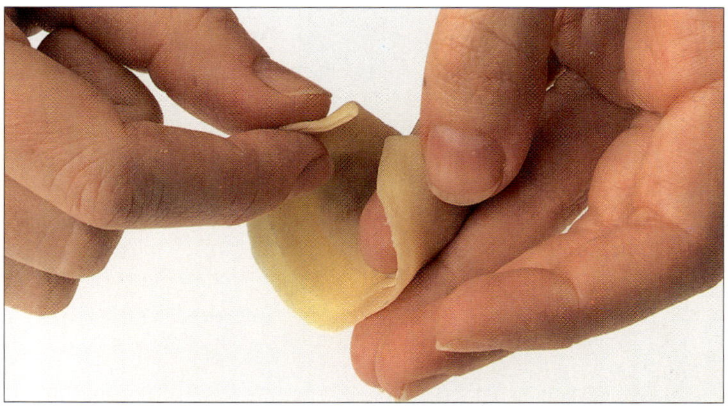

4 Das Teigtäschchen nun mit der gefüllten Seite nach außen und mit der gerundeten (oder bei Cappelletti spitzen) Seite nach oben um den kleinen Finger wickeln. Die beiden Enden übereinanderfalten und festdrücken.

Kochen und abgießen

Richtiges Kochen und Abgießen ist bei frischen und getrockneten Nudeln gleichermaßen wichtig. Die Italiener essen ihre Nudeln bißfest, was sie mit »al dente« (in etwa: »für den Zahn«) bezeichnen. Durch die Verwendung von Hartweizengrieß zerkochen getrocknete Nudeln nicht. Die Konsistenz von gekochten frischen Nudeln wird nie »al dente« sein, weil sie aus Weichweizenmehl gemacht werden und einfach nicht so hart trocknen. In beiden Fällen kocht man Nudeln in reichlich sprudelndem Salzwasser und rührt während des Kochens regelmäßig um.

Frische Nudeln kochen

Frische Nudeln werden in reichlich Wasser gekocht, damit die Stränge oder Päckchen nicht verkleben. Die folgenden Angaben entsprechen den Mindestmengen für 500 g Nudeln.

Tips

- Geben Sie kein Öl ins Kochwasser, da es auch nicht gegen das Verkleben der Nudeln hilft. Öl überzieht die Nudeln mit einem Film und verhindert, daß sie später die Sauce richtig aufnehmen können.
- Beim Abgießen mindestens eine halbe Tasse Kochwasser aufheben. Die Nudeln saugen nach dem Abgießen weiterhin Feuchtigkeit auf und müssen manchmal mit etwas Kochwasser geschmeidig gerührt werden. Bei üppigen Saucen wie Pesto oder dicken Käsesaucen sollten Sie unbedingt etwas Kochwasser in die Pastaschüssel geben.

1 5 l Wasser zum Kochen bringen. Nach Rezept salzen und die Nudeln hineingeben. Lange Nudeln ragen zunächst aus dem Topf heraus; sobald der Teil im Wasser weich wird, gleitet auch der obere Teil ins Wasser.

Getrocknete Nudeln kochen

Wenn Sie getrocknete Nudeln in zu wenig Wasser kochen, werden sie zäh, weil sie aufquellen und keinen Platz mehr im Topf haben. Kurze getrocknete Nudeln wie Bucatini und dicke Röhrennudeln wie Penne und Rigatoni benötigen mindestens 5 l Kochwasser pro 500 g. Für diese Nudelmenge brauchen Sie ungefähr 1½ Eßlöffel Salz. Erhöhen Sie diese Mengen proportional.

♦

Zu wenig oder nicht gesalzene Nudeln schmecken praktisch nach gar nichts.

♦

Auf den meisten Nudelpackungen sind genaue Kochzeiten angegeben. Am besten probieren Sie jedoch selbst eine Nudel. Im Zweifelsfall abgießen. Es besteht ein himmelweiter Unterschied zwischen Pasta, die wirklich al dente gekocht wurde, und zerkochten Nudeln (selbst wenn es sich nur um eine halbe Minute zuviel handelt). Spaghetti und andere lange Nudeln kann man halbieren. Es empfiehlt sich jedoch, die Stränge ganz zu lassen, weil man sie dann besser um die Gabel wickeln kann.

2 Die Nudeln umrühren, dann den Topf abdecken. Wieder zum Kochen bringen, den Deckel abnehmen und feine Nudeln 5 Sekunden, dickere Nudeln 15 Sekunden garen. Die Garzeit sollte insgesamt 1½ Minuten (3½ für gefüllte Nudeln) nicht überschreiten. Getrocknete oder tiefgefrorene frische Nudeln 1 Minute garen, nachdem das Wasser wieder aufkocht, und dann probieren.

3 Die Pasta sofort in einem großen Nudelsieb mit Henkeln abgießen. Gefüllte Nudeln vorsichtig mit einem Schaumlöffel aus dem Wasser heben, denn beim Abgießen würden sie platzen. Mindestens eine halbe Tasse Kochwasser aufheben. Die Nudeln sollten (je nach Rezept) noch feucht, aber nicht tropfend naß sein. Die Nudeln mit der Sauce anrichten und nach Bedarf etwas Kochwasser unterrühren.

Rezepte

Die Rezepte in diesem Buch könnte man am besten als eklektische Sammlung italienischer Pastaspezialitäten bezeichnen.
Sie sind zwar klassisch italienisch in ihrer Zusammenstellung, entspringen jedoch eher der italienischen Denkweise als der geschichtlichen Tradition.
Viele Rezepte entstanden ganz spontan.
Einige wurden aus der Not geboren, weil es nur ganz bestimmte Zutaten gab. Und andere wieder entsprangen einem Augenblick der Intuition. Einige Rezepte stammen von Freunden und Kollegen, deren Kochkunst ich bewundere oder die mich auf einen Teller Nudeln einluden, der dann unvergeßlich gut schmeckte.

Minestre
Suppen

Nudeln dienten ursprünglich nur als Suppeneinlage. Erst später begann man, die Nudeln auch trocken, d. h. als »pasta asciutta« mit Sauce zu essen. Es gibt zahlreiche Kategorien von Nudelsuppen und verschiedene Nudeltypen, die dafür entwickelt wurden. »Pasta in brodo« bezeichnet eine klare Fleischbrühe, die vielleicht noch mit Safran oder Kräutern aromatisiert wurde und in der eine kleine Portion Suppennudeln (Pastina) oder feine Engelshaarnudeln gekocht werden. Eine »Minestrina« ist eine relativ leichte Suppe, in die man kleine Suppennudeln wie Farfalline gibt. Hier zeigen wir auch die kräftige und herzhafte Minestrone (wörtlich: »dicke, große Suppe«), in die größere Suppennudeln wie Tubettini oder Ditalini gehören.

Minestra di lenticchie con salsiccie e tubettini
Linsensuppe mit Mangold, Bratwurstmasse und Tubettini

Minestra di lenticchie con salsiccie e tubettini

Linsensuppe mit Mangold, Bratwurstmasse und Tubettini

Die italienische Küche kennt viele verschiedene Linsensuppen, zu denen immer Nudeln gehören. Einige sind fast so dick wie ein Eintopf, andere wieder sind – wie diese hier – richtige Suppen. Spinat ist ein guter Ersatz für Mangold, und statt Fleischbrühe können Sie nach Wunsch auch Wasser nehmen.

Zutaten

- *250 g braune Linsen, gewaschen*
- *2,5 l leichte Fleischbrühe (s. Seite 68)*
- *1 Selleriestengel mit Blattgrün*
- *1 Lorbeerblatt*
- *1 Eßlöffel Salz*
- *2 Eßlöffel natives Olivenöl extra*
- *2 große Knoblauchzehen, fein gehackt*
- *1 Zwiebel, fein gehackt*
- *300 g milde italienische Bratwurstmasse mit Fenchelsamen, zerkrümelt*
- *2 Eßlöffel Tomatenmark*
- *2 Teelöffel frischer oder 1 Teelöffel getrockneter Majoran*
- *300 g Tomatenstückchen aus der Dose (abtropfen lassen) oder frische Eiertomaten (häuten, entkernen und würfeln)*
- *125 g Tubettini*
- *250 g Mangoldblätter, gehackt*

1 Die Linsen mit der Brühe, dem Sellerie, dem Lorbeerblatt und dem Salz in einen großen Topf geben. Zum Kochen bringen, dann bei sanfter Hitze simmern lassen, bis die Linsen fast gar sind (ca. 20 Minuten).

2 In der Zwischenzeit das Olivenöl, den Knoblauch und die Zwiebel in einer Pfanne bei mäßiger Hitze andünsten (ca. 5 Minuten). Die Bratwurstkrümel hinzufügen und 10 Minuten goldbraun rösten.

3 Das Tomatenmark in etwas Linsenbrühe auflösen und in die Pfanne geben; gut verrühren. Majoran und Tomaten hinzufügen.

4 Die Bratwurstmischung, die Tubettini und den Mangold unter die Linsen heben. Leise köcheln lassen, bis der Mangold weich und die Nudeln bißfest sind (ca. 7 Minuten). Den Selleriestengel und das Lorbeerblatt entfernen und die Suppe servieren.

Minestra di pollo con tagliatelle all'Alessandro

Hühnersuppe mit Tagliatelle à la Alessandro

Bei einer typischen italienischen Hühnersuppe wird das gekochte Geflügel aus der Brühe genommen und mit einer oder mehreren Saucen (z. B. der klassischen Salsa verde) zum Hauptgang serviert. In dieser ungewöhnlichen und herzhaften Version wird das Hähnchenfleisch zusammen mit dem Gemüse in der Suppe serviert. Schritt 1–3 enthalten das Grundrezept für Hühnerbrühe.

Zutaten

- *1,75 kg Hähnchen, entfettet und geviertelt*
- *2,5 l Wasser*
- *Salz*
- *3 Petersilienzweige*
- *1 großer Selleriestengel*
- *2 Mohrrüben, längs halbiert und in dünne Scheiben geschnitten*
- *2 mittelgroße Kartoffeln, geschält und fein gewürfelt*
- *1 Eßlöffel Olivenöl*
- *1 Zwiebel, gehackt*
- *60 g frische oder getrocknete Tagliatelle, in 5 cm lange Stücke gebrochen*
- *weißer Pfeffer aus der Mühle*

1 Die Hähnchenteile mit Wasser, 2 Teelöffeln Salz, Petersilie und Sellerie in einem großen Topf aufsetzen. Aufkochen lassen, dann die Wärmezufuhr drosseln und nur noch simmern lassen, bis das Hähnchen fast gar ist (ca. 40 Minuten). Die Brühe regelmäßig abschäumen.

2 Den Topf vom Herd nehmen, die Hähnchenteile auf ein Schneidbrett setzen, häuten und entbeinen. Das Fleisch in mundgerechte Stücke schneiden.

3 Die Brühe durchseihen, das Fett abschöpfen und wieder auf den Herd setzen. Die Mohrrüben hinzufügen; den Topfdeckel nicht ganz verschließen. Auf mittlerer Flamme simmern, bis die Mohrrüben zur Hälfte gar sind. Die Kartoffelwürfel hinzufügen und im halb geöffneten Topf weitersimmern, bis das Gemüse weich ist (15 Minuten).

4 In der Zwischenzeit das Öl in einer kleinen Pfanne erhitzen; die Zwiebel 5 Minuten darin dünsten, bis sie weich und goldgelb wird. Vom Herd ziehen.

5 Wenn Sie getrocknete Nudeln verwenden, nun 2,5 l Wasser zum Kochen bringen. Die Tagliatelle und $1^1/_2$ Eßlöffel Salz hineingeben. Die Nudeln nur halb durchgaren und abgießen.

6 Die vorgegarten Nudeln oder die frischen Nudeln zusammen mit den Hähnchenteilen und der gebratenen Zwiebel in die Brühe geben und gut umrühren. Auf kleiner Flamme 5 Minuten durchköcheln, dann abschmecken und zu Tisch bringen.

Minestrone estivo con prosciutto e parmigiano

Sommerminestrone mit Schinken und Parmesan

Minestrone ist eine dicke Suppe mit vielen Saisongemüsen und Bohnen; sie wird mit oder ohne Nudeln gegessen. Meine Familie hat immer einen fleischigen Schinkenknochen (ersatzweise geräucherte Haxe, Knochen vom Schweinenacken oder Schinkenfleisch) mitgekocht, doch Sie können die Suppe auch ohne Fleisch zubereiten. Nehmen Sie nur einwandfreies, frisches Gemüse, hochwertiges und aromatisches Olivenöl und echten Parmigiano reggiano. Die Käserinden werden mitgekocht, und beim Servieren kommt geriebener Käse über die Suppe. Die Zutatenliste ist recht lang, da die Suppe mit vielen Sommergemüsen zubereitet wird. Dafür geht das Kochen um so einfacher. Für 10–12 Personen. (Abbildung auf Seite 13.)

Zutaten

250 g Borlotti- oder Pintobohnen (frisch oder aus der Dose), abgespült, oder 125 g getrocknete Bohnen, vorzugsweise über Nacht eingeweicht (s. Schritt 1)

1 großer, fleischiger Schinkenknochen (übermäßiges Fett abtrennen) oder 2 geräucherte Haxen oder 1 kg geräucherte Knochen vom Schweinenacken oder 750 g Schinkenfleisch

3 l Wasser

ca. 175 g Parmesanrinden, in kleine Stücke geschnitten (nach Wunsch)

3 Eßlöffel natives Olivenöl extra

2 Teelöffel frischer oder 1 Teelöffel getrockneter Rosmarin oder 2 Lorbeerblätter

2 frische Strauchtomaten oder 2 Eiertomaten aus der Dose (abgießen, entkernen und fein hacken) oder 2 Eßlöffel Tomatenmark

1 große Zwiebel, grob gehackt

1 mittelgroße Kartoffel, geschält und gewürfelt

1 großer Selleriestengel, in feine Streifen geschnitten (das Blattgrün fein hacken)

375 g süßliches Kürbisfleisch, gewürfelt (oder Butternut- bzw. Hubbard-Squash)

1 große Mohrrübe, gehackt

250 g Weißkohl, feinstreifig aufgeschnitten

1 Eßlöffel Salz (oder nach Geschmack)

2 kleine Zucchini à 175–250 g, fein gewürfelt

2 kleine gelbe Zucchini oder Sommerkürbisse à 175–250 g, gewürfelt

250 g Blumenkohlröschen

250 g Mangoldblätter, feinstreifig aufgeschnitten und gehackt (nach Wunsch)

250 g grüne Bohnen (Enden abtrennen und die Bohnen in 2,5 cm lange Stücke schneiden)

125 g Nudeln (Conchigliette oder Ditalini)

3 Eßlöffel frisch gehackte Petersilie

reichlich schwarzer Pfeffer aus der Mühle zum Servieren

frisch geriebener Parmesan zum Servieren

1 Wenn Sie getrocknete und eingeweichte Bohnenkerne verwenden, die Bohnen in einen Topf schütten und 7 cm hoch mit Wasser bedecken. Zum Kochen bringen und dann in nur noch leise wallendem Wasser weich garen (ca. 1 Stunde). Gut abgießen. Sie können die getrockneten Bohnen auch in einen Topf geben und 7 cm hoch mit kaltem Wasser bedecken, einmal aufkochen lassen, vom Herd nehmen und 1 Stunde quellen lassen. Dann wie beschrieben garen. Frische Bohnen oder Dosenware müssen nicht eigens vorgekocht werden.

2 Den oder die Schinkenknochen oder den Schinken in einem großen Topf mit Wasser aufsetzen. Zum Kochen bringen und bei mäßiger Hitze und leicht geöffnetem Deckel 1 Stunde (Knochen) oder 30 Minuten (Fleisch) garen. Die Brühe immer wieder abschäumen. Abkühlen lassen.

3 Schinken aus der Brühe heben. Das Fleisch von den Knochen lösen und in mundgerechte Stücke schneiden; beiseite stellen. Die Brühe entfetten und mit kaltem Wasser auf 3 l ergänzen. Die Brühe in einen großen und sauberen Topf umgießen.

4 Alle Zutaten der Liste bis einschließlich Salz in die Schinkenbrühe geben. Abdecken und zum Kochen bringen. Dann die Wärmezufuhr drosseln und die Brühe 30 Minuten bei leicht geöffnetem Deckel leise wallen lassen.

5 Zucchini, Sommerkürbisse, Blumenkohl, Mangold, die dicken Bohnen, die grünen Bohnen, die Nudeln und die Petersilie in die Suppe geben. Ungefähr 10 Minuten durchkochen, bis das Gemüse weich und die Nudeln knapp bißfest sind (die Nudeln kochen in der heißen Brühe noch weiter). Abschmecken und die Schinkenstückchen wieder in die Suppe geben.

6 Minestrone mit frisch gemahlenem Pfeffer und reichlich geriebenem Parmesan servieren.

Stracciatella con polpettine e pastina

Eiersuppe mit Fleischbällchen und Nudeln

Stracciatella ist eine wunderbare klare Suppe, die mit verquirltem Ei zubereitet wird. Diese Version ähnelt der bekannten Stracciatella aus der römischen Küche, enthält aber mehr Gemüse. Kleine, leichte Suppennudeln wie »Melonenkerne« oder »Pfefferkörner« oder aber »Gerste« passen hier am besten. (Abbildung auf Seite 12.)

Zutaten

1 Portion Hühnerbrühe (s. Seite 63) oder leichte Fleischbrühe (s. Seite 68)
1 Mohrrübe, sehr fein gehackt
1 Zwiebel, gerieben
250 g junge Zucchini, fein gestiftelt, oder frische Erbsen
90 g Suppennudeln
1 Portion Fleischbällchen (Rezept auf S. 69)
Salz
2 Eier
2 Eßlöffel natives Olivenöl extra
2 Eßlöffel frisch geriebener Parmesan + Käse zum Servieren
1 Messerspitze frisch geriebener Muskat
Schwarzer Pfeffer aus der Mühle
1 Eßlöffel frisch gehackte Petersilie

1 Brühe, Mohrrübe, Zwiebel und Zucchini oder Erbsen in einen großen Topf geben. Die Brühe zum Kochen bringen, dann bei mittlerer Hitze simmern, bis das Gemüse fast weich ist (ca. 10 Minuten).

2 Suppennudeln und Fleischbällchen hinzufügen und salzen. Etwa 5 Minuten weiterköcheln lassen, bis die Nudeln und die Fleischbällchen gar sind.

3 In der Zwischenzeit die Eier mit dem Olivenöl, dem Parmesan und dem Muskat in einer Schüssel verquirlen. Die Mischung in die köchelnde Suppe rühren, bis die Eimasse fest wird und sich gleichmäßig verteilt. Mit Pfeffer abschmecken. Mit Petersilie bestreuen und sofort servieren.

Minestra di fagioli con prosciutto e cicoria

Bohnensuppe mit Schinken und Krausendivie

In Süditalien kennt man viele Versionen dieser Suppe, in der Bohnen und Blattgemüse mit Nudeln kombiniert werden. Manchmal gibt man statt Schinken winzige Salamiwürfelchen in die Suppe. Statt Krausendivie verwendet man häufig Eskariol, Sprossenbrokkoli oder anderes Blattgemüse, die Tomaten sind nicht unbedingt erforderlich. Ein fleischiger Schinkenknochen ergibt eine besonders würzige Brühe. Sie können statt dessen auch Schinkenfleisch nehmen.

Zutaten

250 g getrocknete Cannellinibohnen, vorzugsweise über Nacht eingeweicht (s. Schritt 1)
1 Lorbeerblatt
1 großer, fleischiger Schinkenknochen (überschüssiges Fett abtrennen) oder 750 g Schinkenfleisch
1 Kopf Krausendivie à 750 g (die äußeren Blätter ablösen)
75 ml natives Olivenöl extra
3 Knoblauchzehen, fein gehackt
1 kleine Zwiebel, fein gehackt
1 Prise getrocknete rote Pfefferschoten, zerstoßen
60 g mittelgroße Suppennudeln (z. B. Ditali)
2 Teelöffel Salz
schwarzer Pfeffer aus der Mühle

1 Wenn Sie die Bohnenkerne eingeweicht haben, abgießen und in einen Topf schütten. 7 cm hoch mit kaltem Wasser bedecken, das Lorbeerblatt und den Schinkenknochen hineingeben. Ungefähr 1 Stunde weich kochen. Wenn Sie Schinkenfleisch verwenden, 250 g davon nach 30 Minuten zu den Bohnen geben. Sie können die getrockneten Bohnen auch ohne Einweichen in einen Topf geben und 7 cm hoch mit kaltem Wasser bedecken, einmal aufkochen lassen, vom Herd nehmen und 1 Stunde ruhen lassen. Dann wie beschrieben garen.

2 Sobald die Bohnen weich sind, den Schinkenknochen aus der Brühe heben, das Fleisch ablösen, würfeln und beiseite stellen. Den Knochen wegwerfen. Das Schinkenfleisch aus dem Topf heben, in Würfel schneiden und beiseite stellen.

3 Den Strunk der Krausendivie herauslösen. Das Gemüse waschen, trockentupfen und in 5 mm schmale Streifen schneiden; dann grob hacken.

4 Das Olivenöl in einer großen Pfanne, die das ganze Blattgemüse fassen kann, erhitzen. Knoblauch und Zwiebel hineingeben und auf mittlerer bis kleiner Flamme 5 Minuten andünsten. Die Pfefferschoten dazugeben. Wenn Sie Schinkenfleisch verwenden, jetzt den Rest würfeln und 1–2 Minuten in der Pfanne anbraten, bis sich die einzelnen Aromen schön verbinden.

5 Das Blattgemüse in die Pfanne geben und gut durchmischen. Abdecken und 5 Minuten bei mäßiger Hitze dünsten. Den Pfanneninhalt nun zu den Bohnen geben. Die Nudeln und das Salz hinzufügen und bei kräftiger Hitze durchkochen, bis das Gemüse und die Nudeln weich sind (ca. 10 Minuten). Pfeffern. Den beiseite gestellten Schinken hinzufügen und die Suppe vor dem Servieren abschmecken.

Minestra di piselli con ditalini alla romana

Erbsensuppe mit Nudeln auf römische Art

Diese dicke, herzhafte Erbsensuppe ist die Variante einer Suppe aus meiner Kindheit. Meine Mutter lernte diese Suppe vermutlich in den Vorkriegsjahren kennen, als sie in Rom lebte, denn diese Suppe ist eine typisch römische Spezialität. Die Minestra ist so kräftig, daß sie alleine schon ein ganzes Mittagessen oder ein leichtes Abendessen ergibt. Rühren Sie nach Wunsch etwas gehackte Minze unter die Suppe.

Zutaten

- *500 g getrocknete Splittererbsen*
- *2,5 l Wasser*
- *1 großer Selleriestengel mit Blattgrün*
- *3 Petersilienzweige*
- *1 Suppenwürfel für klare Rinder- oder Hühnerbrühe, zerkrümelt*
- *1 großes Lorbeerblatt*
- *1 Mohrrübe, grob gehackt*
- *500 g Schinkenwürfel*
- *3 Eßlöffel natives Olivenöl extra*
- *1 kleine Zwiebel, sehr fein gehackt*
- *1 Teelöffel Salz*
- *60 g Suppennudeln (Ditalini)*
- *1 Eßlöffel frisch gehackte Petersilie*
- *schwarzer Pfeffer aus der Mühle*

1 Die Erbsen waschen, in einen großen Topf schütten und mit Wasser bedecken. Selleriestengel und Petersilienzweige mit Küchenfaden zu einem Bündel schnüren und zusammen mit dem Brühwürfel, dem Lorbeerblatt, der Mohrrübe und einem Drittel der Schinkenwürfel in den Topf geben. Zum Kochen bringen, dann die Wärmezufuhr drosseln und simmern lassen, bis die Erbsen zerkochen (ca. 1 Stunde).

2 In der Zwischenzeit das Olivenöl in einem Pfännchen erhitzen. Die Zwiebel hineingeben und 5 Minuten sanft weich dünsten. Die Zwiebel, den restlichen Schinken, Salz und Nudeln in den Suppentopf geben und bei mittlerer Hitze weich garen (ca. 9 Minuten). Petersilie und Pfeffer einrühren und nach Bedarf nachsalzen.

Minestra di patate e porri con farfalline

Kartoffel-Lauch-Suppe mit Schmetterlingsnudeln

Meine Mutter erfand diese köstliche Suppe eines Tages, weil sie die Lauchstangen, die in meinem Kühlschrank zu verwelken drohten, verwerten wollte. Die Suppe wird mit Butter statt mit Olivenöl zubereitet – was wieder einmal die leichte Hand meiner Mutter zeigt. Wenn Sie keinen frischen Majoran bekommen, nehmen Sie statt dessen Schnittlauch oder fein gehackte Frühlingszwiebeln.

Zutaten

- *3 große Lauchstangen, geputzt*
- *75 g Butter*
- *500 g Kartoffeln, geschält und in kleine Würfel geschnitten*
- *1 kleine Zwiebel, sehr fein gehackt*
- *2 große Knoblauchzehen, ungeschält zerstoßen*
- *1 Selleriestengel mit Blattgrün, sehr fein gewürfelt*
- *1 mittelgroßer gelber Sommerkürbis (ca. 250 g), fein gewürfelt*
- *2,5 l Hühnerbrühe (s. Seite 63)*
- *1/2 Teelöffel sehr fein gehackter frischer Majoran, Schnittlauch oder der Halm einer Frühlingszwiebel*
- *Salz*
- *30 g Suppennudeln, z. B. Farfalline, Tripoline (beides Schmetterlingsnudeln), Tubettini (feine Röhrennudeln), Orzi (»Gerstenkorn«) oder Semi di melone (»Melonenkerne«)*
- *weißer Pfeffer aus der Mühle*
- *frisch geriebener Parmesan zum Servieren*

1 Die Lauchstangen längs halbieren, die einzelnen Schichten auffächern und unter fließendem kaltem Wasser ausspülen. Die Lauchstangen quer in sehr feine Streifen schneiden, anschließend würfeln.

2 Die Butter in einem weiten Topf erhitzen. Lauch, Kartoffeln, Zwiebel, Knoblauch, Sellerie und Kürbis hineingeben und bei mittlerer Hitze etwa 10 Minuten andünsten. Mit Hühnerbrühe auffüllen, Majoran (bzw. Schnittlauch oder Frühlingszwiebel) hinzufügen. Etwa 20 Minuten köcheln, bis das Gemüse weich ist.

3 2,5 l Wasser zum Kochen bringen. 1 Teelöffel Salz und die Suppennudeln einstreuen. 5 Minuten kochen, bis die Nudeln ungefähr halbgar sind (sie garen in der heißen Suppe noch weiter). Abgießen und in die Suppe rühren.

4 Die ganzen Knoblauchzehen herausfischen und wegwerfen. Die Suppe mit Salz und weißem Pfeffer abschmecken und mit frisch geriebenem Parmesan servieren.

Minestra di fave con linguine

Puffbohnensuppe mit Linguine nach sizilianischer Art

Frische Puffbohnen schmecken angenehm säuerlich und besitzen eine samtig-cremige Konsistenz, die für Bohnen sehr ungewöhnlich ist. In Italien sind diese Bohnen sehr beliebt. Sie schmecken frisch aber nur dann gut, wenn sie wirklich jung und zart sind; ältere Bohnen werden hart und bitter. Die Bohnen, die in einer samtigen Hülse sitzen, müssen leuchtend grün aussehen. Schälen Sie die Bohnen aus ihren langen Hülsen und ziehen Sie vor dem Verarbeiten das äußere Häutchen der einzelnen Bohnenkerne ab.

Zutaten

1 1/2 Eßlöffel natives Olivenöl extra

1 Zwiebel, sehr fein gehackt

60 g Parma- oder gekochter Schinken, grob gewürfelt

1,8 l Wasser

500 g frische Puffbohnen, geschält und gehäutet

125 g Linguine, auf 5 cm gekürzt

2 Teelöffel Salz

1 Eßlöffel sehr fein gehacktes Basilikum

1 Eßlöffel sehr fein gehackte Minze

ca. 1/4 Teelöffel schwarzer Pfeffer aus der Mühle

1 Das Olivenöl in einem großen Topf erhitzen. Die Zwiebel hineingeben und etwa 3 Minuten weich dünsten. Schinken hinzufügen und leicht bräunen (ca. 2 Minuten).

2 Das Wasser hinzugießen und zum Kochen bringen. Die frischen Bohnenkerne hineingeben und im halb verschlossenen Topf sanft weich garen (ca. 30 Minuten). Linguine und Salz hinzufügen. Bei mittlerer Hitze weich kochen (10 Minuten).

3 Basilikum und Minze unmittelbar vor dem Servieren in die heiße Suppe rühren. Mit Pfeffer abschmecken und unverzüglich zu Tisch bringen.

Brodo magro di carne

Leichte Fleischbrühe

Fleischbrühe ist die Grundlage vieler Suppen. Die Brühe schmeckt am intensivsten, wenn Sie Fleisch und Gemüse kalt aufsetzen. Denn dadurch werden Fleischsäfte an die Brühe abgegeben; gibt man das Fleisch ins heiße Wasser, schließen sich die Poren sofort. Ein Gemisch aus dunklem Fleisch und Geflügel eignet sich für Brühe am besten. Für eine kräftigere Brühe nehmen Sie Rind- statt Kalbfleisch. Truthahnflügel oder -schenkel sind ein guter Ersatz für Hähnchenteile.

Vorbereitung

Sie können diese Brühe bis zu vier Tage im voraus zubereiten. Fleisch und Gemüse herausheben, abdecken und bis zu vier Tage im Kühlschrank aufbewahren oder bis zu sechs Monate einfrieren.

Zutaten

1,5 kg Hähnchenrücken oder Flügel, sorgfältig gewaschen

1 kg Kalbsknochen vom Nacken oder ein anderes preiswertes Stück

1 Eiertomate (frisch oder aus der Dose)

1 ungeschälte Zwiebel, gewaschen und geviertelt

1 große Mohrrübe, abgeschabt und geviertelt

1 großer Selleriestengel mit Blattgrün

1 Handvoll Petersilienblätter und einige Stengel

1 Messerspitze ganze Pfefferkörner

ca. 2 l Wasser

je nach Wassermenge 2–3 Teelöffel Salz

1 Überschüssiges Fett vom Hähnchen- und Kalbfleisch entfernen.

2 Nehmen Sie einen großen Suppentopf, in dem alle Zutaten gut Platz haben. Der Reihe nach sämtliche Zutaten von der Liste bis einschließlich Pfefferkörner hineingeben. Soviel kaltes Wasser angießen, bis die Zutaten 5 cm hoch bedeckt sind (maximal 2 l).

3 Topf verschließen und zum Kochen bringen. Die Wärmezufuhr sofort drosseln; die Brühe dann im halb geöffneten Topf leise wallen lassen. Nach 2 1/2 Stunden schmeckt die Brühe kräftig und herzhaft. Während des Kochens immer wieder nachsehen und darauf achten, daß die Brühe sanft wallt und nicht kocht. Regelmäßig abschäumen, damit die Brühe nicht eintrübt.

4 Die fertiggekochte Brühe entfetten. Mit einer Zange das Fleisch (für ein anderes Gericht verwenden) und die Knochen herausheben. Die Brühe durch ein feines Sieb oder ein Mulltuch seihen. Mit Salz abschmecken, wenn Sie die Brühe gleich verwenden.

Pastina in brodo per bambini

Nudelsuppe für Kinder

Klare Nudelsuppe ist keineswegs nur Kindernahrung, doch verbinde ich dieses Gericht – wie die meisten Italiener – mit meiner Kindheit. Nudelsuppe ist nach wie vor eines meiner Lieblingsgerichte (und meiner Kinder). Die frische Brühe ist herzhaft und klar und daher ideal, wenn der Magen nur leichte Kost verträgt.

Zutaten

1 Portion leichte Fleischbrühe (s. oben)

125 g Suppennudeln, z. B. »Melonenkerne«, »Pfefferkörner« oder »Buchstabennudeln«

1 Eßlöffel frisch gehackte Petersilie

frisch geriebener Parmesan zum Servieren (nach Wunsch)

1 Die Brühe in einem Topf zum Kochen bringen. Die Suppennudeln hineingeben und nach Packungsanleitung bei lebhafter Hitze garen. Die Nudeln sollten weich sein, aber nicht zerkochen.

2 Den Topf vom Herd nehmen, die Petersilie einstreuen und die Suppe auf Teller verteilen. Mit Parmesan servieren.

Brodo con zafferano e quadrucci

Safransuppe mit kleinen Teigflecken

Diese Minestrina, d. h. leichte Suppe, wird mit kleinen und leichten Nudeln angereichert. Ich nehme hierfür gern die kleinen quadratischen Teigflecken (Quadrucci), die hausgemacht oder getrocknet sein können. Gekürzte Engelshaarnudeln passen auch gut. (Abbildung auf Seite 12.)

Zutaten

1 Portion leichte Fleischbrühe (s. oben) oder eine andere Brühe

1/3 Portion (165 g) frische Eiernudeln (s. Seite 48), zu Quadrucci geschnitten (s. Seite 52), oder 90 g getrocknete Nudeln

1 Messerspitze Safranfäden oder 1 Portionsbriefchen Safranpulver

Salz

2 Eßlöffel frisch gehackte Petersilie

schwarzer Pfeffer aus der Mühle

frisch geriebener Parmesan zum Servieren

1 Die Fleischbrühe in einem großen Topf zum Kochen bringen. Die Quadrucci und den Safran hineingeben. Den Topf nicht ganz verschließen und die Nudeln in der Brühe garen: frische Nudeln brauchen 1 Minute; bei getrockneten Nudeln Packungsanleitung beachten.

2 Die Suppe vom Herd nehmen. Abschmecken und nach Bedarf nachsalzen. Die Petersilie einstreuen. Pfeffern. Heiß und mit reichlich Parmesan servieren.

Brodo con polpettine di salsiccia e tacchino e pastina

Wurst- und Truthahnbällchen in Brühe mit Nudeln

Eine gute, schmackhafte und hausgemachte Fleischbrühe ist unglaublich vielseitig und ergibt eine wirklich hervorragende Suppe. In Italien gibt man oft mildes Blattgemüse wie Eskariol, Spinat oder Mangold in eine hausgemachte Brühe, weil es als Farbtupfer dient und dabei noch für Geschmack und Fülle sorgt. Die kleinen Fleischbällchen sind eine wunderbar würzige Einlage. Verwenden Sie nur hochwertige und magere Bratwurstmasse, damit die Suppe nicht zu fett wird. Hier können Sie jede beliebige Art von Suppennudeln verwenden, auch gekürzte Engelshaarnudeln passen dazu.

Zutaten

1 Portion leichte Fleischbrühe (s. gegenüberliegende Seite)

90 g Suppennudeln, z. B. »Gerste«, »Pfefferkörner« oder »Melonenkerne«

125 g Eskariol, sorgfältig gewaschen und feinstreifig aufgeschnitten

Salz und Pfeffer aus der Mühle

Für die Fleischbällchen

175 g gehacktes Putenfleisch

90 g magere italienische Bratwurstmasse, nach Möglichkeit zweimal durch den Fleischwolf gedreht

20 g frisches Paniermehl

1/4 Teelöffel gemahlene Fenchelsamen

1 Eßlöffel frisch gehackte Petersilie

1 Prise Salz

1 Eiweiß

1/2 kleine Zwiebel, gerieben

1 Die Zutaten für die Fleischbällchen in eine Schüssel geben und von Hand gründlich vermengen. Den Teig zu Bällchen von der Größe einer großen Weintraube formen und beiseite stellen.

2 Die Brühe zum Kochen bringen. Die Suppennudeln einrühren und 3 Minuten bei mittlerer Hitze kochen. Die Fleischbällchen und den Eskariol hineingeben und weich garen (3–4 Minuten). Vom Herd nehmen, salzen und pfeffern. Sofort servieren.

Brodo con polpettine di pollo e prosciutto e capelli d'angelo

Kleine Hähnchen- und Schinkenbällchen und Engelshaar in Brühe

Fleischbällchen brät man normalerweise in der Pfanne. Doch auch in Brühe gekocht schmecken sie wunderbar, weil sie dabei saftig bleiben und mit ihrem Aroma die Suppe verfeinern. Diese Fleischbällchen sind zarter als die im vorhergehenden Rezept. Kochen Sie sie daher nur ganz kurz, weil sie sonst hart werden. (Abbildung auf Seite 12.)

Zutaten

1 Portion leichte Fleischbrühe (s. gegenüberliegende Seite)

90 g Engelshaarnudeln

frisch geriebener Parmesan zum Servieren

Für die Fleischbällchen

625 g gehacktes Hähnchenfleisch

1 Eiweiß

60 g altbackenes Weißbrot (in Milch oder Brühe einweichen und fest ausdrücken)

60 g Parma- oder gekochter Schinken, gewürfelt

1 große Knoblauchzehe, fein gehackt

2 Eßlöffel gehackte Petersilie

1 Teelöffel frisch gehackter oder 1/2 Teelöffel getrockneter Majoran

3 Teelöffel frisch geriebener Parmesan oder Pecorino

1/2 Teelöffel Salz

1/4 Teelöffel schwarzer Pfeffer aus der Mühle

1 Die Zutaten für die Fleischbällchen in einer Schüssel von Hand sorgfältig vermischen. Den Teig zu etwa kirschgroßen Bällchen formen.

2 Die Brühe in einem großen Topf zum Kochen bringen. Die Fleischbällchen hineingeben und wieder zum Kochen bringen. Die Nudeln hinzufügen. Nun bei sanfter Hitze simmern, bis Fleischbällchen und Nudeln weich sind (ca. 5 Minuten). Nicht zu lange kochen. Sofort zu Tisch bringen und frisch geriebenen Parmesan dazu reichen.

Salse, sughi e ragù

Saucen

Saucen sind in der italienischen Küche nicht so wichtig wie in Frankreich. Die Italiener lieben den natürlichen Geschmack ihrer Zutaten und wollen ihn nicht hinter Saucen verstecken. Doch bei Pasta spielen Saucen eine ganz bedeutende Rolle. Im allgemeinen serviert man in Italien nicht so viel Sauce zu den Nudeln wie im Ausland – die Nudeln sind so gut, daß man sie auch herausschmecken soll. Das Wort »salsa«, Sauce, leitet sich von »sale«, Salz, ab. Vermutlich bestand die Urform der Sauce aus Bratensaft und Salz. In diesem Buch stellen wir Ihnen viele verschiedene Saucen vor. In diesem Kapitel jedoch konzentrieren wir uns auf die wichtigsten Saucen der Nudelküche: Salse aus verschiedenen Zutaten, die einfacheren Sughi aus wenigen Ingredienzen und Ragù, die berühmten Fleischsaucen.

Ragù con porcini e pinoli alla ligure
Ragù auf ligurische Art mit Steinpilzen und Pinienkernen

Ragù con porcini e pinoli alla ligure

Ragù auf ligurische Art mit Steinpilzen und Pinienkernen

Es gibt viele Möglichkeiten, Ragù zuzubereiten, und viele regionale Varianten, die historische und geographische Einflüsse widerspiegeln. Die Tomaten-Fleisch-Sauce aus Ligurien erhält mehr Fülle durch die Pinienkerne, die in vielen Gerichten der Region, namentlich im Pesto alla genovese, auftauchen. Ergibt ca. 750 ml.

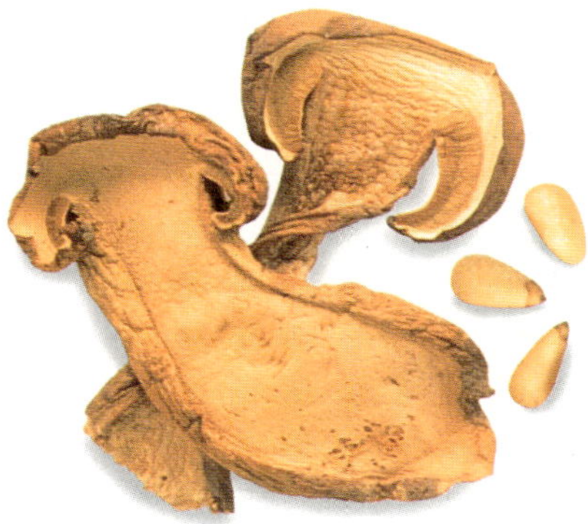

Zutaten

- *30 g getrocknete Steinpilze*
- *4 Eßlöffel natives Olivenöl extra*
- *1 kleine Zwiebel, sehr fein gehackt*
- *2 große Knoblauchzehen, sehr fein gehackt*
- *250 g mageres Rinderhack*
- *1/2 Teelöffel Salz*
- *4 Eßlöffel trockener Rotwein*
- *30 g Pinienkerne*
- *1 Teelöffel frisch gehackter oder 1/2 Teelöffel getrockneter Rosmarin*
- *1 Lorbeerblatt*
- *4 Eßlöffel Tomatenmark*
- *625 g frische oder Dosentomaten, geschält, entkernt und gehackt*
- *Pfeffer aus der Mühle*

1 Die getrockneten Steinpilze 30 Minuten in 175 ml warmem Wasser einweichen. Abgießen und das Einweichwasser auffangen. Das restliche Wasser aus den Pilzen pressen, dann die Steinpilze hacken. Das Einweichwasser durch Küchenkrepp filtern und aufheben.

2 Das Öl in einer weiten Pfanne bei mäßiger Hitze erwärmen. Zwiebel und Knoblauch 3–4 Minuten darin weich dünsten.

3 Das Rinderhack hinzufügen und salzen. Das Fleisch mit einem Holzlöffel in Krümel zerteilen, damit es gleichmäßig bräunt. Die Fleischkrümel etwa 5 Minuten anrösten, bis sie außen hellbraun und innen noch leicht rosa sind.

4 Den Wein angießen und einkochen lassen (ca. 2 Minuten). Steinpilze, Pinienkerne, Rosmarin, Lorbeerblatt und Tomatenmark einrühren, dann auch das Einweichwasser der Pilze hinzufügen. 5 Minuten durchköcheln, bis fast die gesamte Flüssigkeit verdampft ist.

5 Die Tomaten hinzugeben, die Pfanne teilweise abdecken und die Zutaten unter regelmäßigem Umrühren sanft zu einer dicken und aromatischen Sauce schmoren (ca. 45 Minuten). Vom Herd nehmen und mit Salz und Pfeffer abschmecken.

Variante

Ersetzen Sie die getrockneten Steinpilze durch 125 g frische Steinpilze, Pfifferlinge, Egerlinge oder Shiitakepilze. Die frischen Pilze mit einem weichen Tuch abreiben, Verunreinigungen entfernen. Holzige Enden abschneiden, die Pilze blättrig aufschneiden. Pilze mit dem Fleisch in die Pfanne geben und das Tomatenmark mit 4 Eßlöffeln Wasser verdünnen.

Ragù di manzo e funghi

Ragù mit Rindfleisch und Pilzen

Im Gegensatz zu vielen Ragùs ist diese Fleischsauce schnell gemacht und besitzt dennoch den vollen und aromatischen Geschmack eines typischen Ragùs. Diese Sauce paßt gut zu den meisten mittelgroßen Nudeln, z. B. zu Rigatoni, Ziti, Creste di gallo, Lumache und Fusilli. Sie eignet sich auch als Begleitung zu kürzeren Nudeltypen wie Pennette und Anelli. Das Ragù ist außerdem wie geschaffen für Lasagne und andere Aufläufe. Ergibt ca. 600 ml.

Zutaten

- *60 g wilde oder Zuchtpilze*
- *2 Eßlöffel natives Olivenöl extra*
- *60 g gewürfelte Pancetta oder magerer Frühstücksspeck (1 Minute blanchieren und dann fein würfeln)*
- *1 Zwiebel, gehackt*
- *1 große Knoblauchzehe, sehr fein gehackt*
- *1 kleine Mohrrübe, gehackt*
- *1 Eßlöffel frisch gehackte Petersilie*
- *1 Eßlöffel frisch gehacktes Basilikum oder 1 Teelöffel frisch gehackter bzw. 1/2 Teelöffel getrockneter Thymian*
- *500 g mageres Rinderhack*
- *125 ml trockener Rotwein*
- *250 g Tomatenpüree*
- *500 ml Wasser*
- *1/2 Teelöffel Salz*

1 Die Pilze mit einer weichen Bürste oder einem Tuch abreiben. Holzige Enden abschneiden, dann die Kappen und Stiele hacken. Beiseite stellen.

2 Das Öl in einem Topf erhitzen und die Pancetta oder den Speck hineingeben. 2 Minuten goldbraun braten. Zwiebel, Knoblauch, Mohrrübe, Kräuter und Pilze hinzufügen und 5 Minuten weich dünsten. Nun das Fleisch hineingeben und bei mäßiger Hitze etwa 1 Minute anbraten; das Fleisch sollte leicht gebräunt, aber noch nicht hart sein. Dabei das Fleisch mit einem Löffel zerkrümeln.

3 Den Wein angießen und einkochen lassen. Tomatenpüree, Wasser und Salz einrühren. Zum Kochen bringen, dann nur noch leise simmern. Topf nicht ganz verschließen und die Sauce 30 Minuten schmoren, bis sie dick und würzig wirkt.

Ragù alla toscana

Ragù toskanische Art

Vor vielen Jahren brachte mir ein toskanischer Koch dieses Rezept bei. Es ist einfacher als die Bologneser Version (s. gegenüberliegende Seite), aber immer noch außergewöhnlich würzig. Es wird mit Olivenöl statt mit Butter zubereitet und ist daher leichter. Geben Sie als Variante auch einmal frische Hühnerleber unter die Sauce. Die Sauce kann (ohne Pfeffer) im voraus zubereitet werden und hält sich im Kühlschrank 3–4 Tage, in der Gefriertruhe bis zu 3 Monate frisch. Geben Sie beim Aufwärmen 2 Eßlöffel Fleischbrühe hinein und erwärmen Sie die Sauce nur langsam, damit das Fleisch nicht hart wird. Erst unmittelbar vor dem Servieren pfeffern. Ergibt ca. 750 ml.

Zutaten

4 Eßlöffel natives Olivenöl extra

1 kleine Zwiebel, sehr fein gehackt

2 große Knoblauchzehen, sehr fein gehackt

1 Mohrrübe, sehr fein gehackt

375 g mageres Rinderhack

125 ml trockener Weißwein

2 Eßlöffel Tomatenmark

500 g Eiertomaten (frisch oder aus der Dose), geschält, entkernt und gehackt

ca. 1/2 Teelöffel Salz

1 Eßlöffel sehr fein gehackte frische Petersilie

Pfeffer aus der Mühle

1 Das Öl in einem weiten Schmortopf sanft erhitzen. Zwiebel, Knoblauch und Mohrrübe hineingeben und weich dünsten (8–10 Minuten).

2 Das Fleisch mit einem Holzlöffel hineinrühren und zerkrümeln. Bei mäßiger Hitze unter ständigem Wenden anbraten, bis es hellrosa aussieht. Nicht hart werden lassen.

3 Den Wein angießen und einkochen lassen (ca. 2 Minuten), dabei das Fleisch ständig wenden. Das Tomatenmark in einem Eßlöffel Wasser auflösen und in die Pfanne rühren. 8–10 Minuten bei mäßiger Hitze durchschmoren und eindicken lassen.

4 Tomaten und Salz hinzufügen. Die Sauce ungefähr 40 Minuten köcheln lassen, bis sie dicklich und würzig wirkt. Mit Petersilie und Pfeffer verfeinern und vom Herd nehmen.

Variante

Drei dicke und tadellos frische Hühnerlebern von Fett, Häutchen und bleichen Stellen befreien. Lebern würfeln. 1 Eßlöffel natives Olivenöl extra in einer Pfanne erhitzen. Die Lebern kurz anbraten, bis sie außen gebräunt, aber innen noch rosa sind. 5 Minuten vor Ende der Kochzeit in die Sauce geben.

Ragù con manzo e maiale

Ragù mit Rind- und Schweinefleisch

Diese klassische italienische Fleischsauce wird ohne Tomaten gemacht. Sie kocht sehr lange und sehr sanft auf ganz kleiner Flamme, bis das Fleisch in der Sauce völlig zerkocht und mit den Aromen von Nelken, Zitronenschale und Wein verschmilzt. Hier ergänzt Schweinefleisch mit seinem typisch süßlichen Geschmack das Rindfleisch; Sie können aber auch nur Rindfleisch verwenden. Reichen Sie zu dieser Sauce frische Nudeln oder mittelgroße getrocknete Nudeln wie Rigatoni, Lumache, Fusilli, Eliche, Ziti, Orecchiette oder Penne. Ergibt ca. 600 ml.

Zutaten

15 g getrocknete Steinpilze

250 g Rinderkamm ohne Fett und ohne Knochen

250 g mageres Schweinefleisch ohne Fett und ohne Knochen

45 g Butter

3 Schalotten, gehackt

1 Selleriestengel mit Blattgrün, sehr fein gehackt

1 kleine Mohrrübe, sehr fein gehackt

2 Eßlöffel sehr fein gehackte frische Petersilie

1 Messerspitze Nelkenpulver

1 Eßlöffel Mehl

175 ml Fleischbrühe

150 ml trockener Weißwein

Salz und Pfeffer aus der Mühle

2 1/2 cm Zitronenschale (ohne weiße Haut)

1 Die Steinpilze 30 Minuten in 250 ml warmem Wasser einweichen. Inzwischen das Fleisch in 1 cm große Würfel schneiden. Die Pilze aus dem Einweichwasser heben, ausdrücken und fein hacken. Das Wasser durch Küchenkrepp filtern.

2 Die Butter bei mäßiger Hitze in einem großen Schmortopf zerlassen. Schalotten, Sellerie, Mohrrübe und Steinpilze hineingeben. Das Gemüse nun bei mittlerer Hitze andünsten, bis es eine leichte Färbung angenommen hat (ca. 5 Minuten). Die Petersilie einrühren.

3 Die Wärmezufuhr drosseln und das Fleisch hineingeben. 5 Minuten von allen Seiten leicht bräunen. Mit Nelkenpulver und Mehl überstäuben. Das Einweichwasser der Pilze, die Fleischbrühe und den Wein angießen und würzen.

4 Die Zitronenschale verdrehen, damit sie ihre ätherischen Öle freisetzt, und in die Sauce geben. Umrühren, dann den Topf abdecken und die Sauce auf sehr kleiner Flamme schmurgeln lassen, bis das Fleisch zerfällt und die Sauce eindickt (2 1/2–3 Stunden); dabei gelegentlich umrühren. Wenn die Sauce nicht dick genug ist, den Topfdeckel abnehmen und die restliche Flüssigkeit einkochen lassen.

Salsa alla bolognese

Bologneser Hackfleischsauce

Die echte Salsa bolognese aus der Emilia-Romagna schmeckt zart, voll und vielschichtig und hocharomatisch – und ist damit etwas völlig anderes als die beliebte, aber relativ gewöhnliche Hackfleischsauce, die man sonst mit dem Namen verbindet. Verschiedene Fleischsorten, in der Regel vom Rind, Kalb, Schwein und Hähnchen, sowie manchmal Wurstwaren und Schinken gehören dazu. Sie werden kombiniert mit einem reichhaltigen Battuto (s. Seite 162) aus Mohrrüben, Sellerie und Zwiebeln und mit etwas Milch, Weißwein und Tomaten sanft geschmort, bis eine außergewöhnlich wohlriechende und schmackhafte Sauce entsteht. Hausgemachte Eiernudeln wie Tagliatelle oder Fettuccine oder zarte Lasagneschichten sind der zweite Teil der Legende. Und die Krönung des Ganzen bildet schließlich der großartige Käse aus der Emilia: Parmigiano reggiano (s. Seite 162).
In der Region gibt es unzählige Varianten dieser Sauce. Ich gebe z. B. immer Schweinehack hinzu, weil es so würzig und mild schmeckt. Köstliche und fein gewürzte Mortadella gehört auch dazu. Die Sauce muß unbedingt auf ganz kleiner Flamme geschmort werden, damit sie nie aufkocht und das Fleisch hart wird. Durch sanftes Schmoren hingegen absorbiert das Fleisch die Aromen der anderen Zutaten und wird wunderbar zart und cremig. Ergibt ca. 750 ml.

Zutaten

30 g Butter

1 Eßlöffel natives Olivenöl extra

1 kleine Zwiebel, fein gehackt

1 kleiner Selleriestengel mit Blattgrün, fein gehackt

1 kleine Mohrrübe, fein gehackt

1 Eßlöffel frisch gehackte Petersilie

250 g hochwertiges, mageres Rinderhack

250 g mageres Schweinehack

60 g Mortadella oder Parmaschinken in dünnen Scheiben, fein gehackt (nach Wunsch)

ca. 1/4 Teelöffel Salz

125 ml guter trockener Weißwein

75 ml Milch

1 Messerspitze frisch geriebener Muskat

4 Eßlöffel Tomatenmark

300 ml oder nach Bedarf mehr leichte Fleischbrühe (s. Seite 68)

125 ml Doppelrahm

weißer oder schwarzer Pfeffer aus der Mühle

1 Die Butter und das Olivenöl in einem großen Schmortopf mit schwerem Boden oder einer großen und tiefen Pfanne auf kleiner Flamme erwärmen. Feingehackte Zwiebel, Sellerie, Mohrrübe und Petersilie hineingeben und bei sanfter Hitze weich dünsten, aber nicht bräunen (ca. 12 Minuten).

2 Das Hackfleisch, nach Wunsch Mortadella oder Schinken und Salz hinzufügen. Das Fleisch darf über sehr kleiner Flamme nur sanft erwärmt werden und außen nur ganz leicht bräunen (ca. 2 Minuten). Mit einem Holzlöffel das Fleisch zerkrümeln und wenden.

3 Den Wein angießen und sanft simmern, bis der Alkohol verdampft und Fleisch und Gemüse die Flüssigkeit aufsaugen (ca. 3 Minuten).

4 Milch und Muskat hinzufügen. 5 Minuten auf kleiner Flamme simmern, dann das in 90 ml Fleischbrühe aufgelöste Tomatenmark einrühren. Sobald die Sauce wieder zu köcheln beginnt, die Flamme so niedrig wie möglich drehen (behelfen Sie sich u.U. mit einer Dämmplatte). Die restliche Brühe hinzugießen.

5 Den Topf abdecken, aber nicht ganz verschließen und die Sauce auf ganz kleiner Flamme weiterköcheln lassen. Gelegentlich umrühren. Nach 2 Stunden ist die Sauce dick und cremig und riecht verführerisch. Nach Bedarf eßlöffelweise mehr Fleischbrühe hinzugießen, damit die Sauce nicht austrocknet.

6 Die Sauce vom Herd nehmen, den Doppelrahm und Pfeffer unterrühren. Mit Salz abschmecken.

Vorbereitung

Die Sauce hält sich in einem dicht verschlossenen Behälter 3–4 Tage im Kühlschrank oder bis zu 3 Monate in der Gefriertruhe frisch. Wenn Sie die Sauce im voraus zubereiten, den Rahm und den Pfeffer weglassen. Die Sauce dann bei ganz sanfter Hitze aufwärmen und 2 Eßlöffel Fleischbrühe oder Wasser einrühren. Zum Schluß mit Sahne und Pfeffer verfeinern.

Ragù meridionale · *Sugo di pomodoro semplice* · *Sugo di pomodoro fresco* · *Salsa di pomodoro con verdure*

Ragù meridionale

Süditalienisches Ragù

In Süditalien erzeugt und verwendet man im Vergleich zu den norditalienischen Regionen nur wenig Rindfleisch. Das Ragù aus dem Süden wird daher oft mit Schweinefleisch gemacht. Ich mag dieses Rezept besonders gern, weil das milde Aroma von Schweinefleisch und Fenchelsamen eine süße Würzigkeit erzeugt, die gut zur natürlichen Säure der Tomaten paßt. Ergibt ca. 750 ml.

Zutaten
3 Eßlöffel natives Olivenöl extra
1 kleine Zwiebel, sehr fein gehackt
2 große Knoblauchzehen, sehr fein gehackt
1 kleine Mohrrübe, gehackt
1 kleiner Selleriestengel mit Blattgrün, gehackt
1 Eßlöffel frisch gehackte Petersilie
250 g Schweinehack
1 Teelöffel Fenchelsamen, gemahlen
4 Eßlöffel trockener Rotwein
2 Eßlöffel Tomatenmark, in 4 Eßlöffel Wasser aufgelöst
500 g Dosentomaten (abtropfen lassen, entkernen und fein hacken) oder frische Tomatenstückchen
Salz und weißer Pfeffer aus der Mühle

1 Das Olivenöl bei mittlerer Hitze einem Topf erwärmen. Die Zwiebel und den Knoblauch ca. 4 Minuten darin weich dünsten. Mohrrübe, Sellerie und Petersilie hinzufügen und weiterdünsten, bis das Gemüse weich ist (ca. 10 Minuten); dabei gelegentlich umrühren.

2 Das Schweinefleisch und die Fenchelsamen dazugeben. Das Fleisch mit einem Holzlöffel zerkrümeln. Die Wärmezufuhr drosseln und das Fleisch leicht bräunen (ca. 2 Minuten).

3 Den Wein angießen und einkochen lassen (ca. 3 Minuten). Das verdünnte Tomatenmark, die Tomaten und 1/2 Teelöffel Salz einrühren. Den Topf nicht ganz verschließen und die Sauce 1 Stunde sanft durchschmoren; gelegentlich umrühren. Vom Herd nehmen und mit Salz und Pfeffer abschmecken.

Sugo di pomodoro semplice

Einfache Tomatensauce

Hier das Rezept für die einfache Tomatensauce, die in der italienischen Küche vielseitig eingesetzt wird. Sie dient unter anderem als Grundlage für andere Saucen oder zum Bestreichen von Lasagneblättern. Wenn man sie zu Nudeln serviert, gibt man oft Parmesan, Pecorino oder geraspelte Ricotta salata (eine Art Feta- oder Schafskäse) darüber. Ergibt ca. 750 ml.

Zutaten
4 Eßlöffel natives Olivenöl extra
2 große Knoblauchzehen, zerstoßen
625 g Tomatenstückchen aus der Dose
ca. 1/3 Teelöffel Salz
1 1/2 Eßlöffel frisch gehacktes Basilikum oder Petersilie
schwarzer Pfeffer aus der Mühle

1 Olivenöl und Knoblauch bei mäßiger Hitze in einem Topf erwärmen und den Knoblauch goldgelb braten. Tomaten, Salz und Kräuter hinzufügen. 15 Minuten sanft durchköcheln lassen. Den Knoblauch nach Wunsch entfernen. Die Sauce abkühlen lassen.

2 Die Sauce durch eine Gemüsemühle (s. Seite 127) passieren oder in einer Küchenmaschine pürieren. Vor dem Servieren aufwärmen und mit Salz und Pfeffer abschmecken.

Sugo di pomodoro fresco

Frische Tomatensauce

Wer vollaromatische, sonnengereifte Tomaten bekommen kann, sollte unbedingt einmal diese Sauce probieren. Eiertomaten eignen sich hierfür am besten, weil sie dickfleischige Wände haben und nur wenig Wasser enthalten. Je kürzer die Kochzeit, in der die Flüssigkeit verdampft, um so frischer und reiner schmeckt die Sauce. Sie können auch andere Tomatensorten verwenden – drücken Sie soviel Flüssigkeit wie möglich aus und entfernen Sie das beim Garen austretende Wasser. Hierzu passen fast alle Nudelsorten. Ergibt ca. 750 ml.

Zutaten

75 ml natives Olivenöl extra

6 große Knoblauchzehen, zerstoßen

1/2 kleine Zwiebel, sehr fein gehackt

2 Eßlöffel sehr fein gehackte frische Petersilie oder 8 große Basilikumblätter

1250 g frische, vollreife Eiertomaten (häuten, entkernen, grob würfeln und abtropfen lassen)

1/2 Teelöffel Salz

schwarzer oder weißer Pfeffer aus der Mühle

1 Das Olivenöl bei mäßiger Hitze in einem Topf erwärmen. Die zerstoßenen Knoblauchzehen, die Zwiebel und ggf. die Petersilie darin andünsten, bis die Zwiebel weich wird und der Knoblauch eine hellgoldene Färbung annimmt. Vom Herd ziehen und den Knoblauch entfernen.

2 Tomaten und Salz hinzufügen. Mit einem Kartoffelstampfer oder einer Gabel die Tomaten zu kleinen Stückchen zermusen. Nun bei lebhafter Flamme die Tomaten zum Köcheln bringen. Die Wärmezufuhr wieder reduzieren und die Sauce bei mäßiger Hitze 20 Minuten eindicken lassen; gelegentlich umrühren.

3 Die Sauce mit Pfeffer abschmecken und vom Herd ziehen. Wenn Sie statt Petersilie Basilikum verwenden, die Blätter mit den Händen fein zerzupfen und vor dem Servieren unter die Sauce rühren.

Salsa di pomodoro con verdure

Tomatensauce mit Gemüse

Diese elegante und aromatische Sauce wird mit Butter zubereitet und paßt zu frischen, getrockneten oder gefüllten Nudeln. Wenn Sie keine Gemüsemühle haben, pürieren Sie die Sauce statt dessen in der Küchenmaschine. Sie schmeckt dann allerdings nicht ganz so fein. Ergibt ca. 750 ml.

Zutaten

60 g Butter

1 Eßlöffel natives Olivenöl extra

1 kleine bis mittelgroße Zwiebel, sehr fein gehackt

1 Mohrrübe, sehr fein gehackt

1 Selleriestengel mit Blattgrün, sehr fein gehackt

1 Eßlöffel frisch gehackte Petersilie

2 Eßlöffel Tomatenmark

625 g frische Eiertomaten, gehäutet, entkernt und gewürfelt, oder Tomatenwürfel aus der Dose (abtropfen lassen)

1/2 Teelöffel Salz

schwarzer oder weißer Pfeffer aus der Mühle

1 45 g Butter und das Öl bei mäßiger Hitze in einem großen Topf erwärmen. Zwiebel, Mohrrübe, Sellerie und Petersilie 10 Minuten darin dünsten, bis das Gemüse weich, aber nicht gebräunt ist.

2 Das Tomatenmark, die Tomaten und Salz hinzufügen. Das Gemüse unter regelmäßigem Umrühren im spaltbreit geöffneten Topf zu einer dicklichen Sauce einkochen (40 Minuten). Vom Herd nehmen und abkühlen lassen.

3 Die Sauce durch eine Gemüsemühle passieren (s. Seite 127) oder in einer Küchenmaschine bzw. im Mixer pürieren. Die Sauce wieder in den Topf gießen und sanft erwärmen. Mit der restlichen Butter und dem Pfeffer verfeinern. Vor dem Servieren abschmecken.

Varianten

- Für eine cremig-sahnige Tomatensauce (Salsa Aurora) 4 Eßlöffel Doppelrahm in die fertige Sauce rühren.
- Für Tomatensauce mit Wein 4 Eßlöffel trockenen Weiß- oder Rotwein zusammen mit dem Tomatenmark und den Tomaten in den Topf gießen. Die Sauce dann nach Bedarf etwa 5 Minuten länger simmern.

Salsa di pomodoro con funghi selvatici e vino rosso

Tomatensauce mit wilden Pilzen und Rotwein

Steinpilze gelten als die edelsten Speisepilze. Frische Steinpilze bekommt man nur selten, doch getrocknete Pilze sind ein ausgezeichneter Ersatz. Diese Tomatensauce wird durch den intensiven Geschmack und das Aroma der Steinpilze so würzig und komplex, daß sie ganz ohne Fleisch auskommt. Frische Pilze sorgen zusätzlich für Biß und Fülle. Die Sauce ist sehr vielseitig und paßt sowohl zu frischen als auch zu getrockneten Nudeln und eignet sich als Füllung für Aufläufe. Ergibt ca. 600 ml.

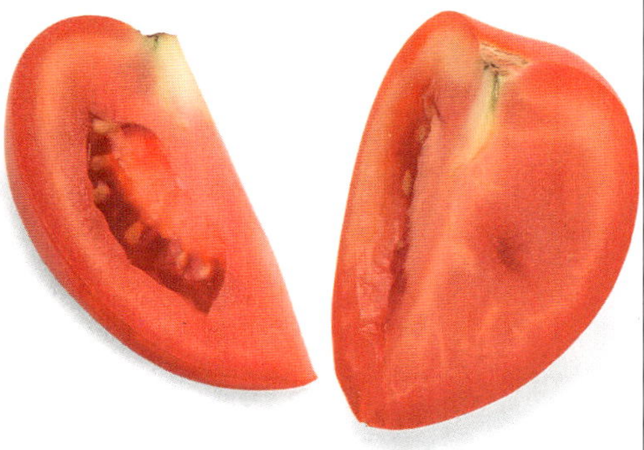

ZUTATEN

30 g getrocknete Steinpilze

125 g frische wilde oder Zuchtpilze (z. B. Pfifferlinge, Morcheln, Austernpilze oder Egerlinge)

45 g Butter

1 Eßlöffel natives Olivenöl extra

1 kleine weiße oder rote Zwiebel, sehr fein gehackt

1 Selleriestengel, sehr fein gehackt

1 kleine Mohrrübe, sehr fein gehackt

2 Eßlöffel sehr fein gehackte frische Petersilie

1 Teelöffel frisch gehackter oder 1/2 Teelöffel getrockneter Rosmarin

3 Eßlöffel Tomatenmark

4 Eßlöffel trockener Rotwein

625 g frische Eiertomaten, gehäutet, entkernt und gewürfelt, oder Tomatenstückchen aus der Dose (abtropfen lassen)

1/2 Teelöffel Salz

Pfeffer aus der Mühle

1 Die getrockneten Steinpilze 30 Minuten in 250 ml warmem Wasser einweichen. Pilze aus dem Wasser heben und gut ausdrücken, dann in daumennagelgroße Stücke schneiden; beiseite stellen. Das Einweichwasser durch Küchenkrepp filtern und aufheben.

2 Die frischen Pilze mit einem weichen Lappen oder einer Bürste säubern. Die Stengel von den Kappen trennen, grobe und harte Stengel wegwerfen. Die Pilze je nach Größe halbieren oder vierteln, dann blättrig aufschneiden.

3 Butter und Öl bei mäßiger Hitze in einem großen Topf erwärmen. Zwiebel, Sellerie, Mohrrübe und Petersilie hineingeben und weich dünsten (ca. 12 Minuten).

4 Die Steinpilze und den Rosmarin einrühren und 5 Minuten sanft mitdünsten. Nun die frischen Pilze hinzufügen und 7–8 Minuten weich dünsten.

5 Das Tomatenmark und das Einweichwasser der Steinpilze hineinrühren und gründlich vermischen. Sanft köcheln lassen, bis die Flüssigkeit verkocht (ca. 5 Minuten). Den Wein angießen und simmern lassen, bis der Alkohol verdampft (ca. 3 Minuten).

6 Tomaten und Salz hinzufügen. Die Sauce auf ganz kleiner Flamme und mit halb geschlossenem Deckel köcheln lassen, bis sie eindickt und verführerisch duftet (ca. 40 Minuten); ab und zu umrühren. Die Sauce vom Herd nehmen und abschmecken.

Salsa ai quattro formaggi

Vier-Käse-Sauce

Diese Sauce ist in Italien sehr beliebt und wird zu Röhrennudeln oder in Lasagne gegessen. Als Grundlage für diese Sauce dient Béchamel (s. rechte Seite), in der der Käse dann schmilzt. Jede Käsesorte steuert ihren unverwechselbaren Geschmack und ihre besondere Konsistenz bei. Fontina ist nussig, mild und butterzart; Gruyère besitzt Tiefe und Fülle; Mozzarella schmeckt eher neutral, schmilzt aber hervorragend; und Parmesan verleiht der Komposition sein unvergleichlich komplexes Aroma. Ergibt ca. 750 ml.

ZUTATEN

550 ml Milch

45 g Butter

2 Eßlöffel Mehl

1/4 Teelöffel Salz

weißer Pfeffer aus der Mühle

je 45 g Gruyère, Fontina und Mozzarella, geraspelt

45 g frisch geriebener Parmesan

1 Die Milch bis knapp unter den Siedepunkt erhitzen und warm halten.

2 Die Butter auf kleiner Flamme in einem Topf erhitzen. Das Mehl mit einem Schneebesen einrühren und 2 Minuten unter ständigem Rühren hell anschwitzen, aber keinesfalls anbrennen und bräunen lassen.

3 Die heiße Milch langsam und portionsweise hineingießen; dabei ständig mit einem Schneebesen oder Holzlöffel umrühren, damit sich keine Klümpchen bilden (s. Béchamelsauce, gegenüberliegende Seite, Schritt 3 und 4).

4 Wenn die Sauce nach etwa 5 Minuten dick und cremig wird, Salz und Pfeffer einstreuen. Die Sauce auf kleiner Flamme weitersimmern lassen; Gruyère, Fontina und Mozzarella einstreuen und gut verrühren, bis der ganze Käse geschmolzen ist (2 Minuten). Den Parmesan einrühren und die Sauce sofort vom Herd nehmen.

Besciamella

Béchamelsauce

Besciamella ist für die italienische Küche so wichtig wie Tomatensauce, die sich erst Ende des 19. Jahrhunderts in Italien etablierte. Béchamel ist unentbehrlich zum Überbacken, in Aufläufen mit Chicorée und Blumenkohl und ist Grundlage vieler Saucen. Das Geheimnis dieser einfachen Sauce liegt in der Verwendung von viel Butter und warmer Milch, die nur langsam eingerührt werden darf. Ergibt ca. 500 ml.

Zutaten

ungefähr 550 ml Milch

60 g Butter

3 Eßlöffel Mehl

1/4 Teelöffel Salz

1 Prise frisch geriebener Muskat

1 Die Milch bis knapp unter den Siedepunkt erhitzen und warm halten.

2 Die Butter in einem Topf mit schwerem Boden zerlassen. Bei schwacher Hitze das Mehl mit einem Holzlöffel oder Schneebesen einrühren, damit sich keine Klümpchen bilden. Die Mehlschwitze 2 Minuten unter ständigem Rühren durchkochen. Keinesfalls bräunen.

3 Die heiße Milch eßlöffelweise hinzufügen und gründlich verrühren. So fortfahren, bis 125 ml Milch verbraucht sind.

4 Wenn Sie mit Béchamel noch keine Erfahrung haben, jetzt die Herdplatte abschalten und dann erst die Milch in einem dünnen Strahl langsam hineingießen; dabei ständig umrühren. Wenn Sie die Sauce zum Binden verwenden, nicht die ganze Milch einrühren. Wenn sich Klümpchen bilden, gießen Sie die Milch wahrscheinlich zu schnell hinein, oder die Herdplatte ist zu heiß. In diesem Fall den Herd abschalten und die Mehlklümpchen mit einem Holzlöffel an der Topfwand zerdrücken.

5 Wenn Sie die Milch in den Topf gegossen haben, die Sauce unter ständigem Umrühren ungefähr 15 Minuten leise köcheln lassen. Während der letzten 10 Minuten mit Salz und Muskat würzen.

Salsa al mascarpone

Mascarponesauce

Die sehr einfache, klassische und vielseitige Pastasauce wird mit dem milden und zarten Sahnekäse aus Italien gemacht. Die Sauce geht so einfach, daß sogar meine kleinen Kinder sie selbermachen. Sie nennen sie »salsa baci« – Kußsauce! Ergibt ca. 600 ml.

Zutaten

60 g Butter

300 g Marscarpone

30 g frisch geriebener Parmesan

1 Die Butter auf kleiner Flamme in einem Topf zerlassen. Den Mascarpone hinzufügen und mit einem Holzlöffel zu einer gleichmäßigen und cremigen Masse verrühren. Nicht länger als 4–5 Minuten erwärmen, weil die Masse sonst zu dünn wird.

2 Den Topf vom Herd nehmen und vor dem Servieren den Parmesan rasch unterrühren.

Salsa di gorgonzola

Gorgonzolasauce

Diese wunderbare Sauce wird gewöhnlich mit frischen Fettuccine, Penne oder Gnocchi (s. Seite 144) serviert. Der Gorgonzola muß jung und mild sein (diese Version heißt oft Dolcelatte), denn alter Gorgonzola schmeckt zu aggressiv und kräftig für eine Nudelsauce. Mit dem richtigen Käse wird diese Sauce einfach phantastisch. Es gibt viele Varianten, doch die einfachste ist meiner Meinung nach auch die beste. Ergibt ca. 500 ml.

Zutaten

150 g milder (junger) Gorgonzola

45 g Butter

175 ml Doppelrahm

1 Prise Salz

60 g frisch geriebener Parmesan

weißer Pfeffer aus der Mühle

1 Den Gorgonzola entrinden, das Rindenstück wegwerfen. Den Käse in kleine und ebenmäßige Stücke schneiden.

2 Die Butter im Wasserbad oder auf kleiner Flamme in einem Topf zerlassen, dann den Gorgonzola hinzufügen. Mit einem Holzlöffel umrühren, bis sich der Käse vollständig aufgelöst hat.

3 Die Sahne hinzugießen und unter ständigem Rühren erhitzen, bis die Flüssigkeit zu simmern beginnt. Sobald die Sauce zäh über den Löffel fließt (nach ca. 5 Minuten), Salz und Parmesan einstreuen. Den Pfeffer erst in letzter Minute einrühren.

Pasta fresca
Frische Nudeln

Um frische Nudeln so richtig genießen zu können, müssen sie hausgemacht sein (s. Seite 48). Sogenannte frische Pasta aus dem Kühlregal Ihres Supermarkts ist nicht wirklich frisch; diese Nudeln sind aus Hartweizenmehl und nicht unbedingt mit frischen Eiern gemacht. Sie sind entsprechend dick und fest und erinnern im gekochten Zustand an Gummi. Sie besitzen nicht das Aroma und die Finesse wirklich frischer Nudeln, weshalb Sie einen großen Bogen um sie herum machen sollten. Hausgemachte Nudeln ißt man am besten zu Saucen auf Butter- oder Sahnebasis oder zu zarten Gemüse- und Tomatenkreationen. Die kräftigen Saucen, die man zu getrockneten Nudeln serviert, passen genauso wenig zu Pasta fresca wie ein schwerer Rotwein zu zarten Meeresfrüchten paßt.

Pappardelle con granchi e asparagi
Pappardelle mit Krabbenfleisch und grünem Spargel

Besondere Zutaten

Krabben *grüner Spargel* *Estragon* *Sahne* *Pappardelle*

Zubereitung

In der Toskana sind Pappardelle besonders beliebt, und so hat man eine Reihe von Saucen dafür entwickelt; am bekanntesten ist wohl die toskanische Spezialität Pappardelle mit Hasenragout. Hier bieten wir Ihnen eine ganz andere Sauce, die aber sehr gut zu diesen breiten und zarten Bandnudeln paßt. Frische oder getrocknete Fettuccine oder Tagliatelle würden sich hier auch gut eignen.

Zutaten

375 g frisches, gekochtes Krabbenfleisch oder 375 g kleine oder mittelgroße, rohe, ungeschälte Garnelen

250 g frischer grüner Spargel (Enden abtrennen)

Salz

60 g Butter + 5 g zum Braten des Krabbenfleischs

1 Zwiebel, gerieben

1 Teelöffel frisch gehackter oder 1/2 Teelöffel getrockneter Estragon

250 ml Doppelrahm

weißer Pfeffer aus der Mühle

1 Portion (500 g) frische Eiernudeln nach dem Rezept auf Seite 48, zu Pappardelle geschnitten (s. Seite 52), oder getrocknete Pappardelle

1 Wenn Sie Krabbenfleisch verwenden, sorgfältig von Knorpeln und Schalenresten befreien. Die Garnelen mit einem kleinen Messer schälen und die Schwänze entfernen. Die Garnelen den Rücken entlang einritzen und den dunklen Darm entfernen. Sorgfältig ausspülen und etwaige Darmreste entfernen. Mit einem Küchentuch trockentupfen und beiseite stellen.

2 Mit einem Gemüsemesser die dicke Schale am unteren Ende der Spargelstangen abziehen. Spargel schräg in 5 mm feine Röllchen schneiden, die zarten Spitzen ganz lassen.

3 Einen großen Topf Salzwasser zum Kochen bringen. Den Spargel hineingeben und weich garen (5 Minuten); darauf achten, daß die zarten Spitzen nicht kaputtgehen. Sofort abgießen und in Eiswasser legen, damit der Garvorgang beendet wird. Beiseite stellen.

4 Die Butter in einer weiten Pfanne zerlassen. Die Zwiebel darin weich dünsten (ca. 5 Minuten). Den Spargel hinzufügen und 5 Minuten sanft mitdünsten.

5 Das Krabbenfleisch kurz in 5 g Butter andünsten und heiß werden lassen, dann erst in die Spargelpfanne geben. Die Shrimps gleich zum Spargel geben und auf lebhafter Flamme garen, bis sie sich rosa färben (5 Minuten).

6 Mit Salz, Estragon, Doppelrahm und reichlich Pfeffer abschmecken und gründlich verrühren. Die Sauce kurz simmern lassen und vom Herd ziehen.

7 Unterdessen 5 l Wasser zum Kochen bringen. Die frischen Nudeln und 1 1/2 Teelöffel Salz hineingeben. Das Wasser wieder aufkochen lassen und die Nudeln 15 Sekunden garen. Getrocknete Nudeln al dente kochen. Nudeln abgießen und kurz in der Sauce schwenken. Sofort servieren.

Taglierini con salsa di pesce

Taglierini mit Fisch und Meeresfrüchten

Ich habe diese Sauce in Anlehnung an ein Gericht erfunden, das ich einmal in Parma gegessen habe, wo man frische Pasta getrockneten Nudeln vorzieht. Die Butter macht die Sauce fein und mild, wodurch sie zu frischer Pasta ganz besonders gut paßt. Sie schmeckt natürlich auch zu getrockneten Nudeln, beispielsweise Spaghetti oder Spaghettini. Wenn Sie die Sauce zu getrockneten Nudeln reichen wollen, können Sie Olivenöl statt Butter verwenden.

Zutaten

250 g rohe Garnelen in der Schale

1 Eßlöffel natives Olivenöl extra

60 g Butter

2 Knoblauchzehen, sehr fein gehackt

500 g frische Eiertomaten oder Dosentomaten (häuten, entkernen, würfeln und abtropfen lassen)

125 ml trockener Weißwein

1 ganzer Portionsfisch à 500 g, geschuppt, ausgenommen und ausgewaschen, aber mit Kopf (z. B. Seebarsch, Meeräsche oder Brasse)

250 g festfleischiges, weißes Fischfilet (z. B. Kabeljau oder Schwertfisch)

1 Briefchen (130 mg) reines Safranpulver oder 1 Prise Safranfäden

Salz und weißer Pfeffer aus der Mühle

1 Portion (500 g) frische Eiernudeln nach dem Rezept auf Seite 48. zu Taglierini geschnitten (s. Seite 53)

1 Die Garnelen mit einem kleinen Messer schälen, die Schwänze entfernen. Die Garnelen den Rücken entlang einritzen und den dunklen Darm entfernen. Sorgfältig ausspülen und etwaige Darmreste entfernen. Mit einem Küchentuch trockentupfen und beiseite stellen.

2 Das Öl und 45 g Butter in einer tiefen und weiten Pfanne erhitzen. Den Knoblauch hineingeben und 3–4 Minuten weich dünsten. Die Tomaten hinzufügen und 5 Minuten bei mittlerer Hitze schmoren.

3 Den Wein angießen und 2 Minuten lang einkochen lassen. Den Portionsfisch und das Fischfilet in die Pfanne legen. 10 Minuten bei mittlerer Hitze garen; einmal wenden. Die Pfanne vom Herd ziehen.

4 Den Portionsfisch aus der Pfanne heben, häuten und entgräten. Das Fischfleisch fein zerpflücken und wieder in die Pfanne setzen.

5 Die restliche Butter in einem Pfännchen erwärmen und die Garnelen etwa 3 Minuten darin sautieren, bis sie sich rosa verfärben. Garnelen, Safran und Salz in die Sauce geben und heiß werden lassen. Mit Pfeffer abrunden und vom Herd ziehen.

6 Unterdessen 5 l Wasser zum Kochen bringen. Die frischen Nudeln und 1 1/2 Teelöffel Salz hineingeben. Das Wasser wieder aufkochen lassen und die Nudeln 15 Sekunden garen. Nudeln abgießen und kurz in der Sauce schwenken. Sofort servieren.

Taglierini con sugo di arrosto di maiale alla veneta

Taglierini mit Schweinebratensauce auf venetische Art

Es gehört zum Sonntags- oder Festtagsritual italienischer Familien, hausgemachte Nudeln mit der Sauce eines Bratens, der dann zum Hauptgang serviert wird, anzurichten. In diesem Rezept wird der aromatische Bratensatz aus Knoblauch, Rosmarin und fruchtigem Olivenöl mit Wein und Butter verfeinert. Schweinefleisch ist heutzutage viel magerer als früher. Lassen Sie daher etwaige Fettränder am Fleisch, damit der Fond auch ausgebratenes Fett und nicht nur verbrannten Fleischsaft enthält. Das Fett können Sie nach dem Braten entfernen, während der Saft für die Sauce verwendet wird.

Tip

Wenn das Fleisch nicht fett genug ist, vor dem Garen mit Speck umwickeln. Wenn der Metzger das Bratenstück bereits entbeint hat, die Knochen mitgeben lassen und zusammen mit dem Fleisch in den Bräter setzen. Sie halten den Braten feucht und ergeben eine schöne Sauce.

Vorbereitung

Das Bratenstück kann wie beschrieben bereits am Vortag vorbereitet und kühl gestellt werden. Vor dem Braten auf Zimmertemperatur erwärmen.

Zutaten

1 gerollte Schweinelende, etwa 2 kg schwer, und extra Knochen oder ein 3 kg schweres Lendenstück mit Knochen; beide Fleischstücke mit Fettrand

6 große Knoblauchzehen, in dünne Scheiben geschnitten

1 Büschel aus 6 Rosmarinzweigen (falls vorhanden)

150 ml trockener Weißwein

Meersalz

Für die Kruste

2 Eßlöffel natives Olivenöl extra

geschroteter schwarzer Pfeffer

2 Eßlöffel fein gehackte Rosmarinblättchen oder 3 Teelöffel zerstoßener, getrockneter Rosmarin

Für die Sauce

60 g Butter

4 große Knoblauchzehen, zerstoßen

Bratensaft

60 ml trockener Weißwein

1 Portion (500 g) frische Eiernudeln nach dem Rezept auf Seite 48, zu Taglierini geschnitten (s. Seite 53)

Schweinebraten

1 Das Fleisch auf Zimmertemperatur erwärmen. Die Zutaten für die Kruste vermischen und das Fleisch damit einreiben. Das Bratenstück rundherum und auch zwischen Fleisch und Knochen mit einer Messerspitze 1 cm tief einritzen. Die Knoblauchscheiben in diese Schlitze stecken. Sie können den Braten jetzt abdecken und über Nacht in den Kühlschrank stellen.

2 Bratröhre auf 180 Grad, Gas Stufe 2 vorheizen.

3 Wenn Sie ein entbeintes Bratenstück haben, dann das Fett auf der Oberseite einritzen. Die Knochen in einen großen Bräter legen, die Rosmarinzweige dazwischenstecken und das Fleisch mit der Fettschicht nach oben auf die Knochen legen. Wenn Sie ein Lendenstück mit Knochen verwenden, das Fleisch über die Knochen falten.

4 Den Boden des Bräters mit einigen Eßlöffeln Wasser benetzen, damit der Bratensaft nicht anbrennt. Den Bräter auf die mittlere Schiene oder in die obere Hälfte des Ofens setzen. Nach 30 Minuten 150 ml trockenen Weißwein in den Bräter gießen.

5 Das Fleisch insgesamt etwa 1 Stunde und 35 Minuten braten; dabei alle 20 Minuten mit Bratenfond beschöpfen. Wenn der Boden des Bräters zu stark austrocknet, etwas mehr Wasser hineingießen. Die letzten 30 Minuten ein Fleischthermometer in die dickste Stelle des Bratens einführen. Nehmen Sie den Braten aus dem Ofen, sobald das Thermometer 65 Grad anzeigt.

6 Den Braten mit Meersalz bestreuen, fest in Alufolie einwickeln und 15 Minuten ruhenlassen. Das Fleisch gart jetzt noch weiter. Das Fleisch in Scheiben schneiden und auf einer Servierplatte anrichten. Gut abdecken und warm stellen.

7 Den Bratensatz entfetten. Den Fond mit dem Fleischsaft, der sich beim Aufschneiden angesammelt hat, vermischen. Sie sollten jetzt 250 ml Flüssigkeit haben; wenn Sie weniger Sauce haben, etwas mehr Butter hineinrühren.

Nudelsauce

1 Die Butter in einem Töpfchen erhitzen. Den Knoblauch bei mittlerer Hitze 5 Minuten goldgelb dünsten; dabei mit einem Holzlöffel den Saft aus den Knoblauchzehen pressen. Den Bratensaft und den Wein hinzugießen und 3 Minuten einkochen lassen. Den Knoblauch herausfischen und wegwerfen.

2 5 l Wasser zum Kochen bringen. Die frischen Nudeln und 1½ Teelöffel Salz hineingeben. Das Wasser wieder aufkochen lassen und die Nudeln 15 Sekunden garen. Taglierini abgießen und gründlich mit der Sauce anmachen. Als ersten Gang auftragen; den Schweinebraten als Hauptgang servieren.

Tagliatelle con asparagi e zafferano

Safrannudeln mit Spargel

Diese kulinarische Fantasie vereint nicht nur die harmonischen Aromen von Spargel, Sherry, Parmaschinken und Zwiebeln, sondern wirkt durch die schöne Sauce und die goldgelben Safrannudeln besonders farbenprächtig. Ersatzweise können Sie frische Eiertagliatelle verwenden. (Abbildung gegenüberliegende Seite.)

Zutaten

750 g grüner Spargel (Enden abschneiden)
Salz
75 g Butter
1 Zwiebel, gerieben
125 ml trockener Sherry
250 ml Doppelrahm
3 Eßlöffel Schnittlauchröllchen
30 g frisch geriebener Parmesan + Käse zum Servieren
1 dicke Scheibe Parmaschinken (125 g), in streichholzgroße Streifen geschnitten
weißer oder schwarzer Pfeffer aus der Mühle
1 Portion (500 g) Safrannudeln nach dem Rezept auf Seite 55, zu Tagliatelle geschnitten (s. Seite 53)

1 Mit einem Schälmesser die unteren Enden der Spargelstangen schälen, damit die zarten Stengel bloßliegen. In einer weiten Pfanne, in der der Spargel Platz hat, soviel Wasser zum Kochen bringen, daß die Spargelstangen davon bedeckt sind.

2 Pro $1^{1}/_{4}$ l Wasser 1 Teelöffel Salz in die Pfanne streuen. Den Spargel hineinlegen und garen, bis er zwar weich, aber noch nicht zerkocht ist: je nach Frische und Größe der Spargelstangen 5–6 Minuten. Spargel sofort abgießen und in Eiswasser legen, damit der Garprozeß unterbrochen wird. Die Spargelstangen schräg in 5 mm feine Röllchen schneiden, die Spitzen ganz lassen.

3 Die Butter in einer weiten Pfanne bei mäßiger Hitze zerlassen. Die Hälfte der Spargelröllchen und die geriebene Zwiebel einrühren und 1 Minute andünsten, bis die Zwiebel glasig anläuft. Abdecken und 1–2 Minuten sanft weich dünsten. Den Sherry einrühren und einkochen lassen (ca. 3 Minuten).

4 Den Doppelrahm hinzugießen und heiß werden lassen. Die Pfanne vom Herd ziehen, den restlichen Spargel und den Schnittlauch sowie Parmesan, Schinken, $^{1}/_{4}$ Teelöffel Salz und Pfeffer unterrühren.

5 5 l Wasser zum Kochen bringen. Die frischen Tagliatelle und $1^{1}/_{2}$ Teelöffel Salz hineingeben. Das Wasser wieder aufkochen lassen und die Nudeln 15 Sekunden garen. Nudeln abgießen und in die Sauce geben. Gut vermischen und sofort servieren. Jede Portion mit rund 2 Teelöffeln geriebenem Parmesan bestreuen.

Tagliatelle al limone

Tagliatelle in Zitronensauce

Die Kombination von Sahne, Butter und Zitrone ist vielleicht etwas ungewöhnlich, schmeckt aber hervorragend. Die Üppigkeit dieser Sahnesauce wird durch die säuerliche Zitronenschale aufgehoben, während der Cognac für einen komplexen Geschmack sorgt. Der Parmesan ist für die Ausgewogenheit der Aromen sehr wichtig – Sie sollten ihn keinesfalls weglassen, aber auch nicht zuviel davon verwenden (wir empfehlen 1 Eßlöffel pro Portion), damit der feine Zitronenduft nicht untergeht.

Zutaten

60 g Butter
350 ml Doppelrahm
die abgeriebene Schale von 4 großen Zitronen (ca. 6 TL)
60 ml Weinbrand oder Cognac
Salz
weißer Pfeffer aus der Mühle
1 Portion (500 g) frische Eiernudeln nach dem Rezept auf Seite 48 oder Spinat- oder Kräuternudeln (s. Seite 54), zu Tagliatelle geschnitten (s. Seite 53)
frisch geriebener Parmesan zum Servieren

1 Die Butter in einer weiten Pfanne bei mäßiger Hitze erwärmen. Die Sahne, die Hälfte der Zitronenschale und den Weinbrand hinzufügen. Die Flüssigkeit nun bei mittlerer Hitze zum Köcheln bringen und den Alkohol verdampfen lassen (ca. 3–5 Minuten). Die restliche Zitronenschale, Salz und Pfeffer einrühren. Vom Herd nehmen.

2 5 l Wasser zum Kochen bringen. Die frischen Tagliatelle und $1^{1}/_{2}$ Teelöffel Salz hineingeben. Das Wasser wieder aufkochen lassen und die Nudeln 15 Sekunden garen. Tagliatelle abgießen und in der Sauce schwenken. Gut vermischen und servieren. Jede Portion mit geriebenem Parmesan bestreuen.

Tagliatelle con melanzane arrosto, pomodoro e mozzarella

Tagliatelle mit gebratenen Auberginen, frischen Tomaten und Mozzarella

Bei den meisten Auberginensaucen kocht man die Aubergine gleichzeitig mit den anderen Zutaten. Dadurch verschmelzen Aroma und Konsistenz der Aubergine mit den anderen Ingredienzen. Hier wird die Aubergine zunächst separat gebraten oder gegrillt und dann erst in letzter Minute mit einer leichten, frischen Tomatensauce und Mozzarellastückchen vermischt. Die Auberginen erhalten einen nussigen und angenehm herben Geschmack und ein herrlich rauchiges Aroma, wenn man sie so zubereitet. (Abbildung auf Seite 15.)

Zutaten

2 kleinere Auberginen, insgesamt ca. 750 g

Salz

90 ml natives Olivenöl extra + Öl zum Bepinseln

6 große Knoblauchzehen, sehr fein gehackt

1 kg am Strauch gereifte Eiertomaten, gehäutet, entkernt und gehackt

1 Handvoll frisches Basilikum, fein zerzupft

175 g frischer Mozzarella, gewürfelt

schwarzer Pfeffer aus der Mühle

1 Portion (500 g) frische Eiernudeln nach dem Rezept auf Seite 48 oder Chilinudeln (s. Seite 55), zu Tagliatelle geschnitten (s. Seite 53)

1 Die Enden der Auberginen abtrennen und die Früchte quer in 5 mm dünne Scheiben schneiden. Die Scheiben salzen und aufrecht in ein Sieb stellen, damit die Bitterstoffe ausschwitzen können (ca. 40 Minuten). Salz und Flüssigkeit mit Küchenkrepp abtupfen.

2 Den Backherd auf 250 Grad (Gas Stufe 5) vorheizen, wenn Sie die Auberginenscheiben braten wollen.

3 Die Scheiben auf beiden Seiten mit Öl bestreichen. Mit ausreichendem Abstand auf ein Backblech legen und 30-35 Minuten braten. Ansonsten den Grill oder Holzkohlengrill anheizen und die Auberginen auf beiden Seiten braten, bis sie Farbe bekommen haben. Abkühlen lassen, würfeln und beiseite stellen.

4 Inzwischen das Olivenöl in einer weiten Pfanne sanft erwärmen. Den Knoblauch hineingeben und 3-4 Minuten weich dünsten. Tomaten, Basilikum, 1/2 Teelöffel oder mehr Salz hinzufügen und gut umrühren. Sanft schmoren, bis die überschüssige Flüssigkeit verdampft (ca. 15 Minuten).

5 Auberginenwürfel und Mozzarella in die Sauce rühren; pfeffern. Gut durchmischen und abschmecken. Den Herd abschalten, die Pfanne abdecken und einige Minuten ruhen lassen, bis der Mozzarella weich und fast geschmolzen ist.

6 5 l Wasser zum Kochen bringen. Die frischen Nudeln und 1 1/2 Teelöffel Salz hineingeben. Das Wasser wieder aufkochen lassen und die Nudeln 15 Sekunden garen. Tagliatelle abgießen, mit der Sauce anrichten und servieren.

Tagliatelle di pomodoro con porri e gamberi

Tomatennudeln mit Lauch und Garnelen

Außerhalb Italiens und Frankreichs führt Lauch oft ein Schattendasein und wird höchstens für Suppen verwendet. Mit seinem milden Zwiebelgeschmack und seiner festen Struktur ist er aber als Saucengemüse geradezu ideal. Zwiebeln oder Frühlingszwiebeln sind kein guter Ersatz, weil sie viel zu kräftig schmecken. Statt Tomatennudeln können Sie auch frische Eiernudeln, Safran- oder Rote-Bete-Nudeln verwenden. Von den getrockneten Nudeln eignen sich Tagliatelle, Pappardelle oder Nester. (Abbildung auf Seite 14.)

Zutaten

375 g rohe, ungeschälte Garnelen

3 Lauchstangen (Wurzeln und grüne Enden abtrennen)

60 g Butter

6 Frühlingszwiebeln einschließlich 5 cm Halm, geputzt und in feine Röllchen geschnitten

1 1/2 Eßlöffel frischer oder 2 Teelöffel getrockneter Estragon

Salz

die abgeriebene Schale einer Zitrone

75 ml trockener Wermut

125 ml Doppelrahm

weißer Pfeffer aus der Mühle

1 Portion (500 g) Tomatennudeln nach dem Rezept auf Seite 55, zu Tagliatelle geschnitten (s. Seite 53)

1 Die Garnelen schälen, den Rücken entlang einritzen und den dunklen Darm entfernen. Gut auswaschen und würfeln.

2 Die Lauchstangen längs halbieren, die einzelnen Lagen auseinanderziehen und sorgfältig ausspülen. Quer in sehr feine Streifen schneiden.

3 Die Butter in einer weiten Pfanne erhitzen. Lauch und Frühlingszwiebeln 4 Minuten darin weich dünsten. Garnelen, Estragon, 1/3 Teelöffel oder mehr Salz sowie die Zitronenschale hinzufügen. Ungefähr 2 Minuten dünsten, dabei ständig umrühren, damit die Garnelen sich gleichmäßig rosa verfärben und durchgaren.

4 Den Wermut angießen und einkochen lassen (ca. 2 Minuten). Die Sahne einrühren und mit Pfeffer abschmecken. Vom Herd ziehen.

5 5 l Wasser zum Kochen bringen. Die Pasta und 1 1/2 Teelöffel Salz hineingeben. Das Wasser wieder aufkochen lassen und die Nudeln 15 Sekunden garen. Nudeln abgießen, mit der Sauce vermischen und servieren.

Fettuccine di barbabietole con salsa di zucchine

Rote-Bete-Nudeln in Zucchini-Sahne-Sauce

Für diese Sauce eignen sich nur sehr frische und kleine Zucchini, weil größere Früchte große Kerne sowie eine dickere und bittere Schale besitzen, die der Sauce einen unangenehmen Geschmack verleihen. Andere empfehlenswerte Nudelsorten sind frische oder getrocknete Tagliatelle oder Trenette, getrocknete Nester oder getrocknete Fettuccine.

Zutaten

1 Portion (500 g) Rote-Bete-Nudeln nach dem Rezept auf Seite 54 oder frische Eiernudeln (s. Seite 48), ausgerollt (s. Seite 50–51)

60 g Butter

425 g Zucchini, geputzt und fein gestiftelt

1 kleine Zwiebel, gerieben

250 ml Sahne

3 Eßlöffel frisch geriebener Parmesan

1 Prise frisch geriebener Muskat

Salz und Pfeffer aus der Mühle

1 Mit einem scharfen Küchenmesser die Nudelblätter zu 2,5–5 mm breiten Fettuccine zurechtschneiden.

2 Die Butter in einer tiefen und großen Pfanne erhitzen. Die Zucchini-Julienne und die Zwiebel hinzufügen. Umrühren und 4 Minuten dünsten, bis die Zwiebel glasig aussieht. Die Pfanne abdecken und 3 Minuten weiterdünsten, bis das Gemüse weich ist. Die Sahne einrühren und zum Köcheln bringen.

3 Die Pfanne vom Herd ziehen. Sauce mit Parmesan, Muskat, Salz und Pfeffer würzen.

4 Unterdessen 5 l Wasser zum Kochen bringen. Die frischen Nudeln und 1 1/2 Teelöffel Salz hineingeben. Das Wasser wieder aufkochen lassen und die Nudeln 15 Sekunden garen. Tagliatelle abgießen und kurz in der Sauce schwenken. Alles gut vermischen und sofort servieren.

Fettuccine con salmone affumicato e uova di salmone

Fettuccine mit Räucherlachs und Lachskaviar

Ein lukullisches Rezept für alle Kaviarfans. Diese edle Sauce verdient zarte frische Nudeln, doch auch getrocknete Tagliatelle oder Nidi wären passend. Frische Kräuternudeln mit Petersilie, Schnittlauch oder Basilikum (s. Seite 55) wären ebenfalls eine gute Ergänzung. Für die Sauce brauchen Sie echten Lachskaviar; der ist zwar teuer, doch Sie benötigen nur winzige Mengen, und der Aufwand lohnt sich wirklich. Minderwertiger Ersatz schmeckt einfach nicht so gut und enthält roten Farbstoff, der bei Wärme ausläuft – und das sieht dann wirklich unappetitlich aus!

Zutaten

- *1 Portion (500 g) frischer Nudelteig nach dem Rezept auf Seite 48, ausgerollt (s. Seite 50–51)*
- *60 g Butter*
- *250 g Räucherlachs in dünnen Scheiben, in feine Juliennestreifen geschnitten*
- *3 Eßlöffel Weinbrand*
- *die abgeriebene Schale von 2 kleinen Zitronen (ca. 2 TL)*
- *350 ml Doppelrahm*
- *weißer Pfeffer aus der Mühle*
- *Salz*
- *4 Eßlöffel Lachskaviar*

1 Die Nudelblätter mit einem scharfen Messer zu 2,5–5 mm breiten Fettuccine schneiden.

2 Die Butter bei mäßiger Hitze in einer Pfanne erwärmen. Die Lachsstreifen rundum in der Butter schwenken. Weinbrand, die Hälfte der Zitronenschale und die Sahne hinzufügen; den Alkohol verdampfen lassen (ca. 3 Minuten). Die Sauce mit Pfeffer abschmecken und vom Herd ziehen.

3 5 l Wasser zum Kochen bringen. Die frischen Fettuccine und 1 1/2 Teelöffel Salz hineingeben. Das Wasser wieder aufkochen lassen und die Nudeln 15 Sekunden garen. Nudeln abgießen und kurz in der Sauce schwenken. Die restliche Zitronenschale hinzufügen, Pasta und Sauce gut vermischen. Die Nudeln auf Teller verteilen. Auf jede Portion einen Eßlöffel Lachskaviar setzen. Sofort servieren.

Fettuccine ai funghi con pomodoro, fegatini di pollo e vermouth

Steinpilznudeln mit Tomaten, Hühnerleber und Wermut

Pilze und Leber passen gut zusammen, und so passen auch die Steinpilznudeln gut zu dieser Tomatensauce mit Hühnerleber. Ich koche zu Leber gern Tomaten, weil ihre fruchtige Süße den natürlich herben Geschmack der Leber schön ergänzt. Wermut, grüne Pfefferkörner und Rosmarin sorgen für einen harmonischen und tiefaromatischen Gesamteindruck. Nehmen Sie frische Eierfettuccine, frische oder getrocknete Tagliatelle, Spaghetti oder Linguine.

ZUTATEN

1 Portion (500 g) Steinpilznudeln nach dem Rezept auf Seite 54, zu Fettuccine (s. u.) oder Tagliatelle (s. Seite 53) geschnitten

375 g ganz frische Hühnerlebern, sorgfältig gewaschen

45 g Butter

2 Eßlöffel natives Olivenöl extra

1 Zwiebel, sehr fein gehackt

2 Knoblauchzehen, sehr fein gehackt

3 Eßlöffel Tomatenmark

125 ml trockener Wermut

1 Teelöffel frisch gehackte Rosmarinblättchen oder 1/2 Teelöffel getrockneter Rosmarin

1/2 Teelöffel zerstoßene grüne Pfefferkörner oder weißer Pfeffer aus der Mühle

Salz

625 g frische Strauchtomaten oder Dosentomaten, geschält, entkernt und gehackt

frisch geriebener Parmesan zum Servieren

1 Die Nudelblätter mit einem scharfen Messer zu 2,5–5 mm breiten Fettuccine zurechtschneiden.

2 Die Hühnerleber von Bindegewebe, verfärbten Stellen und Fett befreien. Die Leberflügel auseinanderklappen, aber ganz lassen. In einen Topf geben, mit Wasser bedecken und zum Kochen bringen. Blanchieren, bis die Lebern fest aussehen und leicht angegart sind (ca. 30 Sekunden). Vom Herd ziehen und in kaltem Wasser abschrecken. Abgießen, abkühlen lassen und in dünne Scheiben schneiden. Beiseite stellen.

3 Butter und Öl bei mäßiger Hitze in einer Pfanne erwärmen. Die Zwiebel und den Knoblauch etwa 4 Minuten darin weich dünsten. Die Leberscheiben hinzufügen und bei mittlerer Hitze unter ständigem Wenden anbraten, bis sie außen schön gebräunt, innen aber noch leicht rosa sind (ca. 3 Minuten). Die Lebern auf einen Teller setzen und beiseite stellen.

4 Tomatenmark, Wermut, Rosmarin, Pfeffer und nach Geschmack 1/2 Teelöffel Salz in die Pfanne rühren. 3 Minuten einkochen lassen. Die Tomaten hineingeben und zu einer dicklichen Sauce schmoren (ca. 30 Minuten). Die Hühnerleber hineinsetzen und in 2–3 Minuten vollends durchgaren. Die Sauce abschmecken und vom Herd ziehen.

5 5 l Wasser zum Kochen bringen. Die frischen Fettuccine und 1 1/2 Teelöffel Salz hineingeben. Das Wasser wieder aufkochen lassen und die Nudeln 15 Sekunden garen. Getrocknete Pasta al dente kochen. Nudeln abgießen und mit der Sauce vermischen. Mit Parmesan bestreuen und sofort servieren.

Bigoli al burro con acciughe e cipolle

Vollkornnudeln mit Butter, Sardellen und Zwiebeln

Vollkornnudeln passen zu Saucen mit Sardellen ganz besonders gut. Diese Saucen werden stets ohne Tomaten gekocht, weil der nussige Vollkorngeschmack hinter den kräftigen Tomaten verschwinden würde. Getrocknete Vollkornnudeln werden meist mit einer Sardellensauce auf Olivenölbasis angerichtet, während bei frischen Bigoli der zartere Geschmack von Butter angezeigt ist.

ZUTATEN

90 g Butter

4 Zwiebeln, geviertelt und dünn aufgeschnitten

1 Dose Sardellenfilets (abtropfen lassen)

3 Eßlöffel frisch gehackte Petersilie

1 Portion (500 g) Vollkornnudeln nach dem Rezept auf Seite 55, zu Tagliatelle geschnitten (s. Seite 53)

Salz und Pfeffer aus der Mühle

1 Die Butter in einer großen Pfanne erhitzen. Die Zwiebeln darin 12 Minuten sanft bräunen. Die Zwiebeln auf einen Teller legen. Die Sardellen in die Pfanne geben und erwärmen, bis sie mit der Butter zu verschmelzen beginnen. Nicht hart werden lassen. Die Zwiebeln wieder in die Pfanne geben und die Petersilie einrühren.

2 5 l Wasser zum Kochen bringen. Die frische Pasta und 1 1/2 Teelöffel Salz hineingeben. Das Wasser wieder aufkochen lassen und die Nudeln 15 Sekunden garen. abgießen und etwas Kochwasser aufheben. Die Bigoli kurz in der Zwiebelsauce schwenken. Nach Bedarf etwas Kochwasser angießen, damit die Sauce schön saftig bleibt. Großzügig mit Pfeffer übermahlen und zu Tisch bringen.

Farfalle con carne di vitello e pinoli

Schmetterlingsnudeln mit Kalbfleisch, Zitronen und Pinienkernen

Diese phantastische Sauce ist eine Erfindung meiner Mutter. Die Sauce wird mit preiswertem Kalbfleisch (z. B. Schulter), das auch langes Garen verträgt, zubereitet. Pinienkerne sorgen für interessanten Biß und einen herrlich nussigen Geschmack. Durch das langsame Braten entsteht genug Sauce für 500 g kurze Nudeln. Zarte, hausgemachte Schmetterlingsnudeln sind ideal, aber auch frische oder getrocknete Tagliatelle oder Fettuccine und kurze Röhrennudeln eignen sich gut. Die Sauce kann im voraus zubereitet werden und hält sich im Kühlschrank bis zu 3 Tage frisch. Beim Aufwärmen etwa 4 Eßlöffel Hühnerbrühe in die Sauce rühren. (Abbildung auf Seite 14.)

Zutaten

1 Portion (500 g) frische Eiernudeln nach dem Rezept auf Seite 48, zu Farfalle geschnitten (s. Seite 52 und s. u., Schritt 1)

4 Kalbssteaks aus der Schulter, je 2 1/2 cm dick und 300–375 g schwer

30 g Mehl zum Wenden

30 g Butter

2 Eßlöffel Distel- oder Maisöl

125 ml trockener Weißwein

1 Eßlöffel frisch gehackte Rosmarinblättchen oder 1/2 Teelöffel getrockneter Rosmarin

500 ml Hühner- oder Kalbsbrühe

2 Streifen Zitronenschale à 2 1/2 cm

Salz

1 Eßlöffel Pinienkerne, grob gehackt

weißer oder schwarzer Pfeffer aus der Mühle

1 Während Sie die Sauce zubereiten, die Farfalle auf Küchentüchern trocknen lassen. (Farfalle schmecken am besten, wenn sie nur wenige Stunden alt sind, weil sie sonst in der Mitte hart bleiben.)

2 Die Steaks von Fettresten befreien und halbieren. Ggf. Knochen mitkochen, weil sie die Sauce aromatischer machen und das Mark dann als Mini-Ossobuco verwertet werden kann. Das Mehl auf Wachspapier oder einen großen Teller streuen.

3 Die Hälfte der Butter und die Hälfte des Öls in einer weiten, schweren und tiefen Pfanne mit Deckel kräftig erhitzen. Das Fleisch in Mehl wenden. Die Hälfte der Steaks in die Pfanne geben und auf lebhafter Flamme auf beiden Seiten bräunen (insgesamt ca. 15 Minuten). Das Fleisch auf eine Platte legen. Das restliche Fett in der Pfanne erhitzen, die zweite Portion Fleisch braten und auf eine Platte setzen.

4 Wein und Rosmarin in die Pfanne geben. Mit einem Holzlöffel umrühren und ca. 1 Minute einkochen lassen. Etwa 90 ml Brühe angießen. Die Fleischstücke nebeneinander in die Pfanne legen, abdecken und bei mäßiger Hitze 10 Minuten schmoren, bis die Brühe verkocht ist. Eine Stunde lang weitergaren; dabei alle 10 Minuten 4 Eßlöffel oder die jeweils benötigte Menge Brühe einrühren, um das Fleisch feucht zu halten.

5 Die Zitronenschale hinzufügen. Das Kalbfleisch in der zugedeckten Pfanne 45–60 Minuten weiterschmoren, bis es schön zart ist. Nach Bedarf alle 10 Minuten wie beschrieben die restliche Brühe angießen. 15 Minuten vor Ende der Garzeit 1/2 Teelöffel Salz und die Pinienkerne hinzufügen.

6 Das Fleisch auf eine Arbeitsfläche setzen, in 5 mm breite Streifen oder 1 cm große Würfel schneiden und wieder in die Sauce rühren. Pfeffern.

7 5 l Wasser zum Kochen bringen. Die Tücher mit den Farfalle aufheben und die Nudeln so ins Wasser geben, daß sie alle gleichzeitig zu kochen beginnen. Sofort umrühren und 1 1/2 Teelöffel Salz hineingeben. Erneut umrühren und abdecken. Die Nudeln sind gar, wenn sie an die Oberfläche steigen, d. h. etwa 15 Sekunden, nachdem das Wasser wieder kocht. Die Nudeln nicht zerkochen; insgesamt darf der Garprozeß nicht länger als 3–4 Minuten dauern.

8 Die Farfalle sorgfältig abgießen, mit der Kalbfleischsauce in der Pfanne schwenken und sofort servieren.

Maltagliati con piselli, cipolla e pancetta

Teigflecken mit feinen Erbsen, Zwiebeln und Speck

Die Sauce schmeckt köstlich, wenn es frische Erbsen gibt; ersatzweise können Sie tiefgekühlte feine Erbsen verwenden. Wenn Sie statt (luftgetrockneter) Pancetta Frühstücksspeck verwenden, 1 Minute in kochendem Wasser blanchieren. Die Pasta wird beim Anrichten mit etwas Butter verfeinert. Getrocknete Nudeln, wie Orecchiette, Gnocchi und Maruzzelle (mittelgroße, muschelförmige Nudeln), passen ebenfalls dazu.

Zutaten

90 g Pancetta oder magerer Frühstücksspeck

3 Eßlöffel natives Olivenöl extra

3 Schalotten, sehr fein gehackt (ca. 4 Eßlöffel)

425 g feine frische oder TK-Erbsen (geschält)

2 Eßlöffel frisch gehackte Petersilie

1 1/2 Eßlöffel frisch gehackte Minze

125 ml trockener Weißwein

300 ml kräftige Hühnerbrühe (s. Seite 63)

Salz

1 Teelöffel grüne Pfefferkörner oder weißer oder schwarzer Pfeffer aus der Mühle

1 Portion (500 g) frische Nudeln nach dem Rezept auf Seite 48, zu Maltagliati (s. Seite 52) geschnitten

30 g zimmerwarme Butter

frisch geriebener Parmesan zum Servieren

1 Nach Bedarf den Frühstücksspeck 1 Minute in kochendem Wasser blanchieren. Pancetta oder Speck würfeln und beiseite stellen.

2 Das Öl bei mäßiger Hitze in einer weiten Pfanne erwärmen. Die Wärmezufuhr erhöhen und den Speck nun bei mittlerer Hitze 3 Minuten anbraten, bis er Farbe angenommen hat. Die Schalotten hinzufügen und weich dünsten (3 Minuten).

3 Erbsen, Petersilie und Minze einrühren und 3 Minuten mitdünsten. Mit Wein ablöschen, 3 Minuten einkochen lassen. Die Brühe hinzugießen und salzen (ca. 1/2 Teelöffel). Nach Wunsch nun die grünen Pfefferkörner hinzufügen. Die Pfanne halb verschließen und die Sauce sanft köcheln lassen, bis die Erbsen gar sind (ca. 15 Minuten). Nach Bedarf nachsalzen und mit Pfeffer aus der Mühle würzen.

4 5 l Wasser zum Kochen bringen. Die Nudeln und 1 1/2 Teelöffel Salz hineingeben. Das Wasser wieder aufkochen lassen und die Nudeln 15 Sekunden garen. Maltagliati abgießen und mit Sauce und Butter vermischen. Mit Parmesan bestreuen und sofort servieren.

Pasta secca

Getrocknete Nudeln

Geschmack und Konsistenz machen getrocknete Nudeln geeignet für robuste, oft rustikale Saucen, die aus den erztypischen Zutaten der italienischen Bauernküche zubereitet werden: kaltgepreßtes Olivenöl, Eiertomaten und buntes Saisongemüse, scharf gewürzte oder milde Bratwurstmasse, pikante Oliven und kräftige Gewürze. Getrocknete Nudeln sollten aber nicht nur ins Reich der Tomaten- und Ölsaucen verbannt werden. Denn sie passen auch hervorragend zu raffinierten und fein ausgewogenen Saucen mit Butter und Sahne. Bei getrockneten Nudeln kommt es vor allem darauf an, aus den unzähligen verschiedenen Formen die passende für die jeweilige Sauce auszuwählen.

Pappardelle con salsa vellutata rosa di funghi selvatici

Pappardelle mit rosa Sahnesauce und wilden Pilzen

Besondere Zutaten

Zubereitung

Wilde Pilze mit ihrem intensiven Waldgeschmack sind für diese Art von Saucen ideal. Sie schmecken so kräftig, daß sie ohne viel Drumherum und mit wenig Aufwand zubereitet werden können. Wir empfehlen getrocknete oder frische Pappardelle, Tagliatelle oder Fettuccine.

Zutaten

175 g frische wilde Pilze, z. B. einzeln oder gemischt: Steinpilze, Pfifferlinge, Morcheln, Semmelstoppelpilze, Austernpilze oder Egerlinge

30 g Butter

1 Eßlöffel natives Olivenöl extra

1 kleine Zwiebel, fein gehackt

5 große Basilikumblätter, sehr fein gehackt, oder 1 Teelöffel frisch gehackter oder 1/2 Teelöffel getrockneter Thymian

3 Eßlöffel Weinbrand

3 Eßlöffel Tomatenmark

Salz

250 ml Doppelrahm

weißer oder schwarzer Pfeffer aus der Mühle

500 g getrocknete Pappardelle oder Tagliatelle oder 1 Portion (500 g) frische Eiernudeln nach dem Rezept auf Seite 48, zu Pappardelle (s. Seite 52), Tagliatelle (s. Seite 53) oder Fettuccine (s. Seite 85) geschnitten

frisch geriebener Parmesan zum Servieren

1 Die Pilze mit einer weichen Bürste oder einem Tuch abreiben. Die Stielenden abschneiden und holzige Stellen entfernen. Die Pilze je nach Größe halbieren oder vierteln, dann blättrig aufschneiden und beiseite stellen.

2 Butter und Öl bei mittlerer Hitze in einer weiten Pfanne heiß werden lassen. Die Zwiebel darin weich dünsten, aber nicht bräunen (4 Minuten). Die blättrig geschnittenen Pilze sowie Basilikum oder Thymian hinzufügen und 5–6 Minuten dünsten, bis die Pilze sehr weich sind.

3 Den Weinbrand hinzugießen und verrühren. Das Tomatenmark und 1/3 Teelöffel Salz in 4 Eßlöffel Wasser auflösen und in die Pfanne rühren. Die Mischung zum Köcheln bringen, dann den Doppelrahm hineingießen. Sobald die Sauce wieder zu simmern beginnt, vom Herd ziehen und mit Pfeffer abschmecken.

4 5 l Wasser zum Kochen bringen. Die Nudeln und 1 1/2 Eßlöffel Salz hineingeben. Die Pasta al dente kochen. Dabei immer wieder umrühren, damit sie nicht verklebt. Die Nudeln abgießen und in die Pfanne geben. Frische Pasta nach der Anleitung auf Seite 58 garen. Nudeln und Sauce gründlich vermischen und unverzüglich servieren. Bei Tisch frisch geriebenen Parmesan dazu reichen.

Pasta e fagioli alla napoletana

Nudeln und Bohnen auf neapolitanische Art

Es gibt unzählige Variationen zum Thema »Pasta e fagioli«. Hier eine fleischlose Zubereitung, die ihre Würzigkeit dem hochwertigen und fruchtigen Olivenöl, einer Menge Knoblauch und reichlich frischem Basilikum verdankt. Wählen Sie für Pasta e fagioli Röhrennudeln, die ungefähr so groß sind wie die Bohnen. Nach Belieben können Sie jede Portion noch mit einem Schuß Olivenöl verfeinern.

Zutaten

1250 g frische, vollreife Eiertomaten, entkernt und grob gehackt, oder 625 g Dosentomaten (abtropfen lassen, entkernen und würfeln)

75 ml natives Olivenöl extra + Öl zum Servieren (nach Wunsch)

5 große Knoblauchzehen, gehackt

Salz

1 Lorbeerblatt

500 g gekochte Borlottibohnen

250 g dicke Nudeln (z. B. Ditali)

1 dickes Büschel frische Basilikumblätter, gehackt

weißer oder schwarzer Pfeffer aus der Mühle

frisch geriebener Parmesan oder Pecorino zum Servieren

1 Die frischen Tomaten 5 Minuten in einem Sieb abtropfen lassen. Sie sollten nun 625 g Tomatenfleisch übrig haben. Beiseite stellen.

2 Inzwischen Olivenöl und Knoblauch in einem Topf erhitzen. Den Knoblauch ungefähr 4 Minuten weich dünsten, aber nicht bräunen.

3 Das Tomatenfleisch, 1/2 Teelöffel Salz und das Lorbeerblatt in den Topf geben. Die Tomaten mit einem Kartoffelstampfer zu sehr feinen Stückchen zermusen. Die Sauce nun auf lebhafter Flamme kurz aufkochen lassen; die Wärmezufuhr drosseln und die Sauce bei mäßiger Hitze zu einer dicklichen Sauce einkochen (ca. 20 Minuten); gelegentlich umrühren.

4 Die Bohnen hinzufügen und alles 15 Minuten durchschmoren, damit sich die Aromen schön verbinden.

5 Unterdessen 2 1/2 l Wasser zum Kochen bringen. 1 Eßlöffel Salz und die Nudeln hineingeben. Bißfest kochen, abgießen und in das Bohnengemüse rühren.

6 Den Topf vom Herd ziehen, Basilikum und Pfeffer einstreuen und abschmecken. Nach Belieben jede Portion mit etwas Olivenöl beträufeln und dann erst mit Parmesan bestreuen.

Farfalle con peperoni arrostiti

Schmetterlingsnudeln mit rotem und gelbem Paprika

Milde Paprikaschoten werden meist in Streifen geschnitten und im Topf oder in der Pfanne gedünstet. Ich brate Paprika lieber im Ofen, weil er dann einen köstlich rauchigen Geschmack erhält. Sie können den Paprika bereits einige Tage im voraus braten und die Sauce vor dem Servieren rasch zubereiten. (Abbildung auf Seite 16.)

Zutaten

3 große, rote und gelbe Paprikaschoten

75 ml natives Olivenöl extra

5 große Knoblauchzehen, ungeschält zerstoßen

1 Prise rote, getrocknete Pfefferschoten, zerstoßen

75 g pikante grüne Oliven, entsteint und gehackt

Salz

375 g Schmetterlingsnudeln

4 Eßlöffel frisch gehackte Petersilie

1 Die Paprikaschoten auf einen Grillrost legen und über einer Holzkohlenglut, über der Herdplatte, unter den Grillschlangen im Ofen oder in einem 200 Grad heißen Backrohr (Gas Stufe 3) braten, bis die Schoten rundum gebräunt und weich sind. Beim Braten regelmäßig wenden, damit sie gleichmäßig bräunen.

2 Paprikaschoten abkühlen lassen, bis Sie sie anfassen können; dann häuten, halbieren und von Stengel, Rippen und Kernen befreien. Die Paprikaschoten in 1 cm große Quadrate schneiden.

3 Das Olivenöl in einer tiefen Pfanne erhitzen. Die Knoblauchzehen hineingeben und sanft goldgelb braten, dabei mit einem Holzlöffel den aromatischen Saft herauspressen. Pfefferschoten und Oliven hinzufügen. Bei lebhafter Hitze unter ständigem Rühren rasch andünsten (1 Minute). Die Pfanne vom Herd ziehen und nach Belieben den Knoblauch entfernen.

4 5 l Wasser zum Kochen bringen und 1 1/2 Eßlöffel Salz einstreuen. Die Nudeln al dente kochen. Dabei gelegentlich umrühren. Die Nudeln abgießen und etwa 5 Eßlöffel Kochwasser aufheben. Die Pasta in die Pfanne geben. Petersilie darüberstreuen und alles gründlich vermischen. Nach Bedarf etwas Kochwasser hinzufügen, damit die Sauce nicht zu trocken gerät.

Rigatoni con broccoli e cavolfiore

Rigatoni mit Brokkoli und Blumenkohl

Brokkoli und Sprossenbrokkoli sind in der süditalienischen Region Apulien die typischen Beigaben zu Nudeln. Meine Mutter lernte das Originalrezept für dieses Bauerngericht von ihrer Schwiegermutter, und ich aß es häufig während meiner Kindheit. Ich bereite diese Nudeln mit einer Kombination aus Brokkoli und Blumenkohl zu und finde, daß es so auch sehr gut schmeckt. Die Sardellenfilets schmelzen im heißen Olivenöl und bilden dadurch eine kräftige Saucengrundlage. Anstatt Rigatoni eignen sich auch Orecchiette, Cavatelli, Pennette, Fusilli oder die muschelförmigen Maruzzelle.

Zutaten

1 Kopf Brokkoli, ca. 625 g

Salz

250 g Blumenkohlröschen

375 g bunte Rigatoni

75 ml natives Olivenöl extra

2 große Knoblauchzehen, fein gehackt

1 1/2 Dosen Sardellenfilets in Öl

1 Prise getrocknete rote Pfefferschoten, zerstoßen

1 Brokkoli putzen, harte und verfärbte Stellen entfernen. In Röschen zerteilen; die Hälfte des dicken Stengels in dünne, ungefähr 5 cm lange Scheiben schneiden.

2 6 l Wasser zum Kochen bringen. 2 Eßlöffel Salz, den Brokkoli, die Blumenkohlröschen und die Rigatoni ins lebhaft sprudelnde Wasser werfen. Ab und zu umrühren, damit die Nudeln nicht verkleben.

3 In der Zwischenzeit das Olivenöl, den Knoblauch, die Sardellenfilets mit ihrem Öl und die zerstoßenen Pfefferschoten in einer großen Pfanne oder einem weiten Topf, der die Nudeln und das Gemüse fassen kann, sanft erwärmen. Die Sardellen zerkochen im Olivenöl zu Sauce.

4 Sobald die Nudeln al dente gekocht sind, abgießen; etwas Kochwasser aufheben. (Die Nudeln sollten noch feucht sein und etwas tropfen, wenn Sie sie in die Sauce geben.) Die Nudeln und das Gemüse gründlich in der Sardellensauce schwenken. Die Sauce nach Bedarf mit etwas Nudelwasser geschmeidig rühren. Sofort servieren.

Cavatelli con biete

Cavatelli mit Mangold

Noch ein einfaches, apulisches Gericht, das meist mit Brokkoli und Sprossenbrokkoli zubereitet wird. Mit Mangold schmeckt es ebenfalls sehr gut. Ziti, Rigatoni oder Orecchiette sind eine gute Alternative zu Cavatelli.

Zutaten

90 ml natives Olivenöl extra

1 Dose Sardellenfilets in Öl

3 große Knoblauchzehen, fein gehackt

1 Prise rote, getrocknete Pfefferschoten, zerstoßen

500 g Mangoldblätter ohne Rispen (waschen, feinstreifig aufschneiden und dann grob hacken)

Salz

500 g Cavatelli

1 Olivenöl, die Sardellenfilets mit ihrem Öl, Knoblauch und Pfefferschoten in einer weiten Pfanne sanft dünsten, bis die Sardellen sich auflösen und der Knoblauch weich wird (3–4 Minuten). Beiseite stellen.

2 6 l Wasser zum Kochen bringen. Den Mangold, 1 1/2 Eßlöffel Salz und die Cavatelli in das lebhaft sprudelnde Wasser geben. Unter gelegentlichem Umrühren (damit die Nudeln nicht verkleben) kochen, bis die Nudeln bißfest sind. Abgießen und etwa 75 ml Kochwasser aufheben.

3 Nudeln und Mangold zur Sardellen-Knoblauch-Sauce in die Pfanne geben. Alles gut durchmischen, damit die Sauce die Nudeln gleichmäßig überzieht. Nach Bedarf vor dem Servieren mit etwas Kochwasser glattrühren.

Ziti con salsiccia e peperoni

Ziti mit Bratwurstmasse und Paprikastreifen

Italienische Schweinswürste und milde Paprikaschoten sind immer eine gelungene Kombination – zu Pasta schmeckt sie ganz besonders gut. Die italienische Küche zieht grünem Paprika rote und gelbe Schoten vor, weil sie milder schmecken und bekömmlicher sind (grüne Paprikaschoten sind die unreifen Früchte). Statt Ziti eignen sich auch Penne und Rigatoni. Für 3–4 Personen.

Zutaten

4 Eßlöffel natives Olivenöl extra

1 Zwiebel, halbiert und dünn aufgeschnitten

1 große Knoblauchzehe, fein gehackt

750 g milde italienische Bratwurstmasse, zerkrümelt

4 Eßlöffel trockener Weißwein

½ Teelöffel zerstoßene Fenchelsamen

125 ml Wasser

Salz

1 Prise schwarzer Pfeffer aus der Mühle

1 rote und 1 gelbe Paprikaschote, entkernt und in feine Streifen geschnitten

250 g Ziti, gekürzt

1 Die Hälfte des Olivenöls in einer tiefen Pfanne erhitzen. Zwiebel und Knoblauch 4 Minuten darin weich dünsten.

2 Die zerkrümelte Bratwurstmasse hinzufügen und bei mittlerer Hitze anbraten, bis sie eine schöne Farbe bekommt, aber noch nicht hart wird (ca. 5 Minuten); dabei ab und zu umrühren. Den Wein angießen und 1 Minute einkochen lassen.

3 Die Fenchelsamen und das Wasser hinzufügen. Abdecken und 10–12 Minuten köcheln lassen; gelegentlich umrühren und nach Bedarf 1–2 Eßlöffel Wasser hinzufügen, damit das Wurstbrät nicht austrocknet. Mit Salz und Pfeffer abschmecken.

4 Das restliche Öl in einer zweiten Pfanne erhitzen. Paprikastreifen hineingeben. Pfanne teilweise abdecken und das Gemüse bei sanfter Hitze ganz weich dünsten (15 Minuten). Paprikastreifen zur Wurstmischung geben und gut vermengen.

5 5 l Wasser zum Kochen bringen. Die Ziti und 1½ Eßlöffel Salz hineingeben. Die Pasta al dente kochen. Dabei immer wieder umrühren, damit sie nicht verklebt. Die Ziti abgießen und in die Pfanne geben. Nudeln und Sauce gründlich vermischen und sofort zu Tisch bringen.

Pennette con cavolfiore

Pennette mit Blumenkohl

Viele italienische Pastasaucen werden mit Blumenkohl und Tomaten zubereitet. Ich persönlich finde die Kombination von Blumenkohl und Tomaten nicht besonders glücklich, weshalb ich ein anderes Rezept entwickelt habe, das Nudeln und Blumenkohl vereint. Für 3–4 Personen.

Zutaten

1 mittelgroßer Kopf Blumenkohl, geputzt und in Röschen zerteilt

Salz

90 ml natives Olivenöl extra

4 große Knoblauchzehen, fein gehackt

6 Sardellenfilets in Olivenöl (abtropfen lassen)

1 Prise rote getrocknete Pfefferschoten, zerstoßen

2 Eßlöffel frisch gehackte Petersilie

250 ml Hühnerbrühe (s. Seite 63) oder Geflügelfond

250 g Pennette

30 g frische Semmelbrösel, leicht geröstet

1 5 l Wasser zum Kochen bringen. Blumenkohl und $1\frac{1}{2}$ Eßlöffel Salz in das lebhaft sprudelnde Wasser werfen. Den Blumenkohl weich garen (ca. 7 Minuten). Die Röschen mit einem Schaumlöffel herausheben, würfeln und beiseite stellen. Das Kochwasser aufheben.

2 1 Eßlöffel Olivenöl beiseite stellen. Das übrige Öl in einer weiten Pfanne erhitzen. Knoblauch und Sardellen 2–3 Minuten darin dünsten, bis der Knoblauch weich wird und die Sardellen sich auflösen. Pfefferschoten und Blumenkohl hinzufügen und 3 Minuten mitdünsten. Petersilie und Brühe in die Pfanne geben. Unter ständigem Rühren köcheln lassen, bis sich der Blumenkohl auflöst (ca. 5 Minuten).

3 Das Blumenkohlwasser auf 5 l ergänzen und wieder zum Kochen bringen. Die Pennette mit $1\frac{1}{2}$ Eßlöffel Salz darin bißfest garen. Regelmäßig umrühren, damit die Nudeln nicht verkleben. Die al dente gekochten Penne abgießen und in der Blumenkohlsauce schwenken.

4 Den letzten Eßlöffel Olivenöl in einem Pfännchen erhitzen; die Semmelbrösel rasch über mittlerer bis kleiner Flamme goldbraun rösten (1 Minute); dabei ständig umrühren. Die Semmelbrösel über die Nudeln streuen und sofort servieren.

Penne con broccoli, salame e fagioli

Penne mit Brokkoli, Salami und Bohnen

Ich habe dieses Gericht zum erstenmal vor vielen Jahren im Restaurant der Familie Saparito am Rand von New York gegessen. Ich schrieb damals Restaurantkritiken für eine Lokalzeitung, und zu jener Zeit fand man im Umland von New York nur selten gute und authentische italienische Küche. Dieses herzhafte und schmackhafte Nudelgericht war ein Erlebnis. Heute, viele Jahre später, koche ich es in meiner eigenen Küche immer noch gern. (Abbildung auf Seite 17)

Zutaten

1 großer Kopf Brokkoli

Salz

75 ml natives Olivenöl extra

5 Knoblauchzehen, fein gehackt

1 kleine Zwiebel, in dünne Ringe geschnitten

175 g italienische Salami oder Paprikasalami, in dünne Scheiben und dann in streichholzfeine Streifen geschnitten

1 Teelöffel frisch gehackter oder $\frac{1}{2}$ Teelöffel getrockneter Majoran

1 Prise rote getrocknete Pfefferschoten, zerstoßen

250 ml Hühnerbrühe (s. Seite 63)

175 g getrocknete Cannellinibohnen, in Wasser eingeweicht und gekocht, oder 500 g weiße Bohnen aus der Dose

500 g Penne

1 Die dicken Brokkolistengel abschneiden und wegwerfen. Die Röschen und etwa 5 cm zarte Stengel verwenden. 6 l Wasser zum Kochen bringen. Die Brokkolistückchen mit $1\frac{1}{2}$ Eßlöffel Salz hineingeben und 4 Minuten garen. Mit einem Schaumlöffel herausheben und auf einen Teller setzen. Das Kochwasser aufheben.

2 Das Öl in einer tiefen Pfanne erhitzen. Knoblauch und Zwiebel bei sanfter Hitze 3–4 Minuten andünsten. Die Salami hinzufügen und das Fett ausbraten lassen.

3 Den vorgekochten Brokkoli, Majoran und Pfefferschoten hinzufügen. Bei mittlerer Hitze 3 Minuten dünsten, damit sich die Aromen schön verbinden. Die Hühnerbrühe angießen, Pfanne abdecken und das Ganze 5 Minuten durchkochen. Die Bohnen und nach Geschmack etwa $\frac{1}{3}$ Teelöffel Salz hinzufügen. Abdecken und weitere 5 Minuten schmoren.

4 In der Zwischenzeit das Brokkoliwasser wieder zum Kochen bringen. Die Penne darin bißfest garen. Die Nudeln abgießen und mit Sauce überziehen. Zu Tisch bringen.

Spaghetti alla puttanesca

Spaghetti mit »Hurensauce« (gekochte Version)

Diese Nudelspezialität ist ungemein beliebt, so daß ich immer wieder nach dem Rezept gefragt werde. Doch wie bei allen italienischen Klassikern gibt es auch hier viele verschiedene Versionen. Manchmal wird die Sauce gekocht, dann wieder nicht (s. Seite 106). Beide Spielarten schmecken herzhaft und scharf, wie es ihr Name verlangt. Nehmen Sie für die gekochte Version gute Dosentomaten. (Abbildung auf der gegenüberliegenden Seite.)

Zutaten

625 g Dosentomaten mit ihrem Saft
3 Eßlöffel natives Olivenöl extra
3 große Knoblauchzehen, fein gewürfelt
3 Teelöffel frisch gehackte Petersilie
1 Teelöffel frisch gehackter oder ½ Teelöffel getrockneter Majoran
3 Sardellenfilets in Olivenöl, in Stücke geschnitten, + 1 Eßlöffel von ihrem Öl
4 Eßlöffel intensiv gewürzte schwarze Oliven, entsteint und in Scheiben geschnitten
½ Teelöffel rote getrocknete Pfefferschoten, zerstoßen
4 Eßlöffel kleine Kapern (abtropfen lassen)
Salz
500 g Spaghetti

1 Die Tomaten abgießen und den Saft auffangen. Den Saft durch ein Sieb gießen und die Kerne entfernen. Die Tomaten hacken. Saft und Tomaten beiseite stellen.

2 Olivenöl und Knoblauch in eine weite Pfanne geben. Langsam erwärmen und den Knoblauch 3–4 Minuten sanft weich dünsten. Der Knoblauch darf allerdings nicht bräunen.

3 Petersilie und Majoran hinzufügen und 30 Sekunden mitdünsten, bis sie ihr Aroma entfalten. Die Sardellen in die Pfanne geben, mit einem Holzlöffel zerdrücken und leicht schmelzen lassen (ca. 1 Minute).

4 Die Tomaten und den Saft, Oliven, Pfefferschoten und Kapern dazugeben. Regelmäßig umrühren und etwa 20 Minuten köcheln lassen, bis die Sauce eindickt. Nach Bedarf nachsalzen; die Sardellen und Kapern sind jedoch schon recht salzig.

5 5 l Wasser zum Kochen bringen. Die Spaghetti und 1½ Eßlöffel Salz hineingeben. Die Nudeln al dente kochen. Dabei immer wieder umrühren, damit die Nudeln nicht verkleben. Die Nudeln abgießen und in der Pfanne gründlich mit der Sauce vermischen. Unverzüglich servieren.

Spaghetti con aglio, olive ed erbette

Spaghetti mit Knoblauch, Oliven und Kräutern

Viele italienische Saucen kommen ganz ohne Fleisch oder Fisch aus und schmecken trotzdem herrlich aromatisch. Das Geheimnis liegt in der Verwendung von fruchtigem, kaltgepreßtem Olivenöl und anderen würzigen Zutaten wie Kräuter, Gewürze, Oliven und Kapern. Dieses Rezept ist ein Beispiel für diese einfachen, fleischlosen und doch so schmackhaften Saucen. Hierzu passen nur Spaghetti, Spaghettini oder halbbreite Linguine. (Abbildung auf Seite 16)

Zutaten

60 g stark gewürzte schwarze Oliven, z. B. die Sorten Gaeta oder Niçoise
125 ml natives Olivenöl extra
6 große Knoblauchzehen, sehr fein gehackt
3 Eßlöffel frisch gehackte Petersilie
1 Teelöffel frisch gehackter oder ½ Teelöffel getrockneter Majoran
1 Prise rote getrocknete Pfefferschoten, zerstoßen
Salz
500 g Spaghetti
30 g Semmelbrösel, leicht geröstet

1 Die Oliven entsteinen und in Scheiben schneiden. 2 Eßlöffel Olivenöl abmessen und beiseite stellen. Das übrige Öl und den Knoblauch in eine tiefe und weite Pfanne geben. Den Knoblauch bei mäßiger Hitze weich und goldgelb dünsten (5 Minuten). Petersilie, Majoran, Oliven und Pfefferschoten einrühren und heiß werden lassen. Nach 20 Sekunden vom Herd ziehen.

2 Unterdessen 5 l Wasser zum Kochen bringen. 1½ Eßlöffel Salz und die Spaghetti hineingeben. Die Nudeln al dente kochen. Dabei immer wieder umrühren, damit die Nudeln nicht verkleben. Die Nudeln abgießen und etwas Kochwasser aufheben.

3 Die noch tropfende und feuchte Pasta zur Sauce in die Pfanne geben und gut vermischen. Nach Bedarf mit etwas Kochwasser geschmeidig rühren.

4 Das restliche Olivenöl in einem Pfännchen anheizen; die Semmelbrösel unter ständigem Rühren darin knusprig rösten. Über die Nudeln streuen und servieren.

Spaghetti con acciughe e tonno

Spaghetti mit Sardellen und Thunfisch

Italienischer Dosenthunfisch in Olivenöl (s. Seite 162) ist ein wunderbares Erzeugnis, das in der italienischen Küche vielfach Verwendung findet. Nehmen Sie ersatzweise hochwertigen hellfleischigen Thunfisch in Olivenöl. Ventresca, das Bauchfleisch von italienischem Thunfisch, ist zart und wohlschmeckend. Meiden Sie Thunfisch in Wasser oder Lake, weil er trocken ist und nach wenig schmeckt.

Zutaten

4 Eßlöffel natives Olivenöl extra

45 g Butter

2 Knoblauchzehen, fein gehackt

6 Sardellenfilets in Olivenöl

2 Dosen Thunfisch in Olivenöl à 200 g, ersatzweise guter hellfleischiger Thunfisch in Öl; abtropfen lassen und fein hacken

175 ml trockener Weißwein

reichlich schwarzer Pfeffer aus der Mühle

6 Eßlöffel fein gehackte, frische Petersilie

Salz

375 g Spaghetti, Linguine oder halbbreite Linguine

1 Öl und Butter bei mäßiger Hitze in einer großen Pfanne erwärmen. Den Knoblauch hineingeben und 3 Minuten weich dünsten, aber nicht bräunen.

2 Die Sardellen und 1 Eßlöffel von ihrem Öl in die Pfanne rühren und schmelzen lassen (2–3 Minuten). Den Thunfisch hinzufügen, umrühren und den Weißwein angießen. 3 Minuten einkochen lassen, bis eine dickliche und gleichmäßige Sauce entsteht. Großzügig pfeffern. Die Petersilie einstreuen.

3 Während die Sauce köchelt, 5 l Wasser zum Kochen bringen. 1½ Eßlöffel Salz und die Pasta in das lebhaft sprudelnde Wasser geben. Die Nudeln al dente kochen, dabei immer wieder umrühren. Die Nudeln abgießen. Noch tropfend naß in die Pfanne geben und mit der Thunfischsauce überziehen. Zu Tisch bringen.

Bucatini con pomodori arrosto all'Amendolara

Bucatini mit geschmorten Tomaten à la Amendolara

Meine Freundin Anna Amendolara Nurse ist Kochausbilderin und hat mir ihre apulischen Rezepte immer bereitwillig verraten. Ich veröffentliche sie gerne, weil sie einfach so gut schmecken. Dieses Rezept lernte Anna von ihrer Mutter Rosa Amendolara. Die Nudeln werden als Vorspeise serviert, zum Hauptgang gibt es dann Lamm- oder Schweinebraten – einfach und köstlich! Verwenden Sie nur sehr fruchtige Eiertomaten (andere Tomatensorten ziehen zuviel Wasser und verkochen praktisch zu nichts) und hochwertige italienische Bucatini.

Zutaten

1 kg fruchtige, am Strauch gereifte Eiertomaten

4 große Knoblauchzehen, fein gehackt

30 g frisch gehackte Petersilie

125 ml natives Olivenöl extra

Salz und schwarzer Pfeffer aus der Mühle

500 g Bucatini

frisch geriebener Pecorino zum Servieren (nach Wunsch)

1 Den Backherd auf 190 Grad (Gas Stufe 2–3) vorheizen.

2 Die Tomaten waschen und längs halbieren. Die Kerne entfernen und den Saft herauspressen.

3 Die Tomatenhälften so dicht wie möglich nebeneinander und mit der Schnittfläche nach oben in eine Auflaufform (ca. 23 × 33 cm) setzen. Mit Knoblauch und Petersilie bestreuen, dann mit Olivenöl beträufeln, mit 1 Teelöffel Salz bestreuen und pfeffern.

4 Die Tomaten auf der mittleren Schiene des Backrohrs schmoren, bis sie sehr weich sind, eine schöne Farbe bekommen haben und ihr Volumen auf die Hälfte geschrumpft ist (ca. 1 Stunde).

5 5 l Wasser zum Kochen bringen. Die Bucatini und 1½ Eßlöffel Salz hineingeben. Die Nudeln al dente kochen. Dabei immer wieder umrühren, damit die Nudeln nicht verkleben. Die Pasta abgießen und in die Auflaufform umfüllen. Gründlich mit den geschmorten Tomaten vermischen. Auf Teller verteilen und servieren. Nach Wunsch bei Tisch frisch geriebenen Pecorino dazu reichen.

Mezze linguine con salsa di pomodoro e tonno

Feine Bandnudeln mit Tomaten-Thunfisch-Sauce

Als Grundlage für diese ausgezeichnete Thunfischsauce eignen sich beide hier erwähnten Tomatensaucen gleichermaßen gut. Wenn Sie die Tomatensauce mit Gemüse machen, können Sie die Butter durch kaltgepreßtes Olivenöl ersetzen. Ich serviere diese Sauce am liebsten mit den dünnen, halbbreiten Linguine, aber auch »normale« Linguine oder Spaghetti passen gut dazu.

Zutaten

1 Portion Tomatensauce mit Gemüse (s. Seite 75) oder einfache Tomatensauce (s. Seite 74)

1 Dose italienischer Thunfisch in Olivenöl à 200 g, abtropfen lassen und zerpflücken

500 g (halbbreite) Linguine oder Spaghetti

Salz

1 große Knoblauchzehe, fein gehackt

1 Eßlöffel frisch gehackte Petersilie

1 Die Tomatensauce erwärmen. Den Thunfisch hineingeben und heiß werden lassen.

2 5 l Wasser zum Kochen bringen. Die Pasta und $1^1/_2$ Eßlöffel Salz in das lebhaft sprudelnde Wasser geben. Die Nudeln al dente kochen. Dabei immer wieder umrühren, damit die Nudeln nicht verkleben. Die Nudeln abgießen und mit der Sauce in eine Servierschüssel füllen. Den Knoblauch und die Petersilie hinzufügen und gründlich vermischen. Sofort servieren.

Linguine con calamari e aglio

Linguine mit Tintenfisch und Knoblauch

In Italien wird Tintenfisch meist zusammen mit anderen Meeresfrüchten zu Nudelsauce verarbeitet, doch auch allein ergibt er eine köstliche Sauce. Sie können den Tintenfisch selbst putzen oder den Fischhändler darum bitten. Es ist jedoch ganz wichtig, daß Sie nur kleinen und zarten Tintenfisch verwenden. Größere Exemplare sind ziemlich hart. Spaghetti und halbbreite Linguine eignen sich ebenfalls für diese Sauce. (Abbildung auf Seite 16.)

Zutaten

125 ml natives Olivenöl extra

7 große Knoblauchzehen, fein gehackt

750 g geputzter Tintenfisch, in Ringe und Arme zerteilt

175 ml trockener Weißwein

3 große am Strauch gereifte Eiertomaten oder 625 g Eiertomaten aus der Dose (abtropfen lassen, entkernen und würfeln)

30 g frisch gehackte Petersilie

1 Prise rote getrocknete Pfefferschoten, zerstoßen

Salz und schwarzer Pfeffer aus der Mühle

500 g Linguine

1 Das Öl und den Knoblauch über mittlerer bis kleiner Flamme in einer weiten Pfanne erwärmen. Den Knoblauch 4–5 Minuten weich dünsten, aber nicht bräunen.

2 Den Tintenfisch hineingeben und nun über lebhafter Flamme 5 Minuten sautieren; dabei regelmäßig umrühren. Mit Wein ablöschen. Den Alkohol jetzt über mittlerer Flamme 3 Minuten verdampfen lassen.

3 Die Tomaten, Petersilie und Pfefferschoten einrühren. 5 Minuten durchkochen, dann mit Salz und schwarzem Pfeffer abschmecken.

4 Inzwischen 5 l Wasser zum Kochen bringen. Die Linguine und $1^1/_2$ Eßlöffel Salz in das lebhaft sprudelnde Wasser geben und umrühren. Die Nudeln al dente kochen und immer wieder umrühren, damit die Nudeln nicht verkleben. Die Nudeln abgießen, in die Pfanne geben und mit der Sauce überziehen. Zu Tisch bringen.

Tintenfisch putzen

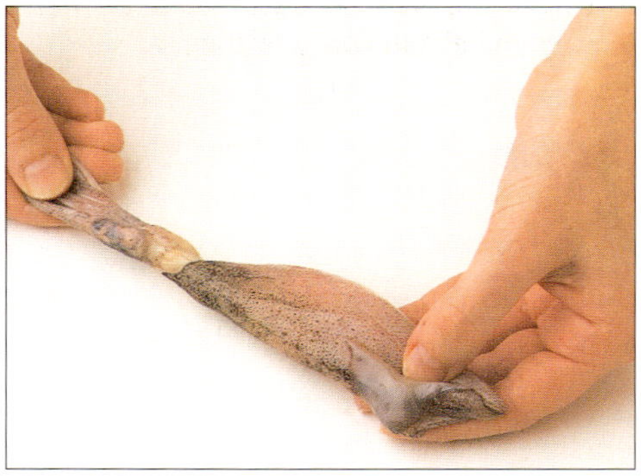

1 Kopf und Fangarme vom Körper trennen. Dazu den Kopf unterhalb der Augen anfassen und die Teile aus dem Körperbeutel ziehen. Den Tintenbeutel aus dem Kopf entfernen und wegwerfen.

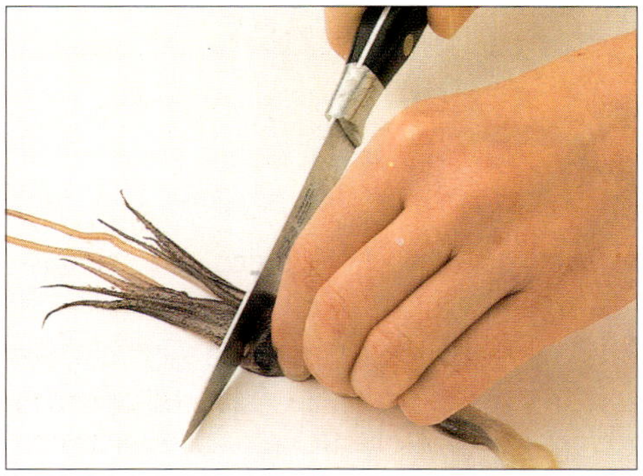

2 Den Kopf in Höhe der »Taille« oberhalb der Augen von den Fangarmen abtrennen. Den harten »Schnabel« von der Basis der Fangarme abschneiden. Die gefleckte Haut unter fließendem kaltem Wasser abziehen.

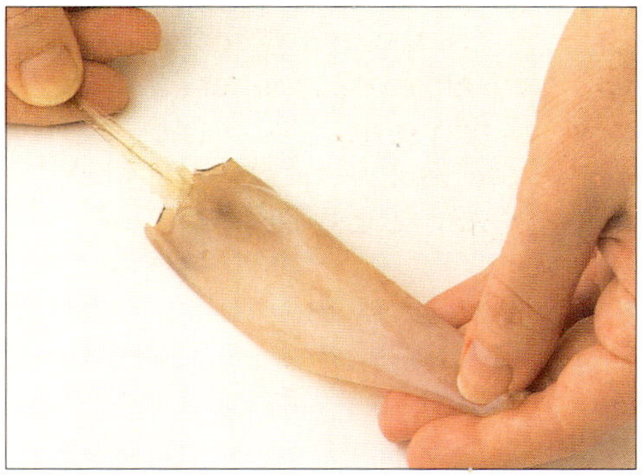

3 Die durchsichtige, plastikartige Chitinplatte aus dem Körper ziehen und den Beutel von etwaigen Resten säubern. Gut ausspülen. Den Körper und die Fangarme wie im Rezept beschrieben zurechtschneiden.

Fusilli lunghi con salsa di pomodoro, funghi e salsiccia

Lange Spiralnudeln mit Tomatensauce, Pilzen und Wurstmasse

Diese würzige Sauce paßt hervorragend zu langen Fusilli und anderen Nudeltypen, die die Wurstkrümel und Gemüsestückchen in ihren Vertiefungen auffangen. Rigatoni, Penne, kurze Fusilli, »Hahnenkämme«, »Schnecken«, muschelförmige Nudeln und Gnocchi sardi passen ebenfalls recht gut.

Zutaten

125 g frische wilde oder Zuchtpilze
4 Eßlöffel natives Olivenöl extra
1 Zwiebel, gehackt
2 große Knoblauchzehen, fein gehackt
1 große Mohrrübe, gehackt
1 kleiner Selleriestengel mit Blattgrün, gehackt
2 Eßlöffel frisch gehackte Petersilie
1 Teelöffel Fenchelsamen, gemahlen
250 g milde italienische Bratwurstmasse, zerkrümelt
2 Eßlöffel Tomatenmark
125 ml Wasser
125 ml trockener Rotwein
500 g frische Eiertomaten oder Dosentomaten, gehäutet, entkernt und fein gehackt
Salz
1 großzügige Prise schwarzer Pfeffer aus der Mühle
500 g lange Fusilli
frisch geriebener Parmesan zum Servieren

1 Die Pilze mit einer weichen Bürste oder einem Tuch säubern. Die Stielenden abschneiden. Große Pilze halbieren oder vierteln, blättrig aufschneiden und beiseite stellen.

2 Das Olivenöl in einem großen Topf erhitzen. Zwiebel, Knoblauch, Mohrrübe, Sellerie und Petersilie hineinrühren und bei eher sanfter Hitze 10 Minuten weich dünsten.

3 Die Pilze, Fenchelsamen und die Bratwurstmasse hinzufügen. Mit einem Holzlöffel das Wurstbrät zerkrümeln. Sanft braten, bis die Wurstmasse Farbe genommen hat und die Pilze ihren Saft ausbraten (ca. 5 Minuten). Die Wurstmasse nicht zu lange braten, weil sie sonst hart wird.

4 Das Tomatenmark mit dem Wasser hineinrühren. Die Sauce zum Köcheln bringen. Den Wein, die Tomaten, 1/3 Teelöffel Salz und Pfeffer hinzufügen. Den Topf nicht ganz verschließen und die Sauce nun auf kleiner Flamme rund 45 Minuten schmoren, bis sie dick und aromatisch wird.

5 5 l Wasser zum Kochen bringen. Die Nudeln und 1 1/2 Eßlöffel Salz hineingeben. Die Fusilli al dente kochen und immer wieder umrühren, damit die Nudeln nicht verkleben. Die Nudeln abgießen und in eine Servierschüssel füllen. Die Sauce hinzufügen und gründlich vermischen. Auftragen und bei Tisch frisch geriebenen Parmesan dazu reichen.

Stelline con burro e latte per bambini

Sternchennudeln mit Butter und Milch für Kinder

Das war die erste feste Nahrung, die meine Schwestern und ich als Kleinkinder bekamen. Meine Mutter erzählt gerne, wie ich in meinem Hochstühlchen saß und von oben bis unten mit Sternchennudeln bekleckert war; Wand und Boden bekamen auch reichlich davon ab. Ich esse Pastina immer noch gern, und meinen Kindern schmeckt sie auch.

Zutaten

250 g Sternchennudeln
3 Teelöffel Salz
ca. 45 g zimmerwarme Butter
ca. 75 ml warme Milch

1 3 l Wasser zum Kochen bringen. Die Sternchennudeln und Salz hineingeben und nach Packungsanleitung garen; gelegentlich umrühren. Die Pasta abgießen, wenn sie weich, aber noch nicht zerkocht ist.

2 Die Butter in eine Servierschüssel geben. Die abgegossenen Nudeln einfüllen und in der Butter schwenken. Die warme Milch hinzufügen, verrühren und auftragen.

Nidi con carciofi e finocchio fresco

Nudelnester mit Artischocken und frischem Fenchel

Diese ungewöhnliche und schmackhafte Sauce paßt hervorragend zu getrockneten oder frischen Nudeln. Von den getrockneten Nudeln empfehlen wir Nester, Fresine, Fettuccelle, Lasagnette, Mafalde, Trenette und Eiertagliatelle. An frischen Nudeltypen eignen sich Trenette, Tagliatelle, Fettuccine und Pappardelle. Für 2–3 Personen. (Abbildung auf Seite 16.)

Zutaten

2 frische Artischocken à ca. 200 g
Salz
1 große Fenchelknolle à ca. 500 g (Stengel abschneiden)
2 Eßlöffel natives Olivenöl extra
30 g Butter
2 große Frühlingszwiebeln mit 5 cm Halm, in dünne Röllchen geschnitten
4 große Knoblauchzehen, fein gehackt
125 ml trockener Weißwein
250 ml würzige Hühner- oder Kalbsbrühe
4 Eßlöffel Doppelrahm
Pfeffer aus der Mühle
30 g frisch geriebener Parmesan + Käse zum Servieren
250 g getrocknete Nudelnester

1 Die Artischockenherzen (s. u.) vorbereiten und in ein Schälchen Wasser, das mit Zitronensaft gesäuert wurde, setzen. Wenn beide Artischocken fertig geputzt sind, abgießen. Jede Artischockenhälfte mit der Schnittfläche nach unten auf eine Arbeitsfläche legen und längs in 5 mm dünne Scheiben schneiden.

2 Soviel Wasser in einem Topf erhitzen, daß die Artischocken davon bedeckt sind. 1/4 Teelöffel Salz und die Artischockenscheiben hineingeben. Je nach Frische 4–8 Minuten weich kochen. Abgießen und bis zur weiteren Verwendung beiseite stellen.

3 Den harten Strunk der Fenchelknolle, die harten Stengel und Blättchen abtrennen (einige Blättchen aufheben). Die Fenchelknolle der Länge nach vierteln, dann sehr fein aufschneiden. 2 Eßlöffel Blättchen hacken.

4 Öl und Butter in einer tiefen und weiten Pfanne erwärmen. Frühlingszwiebeln, Knoblauch, Fenchel und gehacktes Fenchelgrün hineingeben. Abdecken und bei eher lebhafter Hitze dünsten, bis das Gemüse Saft zieht; dabei ab und zu umrühren.

5 Die Wärmezufuhr drosseln und das Gemüse nun 5 Minuten bei mäßiger Hitze weitergaren. Wein hinzugießen und in der offenen Pfanne 3 Minuten einkochen lassen. Die Brühe und 1/2 Teelöffel Salz hinzufügen. Abdecken und 10 Minuten durchkochen. Den Doppelrahm einrühren. Wieder zum Köcheln bringen, dann vom Herd ziehen. Mit Pfeffer abschmecken und den Parmesan unterziehen.

6 In der Zwischenzeit 5 l Wasser zum Kochen bringen. Die Nudelnester und 1 1/2 Eßlöffel Salz hineingeben. Die Pasta al dente kochen, abgießen und in der Pfanne mit der Sauce vermischen. Servieren und bei Tisch frisch geriebenen Parmesan dazu reichen.

Artischocken putzen

1 Eine Schüssel mit kaltem Wasser bereitstellen und mit 2 Eßlöffel Zitronensaft oder Weinessig säuern. Den Strunk der Artischocken abtrennen. Die harten äußeren Blätter ablösen, bis Sie auf die Blätter mit zartem, weißem Boden stoßen.

2 Mit einem scharfen Küchenmesser den oberen Teil der inneren Blätter, die oben dunkelgrün und unten grünlich-gelb aussehen, abschneiden und wegwerfen. Die inneren Blattreihen sind weich und zart.

3 Die Artischocke längs halbieren. Mit einem kleinen Messer die ungenießbare haarige Blüte und die harten violetten Blätter herauslösen. Nach den Anweisungen im Rezept aufschneiden und bis zur weiteren Verwendung in das gesäuerte Wasser legen.

Pasta secca con salse crude

Getrocknete Nudeln mit kalten Saucen

Diese leichten und erfrischenden Nudelgerichte werden in Italien oft während der Sommermonate serviert. Sie haben nichts gemeinsam mit den eiskalten »Nudelsalaten« aus minderwertigen Zutaten und zerkochten, wäßrigen Nudeln, die man bei uns kennt. Derartige Kreationen sind meist nur ein buntes Allerlei aus Zutaten, die eigentlich gar nicht zusammenpassen. Ein wirklich wohlschmeckendes Nudelgericht mit rohem Gemüse besteht nur aus den besten Ingredienzen und eint die verschiedenen frischen Aromen zu einer harmonischen Gesamtkomposition. Die Pasta, die fast immer heiß ist, wird erst unmittelbar vor dem Servieren mit der Sauce angemacht. Manche Saucen läßt man einige Zeit durchziehen, damit sie kräftiger und harmonischer schmecken, andere wieder entstehen ganz spontan und können sofort serviert werden.

Pennette estive
Pennette mit sommerlichem Salat

Pennette estive

Pennette mit sommerlichem Salat

Besondere Zutaten

Zubereitung

Wie bei allen Saucen aus frischen Tomaten gilt auch hier: Die Mühe lohnt sich nur, wenn es wirklich fruchtigsüße, am Strauch ausgereifte Eiertomaten gibt. Dies ist eines von den ganz wenigen Rezepten in diesem Buch, in dem die Nudeln vor dem Anrichten abgespült werden. Das Abschrecken der Nudeln verhindert jedoch, daß der Salat sofort zusammenfällt.

Zutaten

12 würzige schwarze Oliven, z. B. die Sorte Niçoise

625 g süße, am Strauch gereifte Eiertomaten, entkernt und gewürfelt

60 g Buttersalatherzen, in feine Streifen geschnitten und dann grob gehackt

30 g Rucolablätter ohne Stengel, grob gehackt

1 kleine Knoblauchzehe, fein gehackt

1 kleine milde rote Zwiebel (ca. 30 g), fein gehackt

6 große frische Basilikumblätter, in feine Stücke gerissen

schwarzer oder weißer Pfeffer aus der Mühle

125 ml natives Olivenöl extra

500 g Pennette oder andere kurze Nudeln

Salz

1 Die Oliven entsteinen und in Scheiben schneiden. In eine Servierschüssel geben und mit allen anderen Zutaten für die Sauce vermischen.

2 5 l Wasser zum Kochen bringen. Die Pennette und $1\frac{1}{2}$ Eßlöffel Salz hineingeben. Die Nudeln al dente kochen und abgießen; dann rasch unter fließendem kaltem Wasser abschrecken. Gut abtropfen lassen und zur Sauce in die Schüssel füllen. Gut durchmischen, abschmecken und unverzüglich servieren.

Gnocchetti con rucola, pomodoro crudo e olive

Gnocchetti mit Rucola, Tomaten und grünen Oliven

Zutaten

90 g kräftig gewürzte grüne Oliven, z. B. sizilianische Olivenstückchen oder winzigkleine Oliven

150 g Rucola, gründlich gewaschen und geputzt

125 ml natives Olivenöl extra

375 g frische Strauchtomaten oder Cocktailtomaten, entkernt und grob gehackt

2 mittlere bis große Knoblauchzehen, fein gehackt

1 Prise rote getrocknete Pfefferschoten, zerstoßen

375 g Gnocchetti

Salz

1 Die Oliven entsteinen und fein hacken. Die Rucola trocknen, hacken und beiseite stellen. In einer Servierschüssel nun die Rucola und alle anderen Zutaten für die Sauce vermischen. Die Sauce bis zu 30 Minuten (oder während die Nudeln kochen) durchziehen lassen.

2 5 l Wasser zum Kochen bringen. Die Gnocchetti und $1\frac{1}{2}$ Eßlöffel Salz hineingeben. Die Nudeln bißfest kochen, dann abgießen. Das Gemüse mit $\frac{1}{2}$ Teelöffel Salz oder nach Geschmack nachwürzen. Die Nudeln in die Schüssel geben, mit der Sauce vermischen und sofort zu Tisch bringen.

Conchiglie con pomodoro crudo, avocado e gamberetti

Muschelnudeln mit rohen Tomaten, Avocado und Garnelen

Für mich ist Avocado so etwas wie ein Saucengeheimnis, weil man die Frucht gewöhnlich nicht mit Pasta kombiniert. Obwohl man Avocados für eine Nudelsauce nie kocht, bekommen sie durch die heißen und frisch gekochten Nudeln eine besonders cremige Konsistenz. Hier kombinieren wir sie mit Shrimps, die der Sauce Biß und einen köstlichen, unverwechselbaren Geschmack verleihen. Anstatt Conchiglie eignen sich auch gerillte, mittelgroße Muschelnudeln, Spaghetti, Orecchiette und Eliche. (Abbildung auf Seite 19.)

Zutaten

1250 g frische, süße, am Strauch ausgereifte Tomaten oder süße, vollreife Cocktailtomaten, blanchiert, gehäutet und geputzt

375 g geschälte und gekochte Shrimps, längs halbiert, oder größere Garnelen, gekocht und gewürfelt

1 Eßlöffel frisch gehacktes Basilikum oder Petersilie

1 große Knoblauchzehe, fein gehackt oder in der Knoblauchpresse zerstoßen

125 ml natives Olivenöl extra

Salz und schwarzer oder weißer Pfeffer aus der Mühle

1 große oder zwei kleine, vollreife Avocado(s)

500 g Nudeln (kleinere oder größere Muschelnudeln, Spaghetti oder Orecchiette)

1 Die Tomaten längs vierteln und entkernen. Die Tomatenviertel grob würfeln oder hacken. In eine Servierschüssel füllen. Die Shrimpshälften oder Garnelenstückchen, Basilikum oder Petersilie, Knoblauch, Olivenöl, 1/2 Teelöffel Salz und nach Geschmack Pfeffer hinzufügen.

2 Die Avocado(s) mit einem scharfen Messer längs halbieren. Dabei am oberen Ende einstechen und vorsichtig bis zum Kern dringen. Dann um den Kern herum schneiden. Die Avocadohälften auseinanderdrehen; dabei sollte sich auch der Kern lösen. Die Avocadohälften schälen und quer in dünne Scheiben schneiden. Diese Scheiben dann in schmale Streifen oder Würfel schneiden.

3 Die Avocado in die Schüssel zu den übrigen Zutaten geben. Die Sauce gut durchmischen und bei Zimmertemperatur durchziehen lassen, während die Nudeln kochen. Vor dem Anrichten mit Salz abschmecken.

4 5 l Wasser zum Kochen bringen. Die Nudeln und 1 1/2 Eßlöffel Salz hineingeben. Die Pasta al dente kochen; dabei regelmäßig umrühren, damit die Nudeln nicht verkleben. Abgießen und mit der Sauce vermischen.

Fusilli con pomodoro e mozzarella

Fusilli mit Tomaten und Mozzarella

Milder, frischer Mozzarella verleiht dieser rohen Tomatensauce eine interessante Note. Die Hitze der Nudeln läßt den Käse leicht schmelzen, so daß seine angenehme, milchige Konsistenz deutlich hervortritt – ein schöner Kontrast zu den übrigen Zutaten. Am besten schmeckt hier echter und ganz frischer Mozzarella aus dem Feinkostgeschäft. Sardellenfilets und Kapern passen auch gut in den Salat. Statt Fusilli eignen sich auch andere mittelgroße Nudeltypen wie Gnocchi oder Lumache. (Abbildung auf Seite 18.)

Zutaten

1250 g frische, fruchtige, am Strauch ausgereifte Tomaten, gehäutet, entkernt und grob gehackt

125 g Mozzarella, fein gewürfelt

125 ml natives Olivenöl extra

2 große Knoblauchzehen, gehackt

20 große frische Basilikumblätter, in feine Stücke gerissen

5 Sardellenfilets, fein gehackt, oder 1 Eßlöffel abgetropfte, kleine Kapern (nach Wunsch)

1 Messerspitze getrockneter oder 1/4 Teelöffel frisch gehackter Oregano

Salz und schwarzer oder weißer Pfeffer aus der Mühle

500 g Fusilli

1 Die Tomatenstückchen in eine Servierschüssel füllen. Alle anderen Zutaten für die Sauce hinzufügen, mit 1/2 Teelöffel Salz würzen und gut durchmischen. Mindestens 1 Stunde oder bis zu 3 Stunden bei Zimmertemperatur durchziehen lassen, damit sich die einzelnen Aromen schön entwickeln und durchdringen können.

2 5 l Wasser zum Kochen bringen. Die Fusilli und 1 1/2 Eßlöffel Salz hineingeben. Die Pasta al dente kochen; dabei regelmäßig umrühren, damit die Nudeln nicht verkleben. Abgießen, in die Schüssel zu der Sauce füllen und gründlich vermischen. Sofort servieren.

Fusilli con ricotta e basilico alla Paolo

Fusilli mit Ricotta- und Basilikumsauce à la Paolo

Mein Freund Paolo Destefanis ist ein hervorragender Fotograf; seine Kreativität beschränkt sich jedoch nicht auf die Arbeit hinter der Kamera. Er ist auch ein guter Koch, und dies ist eines seiner phantastischen und schnellen Nudelrezepte. Die Sauce paßt auch zu anderen kurzen Nudeln wie Penne und Rigatoni. Ricotta, die man außerhalb Italiens zu kaufen bekommt, ist oft sehr locker und wäßrig, was für dieses Rezept ideal ist. Wenn Sie feste, echt italienische Ricotta verwenden, rühren Sie sie mit etwas Nudelwasser geschmeidig und geben dann erst die anderen Zutaten dazu.

Zutaten

1 Büschel Basilikum

Salz

500 g Fusilli

300 g Ricotta

1 Knoblauchzehe, fein gehackt

90 ml natives Olivenöl extra

1/4 Teelöffel frisch geriebener Muskat (nach Wunsch)

weißer Pfeffer aus der Mühle

30 g frisch geriebener Parmesan + Käse zum Servieren

1 Das Basilikum gründlich waschen und die Blattstiele entfernen. Die Blätter mit einem sauberen Küchentuch oder mit Küchenkrepp trockentupfen. Das Basilikum in kleine Stückchen zupfen und beiseite stellen.

2 5 l Wasser zum Kochen bringen und 1 1/2 Eßlöffel Salz einstreuen. Die Fusilli al dente kochen; dabei regelmäßig umrühren, damit die Nudeln nicht verkleben.

3 In der Zwischenzeit die restlichen Zutaten mit dem Basilikum vermischen und mit einem Holzlöffel sorgfältig verrühren. Nach Bedarf einige Eßlöffel Nudelwasser hinzufügen, damit die Sauce eine glatte und cremige Konsistenz erhält.

4 Die Pasta abgießen und gründlich mit der Sauce vermischen. Sofort zu Tisch bringen und nach Wunsch frisch geriebenen Parmesan dazu reichen.

Spaghetti alla puttanesca

Spaghetti mit »Hurensauce« (rohe Version)

Hier die ungekochte Version der berühmten neapolitanischen Nudelspezialität. Die Sauce macht ihrem Namen Ehre und schmeckt grob und scharf. Machen Sie diese Sauce nur mit fruchtigen, am Strauch ausgereiften Sommertomaten.

Zutaten

60 g gute schwarze Oliven, z. B. die Sorten Gaeta oder Niçoise
1250 g frische, fruchtige Strauchtomaten, gehäutet, entkernt und grob gehackt
125 ml natives Olivenöl extra
2 große Knoblauchzehen, gehackt
8 große frische Basilikumblätter, fein zerzupft
1 Eßlöffel frisch gehackte Petersilie
1 Eßlöffel kleine Kapern (abtropfen lassen)
nach Geschmack etwa 1 Prise rote getrocknete Pfefferschoten, zerstoßen
Salz
500 g Spaghetti

1 Die Oliven entsteinen und in dünne Scheiben schneiden. Die Tomaten in eine Servierschüssel setzen. Die Oliven und die übrigen Zutaten hinzufügen, mit 1/2 Teelöffel Salz würzen und gut durchmischen. Die Sauce mindestens 1 Stunde bei Zimmertemperatur durchziehen lassen oder abdecken und bis zu 3 Tage im Kühlschrank aufbewahren.

2 5 l Wasser zum Kochen bringen und 1 1/2 Eßlöffel Salz einstreuen. Die Nudeln al dente kochen; dabei regelmäßig umrühren, damit die Nudeln nicht verkleben. Abgießen und zur Sauce in die Schüssel geben. Gut durchmischen. Zimmerwarm servieren.

Spaghettini con limone, capperi e olive

Spaghettini mit Zitrone, Kapern und Oliven

Diese Sauce ist denkbar einfach und doch hocharomatisch. Die salzige Schärfe der Oliven und Kapern bildet zusammen mit der Zitronensäure einen interessanten Hintergrund für die milden und nussigen Nudeln und das fruchtige Olivenöl. Sie können die Sauce bis zu einem Tag im voraus zubereiten und durchziehen lassen (nicht in den Kühlschrank stellen). (Abbildung auf Seite 18.)

Zutaten

125 g kräftig gewürzte grüne Oliven
die abgeriebene Schale einer Zitrone
125 ml natives Olivenöl extra
75 ml frisch gepreßter Zitronensaft
1 1/2 Eßlöffel kleine Kapern (abtropfen lassen)
1 große Knoblauchzehe, fein gehackt
2 Teelöffel frisch gehackter oder 1 Teelöffel getrockneter Thymian
1 Prise rote getrocknete Pfefferschoten, zerstoßen
Salz
500 g Spaghettini

1 Die Oliven entsteinen und hacken. Mit allen anderen Zutaten für die Sauce in einer Servierschüssel vermischen. Mit 1/2 Teelöffel Salz oder nach Geschmack würzen.

2 5 l Wasser zum Kochen bringen und 1 1/2 Eßlöffel Salz einstreuen. Die Spaghettini al dente kochen; immer wieder umrühren, damit die Nudeln nicht verkleben. Abgießen und etwas Kochwasser auffangen. Die Pasta in die Servierschüssel füllen und mit der Sauce vermischen. Nach Bedarf etwas Kochwasser hinzufügen, damit die Sauce geschmeidiger wird und sich gleichmäßig verteilt. Sofort zu Tisch bringen.

Spaghettini con passato di pomodoro crudo

Spaghettini mit rohem Tomatenpüree

Im Gegensatz zur klassischen Tomatensauce wird hier kein gekochtes, sondern rohes Tomatenpüree verwendet. Beim Kochen verdampft viel von der unerwünschten Flüssigkeit der Tomaten, wodurch die Sauce kräftiger schmeckt und eindickt. Für dieses Rezept wird das Wasser aus den Tomaten gepreßt, so daß der reine und echt fruchtige Geschmack der besten Sommertomaten voll zur Geltung kommt und nicht durchs Kochen verfälscht wird.

Zutaten

1375 g am Strauch gereifte Eiertomaten, gehäutet
90 ml natives Olivenöl extra
8–10 große Basilikumblätter, in feine Stücke gerissen
1 Knoblauchzehe (durch eine Knoblauchpresse drücken)
1/2 Teelöffel frisch gehackter oder 1/4 Teelöffel getrockneter Majoran
schwarzer oder weißer Pfeffer aus der Mühle
Salz
500 g Spaghettini

1 Die Tomaten halbieren und entkernen. Mit den Händen soviel Flüssigkeit wie möglich aus den Tomaten herauspressen. Das Fruchtfleisch in der Küchenmaschine oder im Mixer pürieren.

2 Das Tomatenpüree und die übrigen Zutaten für die Sauce in einer Servierschüssel vermischen. Mit 1/2 Teelöffel Salz würzen.

3 5 l Wasser zum Kochen bringen und 1 1/2 Eßlöffel Salz einstreuen. Die Spaghettini al dente kochen; regelmäßig umrühren, damit die Pasta nicht verklebt. Abgießen, in die Servierschüssel füllen und mit der Sauce vermischen. Sofort servieren.

Trenette con basilico, pomodori secchi e pinoli

Trenette mit Basilikum, getrockneten Tomaten und Pinienkernen

Diese rohe Sauce besitzt die ölige Konsistenz eines Pesto (s. u.), schmeckt wegen der getrockneten Tomaten aber völlig anders. Diese Sauce verlangt genau wie Pesto nach einer robusten Nudelsorte. Am besten passen (getrocknete oder frische) Trenette, Linguine, Bucatini oder Spaghetti.

Zutaten

30 g getrocknete Tomaten oder 125 g getrocknete Tomaten in Öl (abtropfen lassen)

60 g Pinienkerne

15 g frische Basilikumblätter

3 Eßlöffel natives Olivenöl extra

2 große Knoblauchzehen, fein gehackt

Salz

375 g getrocknete Trenette oder frischer Nudelteig (s. Seite 48; bis zur vorletzten Einstellung der Nudelmaschine ausrollen und von Hand in 2 mm breite Trenette schneiden)

30 g Butter

30 g frisch geriebener Parmesan

schwarzer Pfeffer aus der Mühle

1 Wenn Sie die pur getrockneten Tomaten verwenden, ungefähr 30 Minuten in heißem Wasser einweichen. Abgießen und ausdrücken. Die so vorbereiteten oder die in Öl eingelegten Tomaten hacken und beiseite stellen.

2 In einem Mörser, einer Küchenmaschine oder einem Mixer die Pinienkerne grob zerstoßen bzw. zerhacken, aber nicht zu Pulver zermahlen. Sie sollten noch Biß haben und deutlich zu schmecken sein, aber nicht zu einer Paste zerrieben werden. Beiseite stellen.

3 Basilikum, Olivenöl, Knoblauch und 1/3 Teelöffel Salz in eine Küchenmaschine oder in einen Mörser füllen und zu einer groben Paste zerstoßen. In eine große Servierschüssel geben.

4 5 l Wasser zum Kochen bringen und 1 1/2 Eßlöffel Salz einstreuen. Die getrockneten Nudeln al dente, die frische Pasta nur kurz (s. Seite 58) kochen; dabei regelmäßig umrühren, damit die Nudeln nicht verkleben. Abgießen und etwas Kochwasser aufheben.

5 Die Nudeln in die Servierschüssel füllen. Mit der Basilikumpaste und der Butter überziehen. Die getrockneten Tomaten, die Pinienkerne, Parmesan und Pfeffer einstreuen. Gut durchmischen. Nach Bedarf die Nudeln mit etwas Kochwasser benetzen, damit sich die Sauce gleichmäßig verteilen läßt.

Trenette al pesto alla Silvana

Trenette mit Basilikumpesto nach Silvanas Art

Bei einem traditionellen Pesto alla genovese werden alle Zutaten zusammengerührt und dann über die Nudeln gegeben. Bei diesem Verfahren dagegen, das ich vor vielen Jahren von Silvana Pistolesi im Ristorante Casaletto in Ostia gelernt habe, werden nur Basilikum, Öl, Knoblauch und Salz zu einer Saucengrundlage zerstoßen. Pinienkerne, Käse und Butter kommen erst mit den gekochten Nudeln dazu, wodurch Pinienkerne und Käse kräftiger schmecken. Obwohl es sich um eine nicht sehr traditionelle römische Variante handelt, mag ich diese Interpretation des Pesto alla genovese sehr gern. (Abbildung auf Seite 18.)

Zutaten

60 g Pinienkerne

60 g frische Basilikumblätter

4 Eßlöffel natives Olivenöl extra

2 große Knoblauchzehen, fein gehackt

Salz

500 g getrocknete Trenette, Linguine, halbbreite Linguine oder Bucatini oder frischer Nudelteig (s. Seite 48; bis zur vorletzten Einstellung auf der Nudelmaschine ausrollen und von Hand in 2 mm breite Trenette schneiden)

45 g zimmerwarme Butter

30 g frisch geriebener Parmesan

schwarzer Pfeffer aus der Mühle

1 Die Pinienkerne in einem Mörser grob zerstoßen, aber keinesfalls zu fein zermahlen. Sie können die Pinienkerne auch in der Küchenmaschine zerkleinern; die Kerne müssen aber noch eine körnige Konsistenz bewahren und dürfen nicht zu einer öligen Paste zermahlen werden. Beiseite stellen.

2 Basilikum, Olivenöl, Knoblauch und 1/3 Teelöffel Salz in eine Küchenmaschine oder in einen Mörser geben. Zu einer groben Paste zerstoßen, dann in eine große Servierschüssel füllen, in der auch die Nudeln Platz haben.

3 5 l Wasser zum Kochen bringen und 1 1/2 Eßlöffel Salz einstreuen. Die getrockneten Nudeln al dente, die frischen Trenette nach der Anleitung auf Seite 58 garen; dabei regelmäßig umrühren, damit die Nudeln nicht verkleben. Abgießen (nicht zu stark abtropfen lassen) und etwas Kochwasser aufheben. Die feuchten Nudeln in die Schüssel füllen und mit der Basilikumpaste und der Butter überziehen.

4 Pinienkerne, Parmesan und Pfeffer hinzufügen und gut untermengen. Nach Bedarf etwas Kochwasser angießen, damit sich die Sauce gleichmäßig verteilen läßt. Abschmecken und servieren.

Linguine con tonno, capperi e olive

Linguine mit Thunfisch, Kapern und Oliven

Obwohl die Nudeln für dieses Gericht kurz abgeschreckt werden, sollten sie beim Anrichten noch warm sein. Die Oliven und Kapern und der Zitronensaft sind bereits so würzig, daß Sie die Sauce nicht mehr salzen müssen. Der beste Thunfisch für dieses Rezept kommt aus Italien (s. Seite 162), weil er besonders mild und zart schmeckt. (Abbildung gegenüberliegende Seite.)

ZUTATEN

1 Dose italienischer Thunfisch in Öl à 175 g (abtropfen lassen und zerpflücken)

125 ml natives Olivenöl extra

3 Eßlöffel frisch gepreßter Zitronensaft

2 Eßlöffel frisch gehackte Petersilie

125 g kräftig gewürzte grüne und schwarze Oliven

3 Eßlöffel kleine Kapern (abtropfen lassen)

1 große Knoblauchzehe, fein gehackt

5 Sardellenfilets in Olivenöl (abtropfen lassen und fein hacken)

schwarzer Pfeffer aus der Mühle

500 g Linguine oder halbbreite Linguine

Salz

1 Alle Zutaten für die Sauce in eine Servierschüssel geben und gründlich durchmischen. Beiseite stellen.

2 5 l Wasser zum Kochen bringen und 1 1/2 Eßlöffel Salz einstreuen. Die Linguine al dente kochen; dabei regelmäßig umrühren, damit die Nudeln nicht verkleben. Abgießen, rasch abspülen und mit der Sauce vermischen. Sofort servieren.

Linguine con gamberi e pomodoro crudo

Linguine mit Garnelen und roher Tomatensauce

Sie können die Garnelen für diese rohe Sauce bereits im voraus zubereiten und kalt stellen. Die Sauce läßt sich in der Zeit machen, in der die Nudeln kochen. Statt Linguine eignen sich auch die muschelförmigen Maruzelle oder Gnocchi; ich persönlich ziehe jedoch Linguine vor.

ZUTATEN

60 g kräftig gewürzte schwarze Oliven

175 g rohe Garnelen (schälen, entdarmen und waschen)

Salz

250 g fruchtig-süße Strauchtomaten

125 ml natives Olivenöl extra

2 Eßlöffel frisch gepreßter Zitronensaft

2 Teelöffel kleine Kapern (abtropfen lassen)

1 kleine Knoblauchzehe, fein gehackt

1 Handvoll frische Basilikumblätter, in feine Stücke gerissen, oder 2 Eßlöffel frisch gehackte Petersilie

schwarzer Pfeffer aus der Mühle

500 g Linguine oder halbbreite Linguine

1 Die Oliven entsteinen und grob hacken. Soviel Wasser zum Kochen bringen, daß die Garnelen davon bedeckt sind. 1/3 Teelöffel Salz einstreuen. Die Garnelen hineinwerfen und etwa 2 Minuten garen, bis sie sich rosa verfärben. Abgießen. Garnelen nicht zu lange kochen, weil sie sonst hart werden. Sie können die Garnelen auch 2 Minuten dämpfen. Die Schwänze entfernen, die Garnelen längs halbieren und dann würfeln.

2 Garnelen, Oliven und die übrigen Saucenzutaten in einer Servierschüssel vermischen. Bis zu 30 Minuten durchziehen lassen.

3 5 l Wasser zum Kochen bringen und 1 1/2 Eßlöffel Salz einstreuen. Die Linguine bißfest kochen; dabei regelmäßig umrühren, damit die Nudeln nicht verkleben. Sorgfältig abgießen und sofort mit der Sauce anmachen. Zu Tisch bringen.

Pasta ripiena

Gefüllte Nudeln

Die italienische Küche kennt unzählige Gerichte mit gefüllten Nudeln. Sie werden entweder mit Nudelteig oder mit hauchdünnen Crêpes zubereitet, die dann Crespelle, Fazzoletti (»Taschentücher«) oder Manicotti (»kleiner Muff«) heißen. Für die Teigtaschen können Sie jede beliebige Teigvariante, die wir auf Seite 43 vorgestellt haben, verwenden. Am beliebtesten sind jedoch Eier- oder Spinatnudeln. Hausgemachte Pasta schmeckt weitaus besser als gefüllte Nudeln aus industrieller Herstellung, die meist einen dicken und schweren Teigmantel von gummiartiger Konsistenz besitzen. Nicht nur die hausgemachten Füllungen sind von besserer Qualität, auch der dünne und zarte Nudelteig führt zu einem herrlichen Geschmackserlebnis. Stimmen Sie die Saucen zu den gefüllten Nudeln sorgfältig ab, damit sie die oft wunderbar feine und interessante Füllung nicht übertönen.

Ravioli ripieni di patate e pesto con sugo di noci

Ravioli mit Kartoffel- und Pestofüllung in Walnußsauce

Besondere Zutaten

Kartoffeln

Parmesan

Ricotta

Pesto

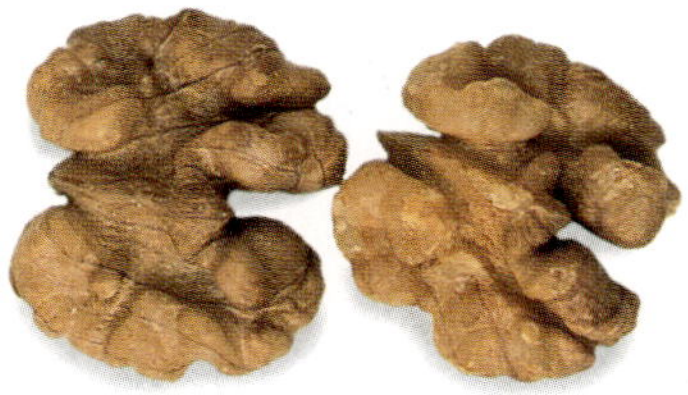
Walnüsse

Pinienkerne

saure Sahne

Mascarpone

Zubereitung

Kartoffeln und Pesto passen einfach gut zusammen. Sie schmecken nicht nur in der Kombination Kartoffelgnocchi mit Pesto, sondern auch als einfaches Kartoffelpüree, das mit der aromatischen Basilikumsauce verfeinert wird. Die Füllung aus Kartoffeln und Pesto beruht auf dieser glücklichen Kombination. Die Walnußsauce ist ein ligurischer Klassiker, der gewöhnlich mit einer Art cremiger Dickmilch zubereitet wird. Aber auch saure Sahne schmeckt köstlich. Frische Tomatensauce (s. Seite 75) würde auch gut dazu passen. Machen Sie diese runden Ravioli nach der Anleitung auf Seite 56.

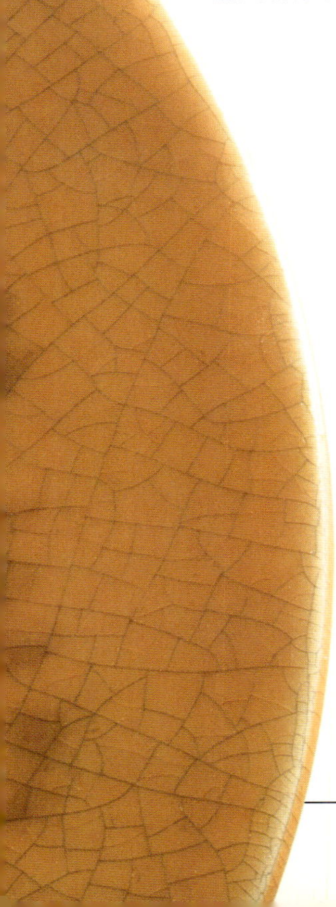

Zutaten

1 Portion (500 g) frischer Nudelteig (s. Seite 48), noch nicht ausgerollt

1 Eiweiß zum Versiegeln

Salz

Für die Füllung

150 g mehlig kochende Kartoffeln (abbürsten, aber nicht schälen)

30 g weiche Butter

5 Eßlöffel Ricotta

$2\frac{1}{2}$ Teelöffel Pesto nach Silvanas Art (s. Seite 107)

3 Eßlöffel frisch geriebener Parmesan

$\frac{1}{4}$ Teelöffel Salz

Für die Sauce

1 Scheibe altbackenes Weißbrot ohne Rinde

90 ml Milch

90 g Walnüsse, leicht geröstet

30 g Pinienkerne, leicht geröstet

125 ml saure Sahne

90 g Mascarpone

60 ml Olivenöl

$\frac{1}{4}$ Teelöffel Salz

weißer Pfeffer aus der Mühle

2 Eßlöffel frisch geriebener Parmesan + Käse zum Servieren

1 Die Kartoffeln für die Füllung in kaltem Wasser aufsetzen. Zum Kochen bringen und bei mittlerer Hitze weich kochen (ca. 25 Minuten). Abgießen und abkühlen lassen, bis Sie die Kartoffeln anfassen können.

2 Die Kartoffeln pellen und durch ein Kartoffeleisen pressen oder mit dem Kartoffelstampfer zermusen. Nicht in der Küchenmaschine oder im Mixer pürieren. Den warmen Kartoffelbrei in eine Schüssel füllen und die Butter unterziehen. Die übrigen Zutaten für die Füllung einrühren und gut vermischen. Abdecken und beiseite stellen.

3 Für die Sauce das Brot in Milch einweichen, dann ausdrücken. In der Zwischenzeit die Nüsse in die Küchenmaschine füllen. Das feuchte Brot hinzufügen und einige Sekunden mahlen. (Sie können Nüsse und Brot auch im Mörser zerstoßen.)

4 Die saure Sahne und den Mascarpone in eine Schüssel füllen und mit dem Schneebesen oder einem Holzlöffel cremig schlagen. Die Nußmischung einrühren. Nach und nach das Olivenöl hinzugießen und gut vermischen. Mit Salz und Pfeffer würzen, dann den Parmesan unterheben. Abdecken und beiseite stellen.

5 Den Teig nach der Anleitung auf Seite 50–51 ausrollen und mit einem gezackten Förmchen 5 cm große Kreise ausstechen. Die Nudeln einzeln füllen, d. h. auf die Hälfte der Teigkreise einen Klecks Füllung setzen, dann um die Füllung herum etwas Eiweiß streichen und einen zweiten Teigkreis obenauflegen. Die Ränder gut festdrücken und versiegeln. Wie auf Seite 112, Schritt 7, beschrieben trocknen lassen.

6 Einen Topf Wasser zum Kochen bringen. Die Ravioli mit den Küchentüchern aufheben und die erste Portion ins sprudelnde Wasser gleiten lassen. 2 Eßlöffel Salz einstreuen. Sobald das Wasser wieder kocht, die Ravioli 3–5 Minuten garen. Dabei vorsichtig umrühren. Den Garzustand prüfen, dann die Ravioli mit einem Schaumlöffel herausheben und in eine gebutterte Servierschüssel legen.

7 Während die Ravioli kochen, die Walnußsauce sanft erwärmen. Die Ravioli mit der warmen Sauce überziehen und nach Wunsch mit frisch geriebenem Parmesan servieren.

Ravioli classici con ricotta e spinaci in salsa di pomodoro leggera

Klassische Ravioli mit Ricotta- und Spinatfüllung in leichter Tomatensauce

Dies ist die klassische Füllung für Ravioli und Tortelloni (große viereckige Teigtaschen), wie man sie in Mittelitalien verwendet. Manchmal nimmt man statt Spinat auch Mangold. Jeder Koch mischt Spinat und Ricotta in einem anderen Verhältnis, manchmal kommt noch Petersilie dazu, Muskat und Parmesan sind jedoch obligatorisch. Lassen Sie die Ricotta unbedingt abtropfen. Wenn die Füllung zu naß ist, weicht sie die Teighülle auf. Die gekochten Ravioli werden mit einer Tomatensauce überzogen und mit frisch geriebenem Parmesan bestreut.
Für diese Ravioli können Sie Eier-, Tomaten- oder Spinatnudeln verwenden oder alle drei Sorten zu »Ravioli alla bandiera« in den italienischen Nationalfarben kombinieren. Dazu reicht man traditionsgemäß eine einfache Tomatensauce (s. Seite 74–75) oder eine Salsa Aurora, d. h. eine klassische Tomatensauce, die mit Doppelrahm verfeinert wird (s. Seite 75). Die Anleitung für die Ravioli finden Sie auf Seite 56.

Zutaten

1 Portion (500 g) frischer Nudelteig nach dem Rezept auf Seite 48, nicht ausgerollt

1 Eiweiß zum Versiegeln

Salz

Für die Füllung

750 g frischer Spinat (waschen und Stengel abknipsen)

750 g Ricotta (abtropfen lassen; s. Tip auf Seite 143)

2 Eigelbe, leicht verquirlt

1/4 Teelöffel frisch geriebener Muskat

1/2 Teelöffel Salz

1/4 Teelöffel weißer oder schwarzer Pfeffer aus der Mühle

60 g frisch geriebener Parmesan

1 Eßlöffel frisch gehackte Petersilie

Zum Servieren

zerlassene Butter

1 Portion einfache Tomatensauce (s. Seite 74) oder cremige Tomatensauce (s. Seite 75)

frisch geriebener Parmesan zum Servieren

1 Den Spinat für die Füllung nur mit dem Wasser, das vom Waschen noch an den Blättern haftet, in einen großen Topf geben. Abdecken und 5–10 Minuten dämpfen, ab und zu wenden. Den Spinat abtropfen und abkühlen lassen. Sobald Sie ihn anfassen können, so fest wie möglich auswringen. Spinat hacken und beiseite stellen.

2 Alle Zutaten für die Füllung in einer Schüssel vermischen und mit einem Holzlöffel sorgfältig verrühren. Abdecken und kühl stellen.

3 Den Nudelteig in sechs Portionen teilen. Die Portionen einzeln nacheinander verarbeiten; den Rest mit einer Schüssel abdecken und feucht halten. Den Teig so dünn wie möglich (s. Seite 50–51) zu 10 cm breiten Streifen ausrollen. Sie brauchen jeweils zwei Teigstreifen. Die restlichen Teigstreifen mit einem feuchten Tuch abdecken. Rasch arbeiten, damit der Teig nicht austrocknet.

4 Wenn Sie einen Raviolimodel benutzen, die Teigstreifen auf die Länge des Models zurechtschneiden. Die Form mit Mehl bestäuben. Den Teig leicht in den Model pressen, so daß er die Vertiefungen auskleidet. Einen Teelöffel Füllmasse in jede Mulde setzen. Die Ränder mit Eiweiß bepinseln. Einen zweiten Pastastreifen darauflegen und mit einem Nudelholz darüberrollen. Die Zacken des Models dringen durch den Teig und schneiden die Ravioli aus.

5 Ansonsten die Teigstreifen auf einer Arbeitsfläche ausbreiten. Mit einem Teelöffel die Füllmasse in Längsreihen in jeweils 5 cm Abstand auf einen Teigstreifen setzen. Einen Backpinsel in das Eiweiß tauchen und um die Füllungen ein Gittermuster zeichnen.

6 Den zweiten Teigstreifen darauflegen. Zwischen den Füllungen festdrücken und Luftblasen herauspressen. Mit einem gewellten Teigrädchen oder einem Messer die Ravioli entlang des Eiweißgitters ausschneiden. Die Ränder der Teigtaschen erneut festdrücken und versiegeln. Mit dem restlichen Teig und der Füllung wie beschrieben fortfahren.

7 Backbleche oder Tabletts mit Küchentüchern auslegen und bemehlen. Die Ravioli so daraufsetzen, daß sie sich nicht berühren. Von Zeit zu Zeit wenden, damit sie gleichmäßig trocknen. Vor dem Kochen, Kühlen oder Einfrieren nicht länger als 3–4 Stunden trocknen lassen (s. Seite 56).

8 Einen Topf Wasser zum Kochen bringen. Die Ravioli mit den Küchentüchern aufheben. Die erste Portion ins Wasser gleiten lassen, dann 2 Eßlöffel Salz einstreuen. Den Topf verschließen, bis das Wasser wieder kocht. Die Ravioli nun noch 3-5 Minuten garen. Sanft umrühren und den Garzustand prüfen.

9 Die Ravioli mit einem Schaumlöffel herausheben und in eine gebutterte Servierschüssel setzen. Den Rest genauso garen. Wenn Sie die Ravioli in die Schüssel schichten, zerlassene Butter dazwischenträufeln, damit die Nudeln nicht verkleben. Die Tomatensauce erwärmen, bis sie leise köchelt. Die Ravioli mit der Sauce überziehen und mit reichlich frisch geriebenem Parmesan servieren.

Ravioli/Pansotti di ricotta e prosciutto all'Aurora

Teigtäschchen mit Ricotta und Parmaschinken in cremiger Tomatensauce

Mit ihrer einfachen Füllung passen diese Ravioli zu vielen verschiedenen Saucen mit oder ohne Tomaten. Ich empfehle hierzu eine sahnig-cremige Salsa Aurora, die in der Toskana oft zu Penne serviert wird. Ravioli kann man auch nur mit zerlassener Butter und geriebenem Parmesan servieren. Nach Belieben die Nudeln zu kleinen Dreiecken, sogenannten Pansotti (s. Seite 57) formen. Die Anleitung für Ravioli finden Sie auf Seite 56. (Abbildung auf Seite 20.)

Zutaten

1 Portion (500 g) frischer Nudelteig nach dem Rezept auf Seite 48, nicht ausgerollt

Salz

1 Eiweiß zum Versiegeln

Für die Füllung

500 g Ricotta (abtropfen lassen; s. Tip auf Seite 143)

1 Eigelb

60 g frisch geriebener Parmesan

60 g Parmaschinken in dünnen Scheiben, fein gehackt

1/4 Teelöffel Salz

1 Messerspitze frisch geriebener Muskat

1 Messerspitze weißer Pfeffer aus der Mühle

1 Eßlöffel sehr fein gehackte Petersilie

Zum Servieren

zerlassene Butter

1 Portion cremige Tomatensauce (s. Seite 75)

frisch geriebener Parmesan

1 Die Zutaten für die Füllung in eine Schüssel geben und mit einem Holzlöffel gründlich vermengen. Abdecken und bis zur weiteren Verwendung kalt stellen.

2 Den Nudelteig ausrollen. Nach der Anleitung auf Seite 112, Schritt 3–7, Ravioli formen und mit Eiweiß versiegeln.

3 Einen Topf Wasser zum Kochen bringen und die Ravioli wie beschrieben (Seite 112, Schritt 8) garen. Den Garzustand prüfen, dann mit einem Schaumlöffel in eine gebutterte Schüssel oder auf eine Servierplatte legen.

4 Wenn Sie die Ravioli übereinanderschichten, zerlassene Butter dazwischenträufeln. Die Sauce erwärmen und die Ravioli damit überziehen. Heiß servieren und bei Tisch frisch geriebenen Parmesan dazu reichen.

Ravioli di zafferano con spinaci, ricotta e salsiccia

Safranravioli mit Spinat, Ricotta und Bratwurstmasse in Tomatensauce

Diese Ravioli sind eine Abwandlung der Casonziei aus dem Veneto, die mit Spinat, Kartoffelbrei und Wurstmasse gefüllt werden. Ich bevorzuge diese Version mit Ricotta statt Kartoffelbrei. Safrannudeln sind für die halbmondförmigen (Anolini oder Tortelli) oder viereckigen Teigtaschen (Ravioli) ideal. Eiernudeln oder Tomatennudeln eignen sich ebenfalls. Die Füllung läßt sich auch für Cannelloni verwenden.
Reichen Sie die Nudeltäschchen mit zerlassener Butter oder aber einer leichten Tomatensauce, die besonders gut dazu paßt. Wenn Sie geräucherte Ricotta bekommen, sollten Sie die Nudeln nach klassisch venetischer Art damit anrichten. (Abbildung auf Seite 20.) Die Anleitung für Ravioli finden Sie auf Seite 56.

Zutaten

1 Portion (500 g) Safrannudeln nach dem Rezept auf Seite 55 oder frischer Nudelteig (s. Seite 48), nicht ausgerollt

Salz, 1 Eiweiß zum Versiegeln

Für die Füllung

500 g Spinat (waschen und Stengel entfernen)

15 g Butter

1 kleine Zwiebel, sehr fein gehackt

60 g milde italienische Bratwurstmasse

1/2 Teelöffel gemahlene Fenchelsamen

500 g Ricotta (abtropfen lassen; s. Tip auf Seite 143)

Salz und weißer oder schwarzer Pfeffer aus der Mühle

2 Eßlöffel frisch geriebener Parmesan

1 Eigelb

Zum Servieren

zerlassene Butter

1 Portion cremige oder leichte Tomatensauce (s. Seite 75), mit Butter statt mit Olivenöl zubereitet

frisch geriebene geräucherte Ricotta oder Parmesan

1 Den Spinat für die Füllung nach der Anleitung auf Seite 112, Schritt 1, garen. So fest wie möglich auswringen, dann hacken und beiseite stellen.

2 Die Butter in einer Pfanne erhitzen. Die Zwiebel darin weich dünsten. Die Bratwurstmasse zerkrümeln und zusammen mit den Fenchelsamen dazugeben. Ungefähr 5 Minuten bräunen. Vom Herd ziehen und leicht abkühlen lassen. Mit Ricotta und Spinat vermengen. Würzen, Parmesan und Eigelb unterheben.

3 Den Nudelteig ausrollen, Ravioli formen und mit Eiweiß versiegeln (s. Seite 112, Schritt 3–7).

4 Einen Topf Wasser zum Kochen bringen und die Ravioli wie auf Seite 112, Schritt 8, beschrieben garen.

5 Die Ravioli in eine gebutterte Schüssel setzen. Die Sauce erwärmen und die Nudeln damit überziehen. Heiß mit geriebenem Käse servieren.

Ravioli di manzo in salsa di pomodoro, funghi selvatici e vino

Rindfleischravioli in Tomatensauce mit wilden Pilzen und Rotwein

Ich fülle Ravioli gern mit magerem und hochwertigem Rindfleisch, weil es sich mit so vielen Saucen kombinieren läßt. Ich schlage hier eine Tomatensauce mit wilden Pilzen und Rotwein vor (s. Seite 76), doch auch eine Tomatensauce ohne Fleisch schmeckt dazu. Ein Ragù paßt natürlich auch – doch Nudeln mit Hackfleischfüllung und Hackfleischsauce wäre wohl etwas zuviel des Guten. (Abbildung gegenüberliegende Seite). Die Anleitung für Ravioli finden Sie auf Seite 56.

Zutaten

1 Portion (500 g) Spinatnudeln nach dem Rezept auf Seite 54 oder frischer Nudelteig (s. Seite 48), nicht ausgerollt

Salz

1 Eiweiß zum Versiegeln

Für die Füllung

3 Eßlöffel natives Olivenöl extra

1 kleine Zwiebel, gehackt

90 g Parmaschinken in Scheiben, sehr fein gehackt

1/2 kleine Mohrrübe, sehr fein gehackt

1 kleiner Selleriestengel mit Blattgrün, sehr fein gehackt

3 Eßlöffel frische, grob gehackte Petersilie

750 g mageres Rinderhack

ca. 3/4 Teelöffel Salz

schwarzer Pfeffer aus der Mühle

1 Lorbeerblatt

1 Messerspitze Nelkenpulver

3 Eßlöffel Hühner- oder Rinderbrühe oder Fond (s. Seite 68)

1 verquirltes Ei

90 g frisch geriebener Parmesan + Käse zum Servieren

Zum Servieren

zerlassene Butter

1 Portion Tomatensauce mit wilden Pilzen und Rotwein (s. Seite 76)

1 Das Olivenöl in einer Pfanne mit schwerem Boden erwärmen. Die Zwiebel hineingeben und bei mittlerer Hitze etwa 4 Minuten weich dünsten. Schinken, Mohrrübe, Sellerie und Petersilie hinzufügen und rundum im Öl schwenken.

2 Hackfleisch, Salz, Pfeffer, Lorbeerblatt und Nelkenpulver hinzufügen. Das Fleisch mit einer Gabel zerkrümeln und mit den anderen Zutaten vermischen. Dann die Brühe oder den Fond angießen. Auf kleiner Flamme braten, bis das Fleisch weich ist und die Aromen sich gut vermischt haben (25 Minuten); das Fleisch dabei stets mit einem Holzlöffel wenden. Die Sauce vom Herd ziehen, das Lorbeerblatt entfernen. Abkühlen lassen.

3 Die Mischung durch den Fleischwolf drehen oder in der Küchenmaschine zu einer feinen Paste pürieren. Das Ei und den Parmesan mit einem Holzlöffel einarbeiten.

4 Den Nudelteig ausrollen und wie auf Seite 112, Schritt 3–7, beschrieben die Ravioli ausformen. Mit Eiweiß versiegeln.

5 Einen Topf Wasser zum Kochen bringen; die Ravioli wie auf Seite 112, Schritt 8, beschrieben garen.

6 Die Teigtaschen mit einem Schaumlöffel herausheben und in eine gebutterte Servierschüssel füllen. Wenn Sie die Ravioli übereinanderschichten, etwas zerlassene Butter zwischen die einzelnen Lagen träufeln, damit die Nudeln nicht verkleben. Während die Ravioli kochen, die Sauce erwärmen. Die gekochten Ravioli damit überziehen und mit geriebenem Parmesan servieren.

Tortelloni al pomodoro ripieni di pesce e patate in burro fuso

Tomatentortelloni mit Fisch-Kartoffelfüllung in Buttersauce

Fisch und Kartoffeln passen sehr gut zusammen, und diese Kombination eignet sich wunderbar zum Füllen von Nudeln. Diese Tortelloni sind sehr leicht und zart. Da Tortelloni viel größer sind als Ravioli, brauchen Sie pro Person eine geringere Stückzahl. Dieses Rezept ist ausreichend für vier Portionen zum Hauptgang. Wenn etwas Füllmasse übrig bleibt, formen Sie sie zu etwa kirschgroßen Bällchen und garen sie nach den Tortelloni im Nudelwasser, bis sie an die Oberfläche steigen. Servieren Sie sie zu den Tortelloni.

Zu Meeresfrüchten serviert man in der Regel keinen geriebenen Käse, doch ein Hauch Pecorino bildet hier eine schöne Ergänzung zur Kartoffelfüllung. Einen Teil des Fischfilets können Sie nach Wunsch durch Garnelen, Hummer oder Krabbenfleisch ersetzen. Nehmen Sie dann lieber Parmesan statt Pecorino. Diese Tortelloni können – wie andere gefüllte Nudeln – eingefroren werden. (Abbildung auf Seite 21.) Für die Zubereitung der Tortelloni folgen Sie am besten der Anleitung für Ravioli auf Seite 56.

Zutaten

1 Portion (500 g) frische Tomatennudeln nach dem Rezept auf Seite 55, nicht ausgerollt

1 Eiweiß zum Versiegeln

Salz

Für die Füllung

1 Teelöffel Essig

1 Mohrrübe, geviertelt

1 kleine Zwiebel, geviertelt

1 kleine Handvoll Petersilienstengel

375 g weißes Fischfilet, z. B. Seezunge, Schellfisch, Steinbutt oder Seehecht

500 g mehlig kochende Kartoffeln, geschält und gewürfelt

12 Frühlingszwiebeln mit 5 cm Halm

30 g Butter

2 Teelöffel frisch gehackter oder 1 Teelöffel getrockneter Estragon

3/4 Teelöffel Salz

1 Eßlöffel frisch gehackte Petersilie + 1 Eßlöffel zum Garnieren

1/4 Teelöffel grob gemahlener Pfeffer

1 Messerspitze Cayennepfeffer

2 Eigelbe

Zum Servieren

60 g zerlassene Butter

45 g frisch geriebener Pecorino

reichlich grob gemahlener weißer Pfeffer

1 Für die Füllung Essig, Mohrrübe, Zwiebel und Petersilienstengel in eine weite Pfanne geben und mit 5 cm Wasser bedecken. Zum Kochen bringen, dann bei halb verschlossenem Deckel über mittlerer Flamme 15 Minuten simmern.

2 Die Fischfilets in die Pfanne legen und abdecken. Sobald der Sud wieder kocht, den Fisch ca. 3 Minuten garen. Die Filets mit einem Schaumlöffel herausheben und in eine Schüssel legen. Den Sud aufheben. Den Fisch leicht abkühlen lassen und fein zerpflücken; dabei auch Gräten entfernen. Fisch wieder in die Schüssel füllen.

3 Den Fischsud in einen Topf gießen und die Kartoffeln hineingeben. Die Kartoffeln im spaltbreit geöffneten Topf garen, bis sie auf Druck nachgeben (ca. 20 Minuten). Abgießen, den Sud auffangen. Die Kartoffeln durch eine Presse drücken oder von Hand zermusen. Diese Masse zum Fisch geben.

4 Die Frühlingszwiebeln hacken. Die Butter in einem Pfännchen erhitzen. Die Zwiebeln hineingeben und ca. 2 Minuten weich dünsten. Zusammen mit Estragon, Salz, Petersilie, Pfeffer, Cayennepfeffer und Eigelben zu Fisch und Kartoffeln geben. Gut durchmischen, abschmecken und beiseite stellen.

5 Den Nudelteig in sechs Portionen teilen. Jeweils nur eine Portion verarbeiten und den Rest mit einer Schüssel abdecken. Den Teig zu möglichst dünnen, 10 cm breiten Streifen ausrollen (s. Seite 50–51). Zwei Streifen gleichzeitig verarbeiten, den Rest mit einem feuchten Tuch abdecken. Rasch arbeiten, damit der Teig nicht austrocknet.

6 Jeweils 2 Teelöffel Füllmasse in 7 cm Abstand in die Mitte eines Teigstreifens setzen. Einen Backpinsel in Eiweiß tauchen und um die Füllungen herum ein Gitternetz zeichnen.

7 Den zweiten Teigstreifen auf den vorbereiteten Teig legen. Zwischen den Füllungen fest zusammenpressen und versiegeln. Mit einem gezackten Teigrädchen oder Messer entlang des Gitternetzes 7 × 7 cm große Tortelloni ausrädeln. Die Ränder gut versiegeln. Rasch arbeiten, damit die Füllung nicht ausläuft. Restlichen Teig und Füllung genauso verarbeiten.

8 Tabletts oder Backbleche mit Küchentüchern auslegen und bemehlen. Die Tortelloni nebeneinander daraufsetzen; von Zeit zu Zeit wenden. Bis zur weiteren Vewendung kühl stellen oder einfrieren.

9 Einen Topf Wasser zum Kochen bringen. Die Tortelloni mit den Küchentüchern aufheben. Die erste Portion ins Wasser gleiten lassen, dann 2 Eßlöffel Salz einstreuen. Das Wasser wieder zum Kochen bringen und die Nudeln dann noch 3–5 Minuten garen. Sanft umrühren und den Garzustand prüfen. Die Tortelloni in eine vorgewärmte und gebutterte Servierschüssel füllen. Großzügig mit zerlassener Butter beträufeln, mit Pecorino und Pfeffer bestreuen und warm servieren.

Tortellini in brodo alla bolognese

Tortellini in Brühe nach Bologneser Art

Tortellini sind vielleicht die berühmteste unter all den phantastischen Spezialitäten aus Bologna. Sie werden meist in Brühe gegart (»Tortellini in brodo«), die durch die Füllung dann wunderbar aromatisch schmeckt. Machen Sie zuerst die Brühe, dann die Füllung und zum Schluß erst den Teig. Sie können auch die Tortellini in leicht gesalzenem Wasser garen und mit Butter und frisch geriebenem Parmesan servieren. Das Rezept ist ausreichend für 10–12 Portionen »in brodo« und für 4–6 Portionen als Nudelgericht mit Sauce. Wie man Tortellini macht, steht auf Seite 57.

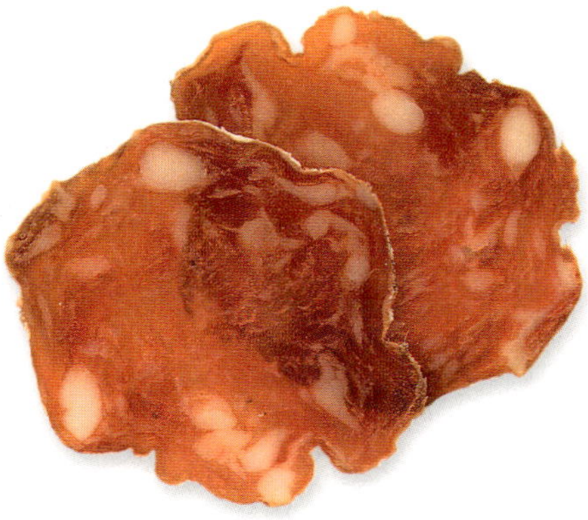

Zutaten

1 Portion (500 g) frischer Nudelteig nach dem Rezept auf Seite 48 (aber ohne Öl), nicht ausgerollt

etwas Wasser, Milch oder verquirltes Ei zum Versiegeln

Salz

Für die Füllung

20 g Butter

90 g Hähnchenbrustfilet, fein gewürfelt

90 g Schweinelende ohne Knochen, fein gewürfelt

45 g Parmaschinken in dünnen Scheiben

60 g Mortadella oder hochwertige Salami in dünnen Scheiben

30 g frisch geriebener Parmesan

1 Messerspitze frisch geriebener Muskat

1/3 Teelöffel Salz (oder nach Geschmack)

weißer Pfeffer aus der Mühle

1 kleines Ei, leicht verquirlt

Zum Servieren

1 Portion leichte Fleischbrühe (s. Seite 68)

frisch geriebener Parmesan

1 Die Butter für die Füllung in einer Pfanne zerlassen. Das Hähnchenfleisch bei mäßiger Hitze darin anbraten, bis es außen nicht mehr rosa aussieht (bis zu 2 Minuten). Das Fleisch nicht braun oder hart werden lassen. Das Fleisch herausheben und in eine Schüssel geben. Nun das Schweinefleisch wie beschrieben in der Pfanne anbraten. Zum Hähnchen geben. Das Fleisch 10 Minuten in den Kühlschrank stellen.

2 Schinken und Mortadella auf ein Schneidbrett oder eine Arbeitsfläche legen. Mit einem scharfen Küchenmesser fein hacken. Sie können beides auch würfeln und in einer Küchenmaschine mit einigen Sekundenumdrehungen fein hacken (darauf achten, daß keine Paste entsteht).

3 Das gekühlte Fleisch genauso wie die Wurstwaren zerkleinern. Dann die vorbereiteten Zutaten mit Parmesan, Muskat, Salz, Pfeffer und Ei vermengen. Die Füllmasse mit einem Holzlöffel gründlich vermischen, aber nicht schlagen. Abdecken und beiseite stellen.

4 Den Nudelteig in sechs Portionen teilen. Jeweils nur eine Portion verarbeiten und den Rest mit einer Schüssel abdecken. Den Teig zu möglichst dünnen, 10 cm breiten Streifen ausrollen (s. Seite 50–51). Zwei Streifen gleichzeitig verarbeiten, den Rest mit einem angefeuchteten Tuch abdecken. Rasch arbeiten, damit der Teig nicht austrocknet.

5 Mit einem runden Keksförmchen (5 cm Durchmesser) Kreise ausstechen (s. Seite 57). Sie können die Teigstreifen auch in 5 cm große Quadrate teilen – Sie erhalten dann Cappelletti anstatt Tortellini. Gut 1/4 Teelöffel Füllmasse in die Mitte eines jeden Teigfleckens setzen. Die Finger in Wasser, Milch oder verquirltes Ei tauchen, mit den Fingern die Teigränder entlangfahren und anfeuchten.

6 Die Teigkreise zu einem Halbmond zusammenklappen, dabei aber eine Hälfte etwas überstehen lassen. Die Ränder gut versiegeln und Luftblasen herauspressen. Diese Halbmonde mit dem Bogen nach oben und der Füllung nach außen um den kleinen Finger wickeln. Die beiden Enden zusammenkneifen.

7 Tabletts oder Backbleche mit Küchentüchern auslegen und bemehlen. Die Tortellini so daraufsetzen, daß sie einander nicht überlappen; von Zeit zu Zeit umdrehen, damit sie gleichmäßig trocknen und nicht festkleben. Vor dem Kochen, Kühlen oder Einfrieren nicht länger als 3–4 Stunden trocknen lassen (s. Seite 58).

8 Die Brühe in einem großen Topf zum Kochen bringen. Die Tortellini mit den Küchentüchern aufheben und in die lebhaft kochende Brühe gleiten lassen. Umrühren, bis die Brühe wieder kocht. Dann die Tortellini sanft garen, bis sie an die Oberfläche steigen (ca. 3 Minuten). Tortellini und Brühe auf Suppenteller verteilen und mit frisch geriebenem Parmesan servieren.

Tortellini con salsa di funghi e panna

Tortellini mit Pilz-Sahne-Sauce

Tortellini schmecken zu bestimmten einfachen Saucen ganz hervorragend. Klassische Kombinationen sind Sahnesauce mit Butter und Parmesan oder einfach nur Butter und Parmesan, die nicht vom zarten Geschmack der Tortellini ablenken. Kräftige Saucen würden diese Tortellini übertönen. Ich finde jedoch, daß die einfache Pilz- und Sahnesauce eine wunderbare Begleitung darstellt. (Abbildung auf Seite 20.)

Zutaten

1 Portion Tortellini alla bolognese (s. Seite 117)

Für die Sauce

375 g frische Waldpilze, z. B. einzeln oder gemischt Steinpilze, Pfifferlinge, Morcheln, Austernpilze oder Egerlinge

60 g Butter

2 Schalotten oder 1 kleine Zwiebel, sehr fein gehackt

60 ml trockener Weißwein

250 ml Doppelrahm

Salz und weißer oder schwarzer Pfeffer aus der Mühle

1 Die Tortellini wie auf Seite 117, Schritt 8, beschrieben in sprudelndem Salzwasser garen. Abgießen und in eine Servierschüssel füllen.

2 Die Pilze mit einer weichen Bürste oder einem Lappen säubern. Holzige Enden entfernen. Die Pilze blättrig aufschneiden; große Pilze zuvor halbieren.

3 Die Butter bei mittlerer Hitze in einer großen Pfanne erwärmen. Schalotten oder Zwiebelstückchen darin andünsten, bis sie Saft zu ziehen beginnen. Die Pilze hinzufügen und ca. 5 Minuten weich dünsten.

4 Den Wein angießen und 2 Minuten durchkochen, damit der Alkohol verdampft. Die Sahne einrühren und simmern lassen, bis die Sauce eindickt (5 Minuten). Vom Herd ziehen und abschmecken. Die Tortellini in die Pfanne geben, in der Sauce schwenken und servieren.

Caramelle di zucca e mela in burro fuso

Caramelle mit Kürbis-Apfel-Füllung in Kardamombutter

Vor vielen Jahren habe ich in Mantua einmal Nudeln mit einer Füllung aus Kürbisfleisch und Äpfeln gegessen. Daraus habe ich dieses Gericht entwickelt. Kardamom wird in der italienischen Küche nur selten verwendet, aber ich mag den leicht ingwerähnlichen Duft in der Buttersauce. Caramelle (»Bonbons«) sind die beste Nudelform für diese Füllung, aber auch Tortelli (s. Seite 57) eignen sich dafür. Servieren Sie diese Nudeln als Vorspeise und dann Schweine- oder Kalbsbraten zum Hauptgang. (Abbildung auf Seite 20.) Wie man Caramelle macht, steht auf Seite 57.

Tip

Die Kürbissorten, die außerhalb des Mittelmeerraums gedeihen, besitzen nicht immer so festes und trockenes Fruchtfleisch wie italienischer Kürbis. Wenn Sie keinen festfleischigen und süßlichen Kürbis bekommen, nehmen Sie statt dessen Yam oder Süßkartoffeln. Die sind dann zwar etwas süßer als italienischer Kürbis, aber Süße ist bei gefüllten Nudeln und Gnocchi erwünscht. Denn diese Rezepte gehen zurück auf die Renaissancezeit, in der man Süßes und Saures kombinierte.

Zutaten

1 Portion (500 g) frischer Nudelteig nach dem Rezept auf Seite 48, nicht ausgerollt

1 Eiweiß zum Versiegeln

Salz

Für die Füllung

500 g festfleischiger Kürbis, Butternut-Squash, Süßkartoffeln oder Yam

1 1/2 Eßlöffel frisch geriebener Parmesan oder Grana

30 g getrocknete Äpfel, fein gehackt

2 Eßlöffel Apfel-, Quitten- oder Birnengelee

1 kleines Eigelb

15 g Butter

2 Teelöffel frisch geriebener Ingwer bzw. 1/4 Teelöffel Nelken- oder Zimtpulver

1 Eßlöffel Mehl

1/4 Teelöffel Salz

Für die Sauce

90 g Butter

6 Kardamomkapseln

1 Backröhre auf 190 Grad (Gas Stufe 2–3) vorheizen.

2 Für die Füllung die ganze Kürbisscheibe auf ein Backblech legen. Süßkartoffeln oder Yam vor dem Garen mit einer Gabel einstechen. Etwa 1 Stunde weich garen. Abkühlen lassen, bis Sie die Früchte anfassen können; schälen und würfeln und mit einer Kartoffelpresse oder einem Kartoffelstampfer pürieren.

3 Das Püree in eine Schüssel füllen. Parmesan oder Grana, getrocknete Apfelstückchen, Gelee, Eigelb, Butter, Gewürze, Mehl und Salz hinzufügen und gründlich vermischen. Abschmecken.

4 Den Nudelteig so dünn wie möglich (s. Seite 50–51) ausrollen und in 2,5 × 7 cm große Rechtecke schneiden. Die Ränder mit Eiweiß einpinseln. 1/2 Teelöffel Füllmasse in die Mitte setzen, die Teigflecken zu einem Schlauch zusammenfalten. Die Enden wie bei einem Bonbon aufdrehen (s. Seite 57) und versiegeln.

5 Die Caramelle wie bei den Cappellacci (gegenüberliegende Seite, Schritt 6) beschrieben trocknen lassen. Die Nudeln sollten vor dem Kochen oder Einfrieren (s. Seite 58) jedoch nicht länger als 1 Stunde trocknen. Wenn Sie die Nudeln gleich kochen, einen Topf Wasser zum Kochen bringen, 2 Eßlöffel Salz einstreuen und wie auf der gegenüberliegenden Seite, Schritt 7, beschrieben garen.

6 Die Nudeln in eine vorgewärmte, gebutterte Servierschüssel füllen. Die Butter erwärmen und die Kardamomkapseln hinzufügen. Die Caramelle mit der Butter beträufeln und zu Tisch bringen.

Cappellacci ripieni di zucca e amaretti in burro fuso

Cappellacci mit Kürbis- und Amarettofüllung in Buttersauce

Hier eine Variante der köstlichen Tortelli mit Kürbisfüllung, die man in Parma und anderen Provinzen der Emilia ißt. Italienische Kürbisse sind weniger wäßrig als andere Sorten; nehmen Sie ersatzweise Süßkartoffeln, Yam oder reife Butternut-Squash. Cappellacci sind die traditionelle Nudelform für diese Füllung, aber Sie können auch Ravioli, Caramelle oder Tortelloni machen. Hierzu paßt eine Sahnesauce ganz hervorragend; aber auch zerlassene Butter und zerstoßene Amaretti sind eine schöne Beilage. Zum Ausformen der Cappellacci folgen Sie der Anleitung für Tortellini (die kleinere Version der Cappellacci) auf Seite 57.

Zutaten

1 Portion (500 g) frischer Nudelteig nach dem Rezept auf Seite 48, nicht ausgerollt

1 Eiweiß zum Versiegeln

Salz

Für die Füllung

500 g festes, süßliches Kürbisfleisch, Butternut-Squash, Süßkartoffeln oder Yam

1 1/2 Eßlöffel frisch geriebener Parmesan

die abgeriebene Schale einer Orange

1 Eßlöffel Orangeat, sehr fein gehackt

5 Amaretto-Makronen, ca. 70 g, zerstoßen

1 kleines Eigelb

1/4 Teelöffel frisch geriebener Muskat

1/4 Teelöffel Salz

1 Eßlöffel Mehl

Für die Sauce

75 g Butter

10 cm Orangenschale

3 Amaretto-Makronen (ca. 35 g), zerstoßen

1 Backrohr auf 190 Grad (Gas Stufe 2–3) vorheizen.

2 Für die Füllung die ganze Kürbisscheibe auf ein Backblech legen. Süßkartoffeln oder Yams vor dem Garen mit einer Gabel einstechen. Etwa 1 Stunde weich garen. Abkühlen lassen, bis Sie die Früchte anfassen können; schälen und würfeln und mit einer Kartoffelpresse oder einem Kartoffelstampfer zermusen.

3 Das Püree in eine Schüssel füllen. Parmesan, Orangenschale, Orangeat, Amaretto-Makronen, Eigelb, Muskat, Salz und Mehl hineinrühren. Die Mischung abschmecken.

4 Den Nudelteig in sechs Portionen teilen. Jeweils nur eine Portion verarbeiten und den Rest (der keinesfalls austrocknen darf) mit einer Schüssel abdecken. Den Teig zu möglichst dünnen, 10 cm breiten Streifen ausrollen (s. Seite 50–51). Zwei Streifen gleichzeitig verarbeiten, den Rest mit einem angefeuchteten Tuch abdecken.

5 Mit einem runden Keksförmchen oder Glas (7 cm Durchmesser) Kreise ausstechen und Cappellacci formen (s. Beschreibung für Tortellini, Seite 57). Etwa 1/2 Teelöffel Füllmasse in die Mitte der Teigkreise setzen. Mit Eiweiß versiegeln.

6 Die Cappellacci auf bemehlten Tüchern trocknen lassen und alle paar Minuten wenden. Vor dem Kochen, Kühlen oder Einfrieren (s. Seite 58) nicht länger als 1 Stunde trocknen lassen. Darauf achten, daß die Füllung nicht ausläuft.

7 Einen Topf Wasser zum Kochen bringen. Die Cappellacci mit den Küchentüchern aufheben. Die erste Portion ins Wasser gleiten lassen, dann 2 Eßlöffel Salz einstreuen. Das Wasser wieder zum Kochen bringen und die Nudeln dann noch 3–5 Minuten garen. Sanft umrühren und den Garzustand prüfen. Den Rest genauso garen.

8 Die Cappellacci mit einem Schaumlöffel in eine leicht gebutterte Servierschüssel füllen. Die Butter mit der Orangenschale erwärmen und über die Nudeln träufeln. Die zerstoßenen Makronen darüberstreuen. Sofort servieren.

Fazzoletti al forno con funghi e prosciutto

Überbackene Crêpes mit Pilz- und Schinkenfüllung

Auf einer Reise durch die Toskana habe ich in der Trattoria Zaira in Chiusi einmal ein ähnliches Gericht gegessen. Die Fazzoletti waren gefüllt mit kräftigen, vollaromatischen Steinpilzen aus den Wäldern der Umgebung. Wenn Sie diese wunderbaren Pilze nicht bekommen können, nehmen Sie andere wilde Pilze oder kombinieren Sie getrocknete Steinpilze mit Zuchtpilzen. Fazzoletti (wörtlich: »Taschentücher«) sind auch unter anderen Namen in ganz Italien verbreitet. Sie ähneln den französischen Crêpes und werden genauso mit allen möglichen salzigen oder süßen Füllungen oder als Schichtspeise serviert. Der Teig muß sehr dünn, fast wäßrig sein. Mit der richtigen Menge Eier und über mäßiger Hitze gebacken, werden sie sehr dünn, aber fest. Bei den russischen Blini sagt man, man müsse durch den Teig hindurchsehen können, weil die Löcher, die beim Backen entstehen, die Pfannkuchen fast durchsichtig machen. Die Fazzoletti gelingen Ihnen vermutlich nicht auf Anhieb, doch der Rest wird dann um so besser. Ausreichend für 16–20 Crêpes, 4–6 Portionen.

Vorbereitung

Den Grundteig für die Fazzoletti kann man einen Tag im voraus vorbereiten. Fertig gebacken halten sich die Crêpes bis zu drei Tage frisch. Den Teig oder die Crêpes gut abdecken und im Kühlschrank aufbewahren. Sie können die Crêpes auch mehrere Wochen im voraus zubereiten, zwischen Lagen aus Wachspapier schichten, dicht in Folie einschlagen, in einen Gefrierbeutel füllen, gut verschließen und einfrieren. Gefüllte Fazzoletti halten sich im Kühlschrank bis zu zwei Tage. Die Backzeit verlängert sich bei kalten Crêpes um 5–10 Minuten.

Zutaten

Für die Fazzoletti

4 große Eier
525 ml Milch (nach Bedarf etwas mehr)
1 Prise Zucker
1/2 Teelöffel Salz
175 g Mehl
Pflanzenöl zum Backen

Füllen und Anrichten

250 g wilde Pilze, z. B. einzeln oder gemischt Pfifferlinge, Shiitakepilze, Austernpilze
300 g frische Zuchtpilze
30 g Butter
1 Zwiebel, gerieben
125 g Parma- oder gekochter Schinken in dünnen Scheiben, in streichholzfeine Streifen geschnitten
knapp 1/2 Teelöffel Salz
schwarzer oder weißer Pfeffer aus der Mühle
2 Eßlöffel frisch gehackte Petersilie
1 1/2 Portionen Béchamel (s. Seite 77)
30 g frisch geriebener Parmesan

Fazzoletti

1 Mit dem Handrührgerät auf langsamer Stufe die Eier, Milch, Zucker und Salz verrühren. Das Mehl portionsweise hineinsieben und glattmixen. Wenn sich Klümpchen bilden, den Teig durch ein Sieb streichen. Der Teig wird sehr dünn, fast wäßrig. Die Schüssel abdecken und den Teig 30 Minuten ruhen lassen.

2 Etwa 1/2 Teelöffel Öl in einer Pfanne mit Antihaftbeschichtung (20 cm Durchmesser) und gerundeten Seiten oder in einer Crêpepfanne erwärmen. Den Boden der Pfanne gleichmäßig mit Öl überziehen. Das Öl so stark erhitzen, daß sich der Teig in der Pfanne sofort setzt.

3 Die Crêpes einzeln ausbacken (pro Pfannkuchen ca. 3 Eßlöffel Teig in die Pfanne gießen). Die Pfanne drehen und wenden, damit sich der Teig gleichmäßig und so dünn wie möglich verteilt.

4 Die Crêpes mit einem Spatel wenden, sobald der Teig fest wird und kleine Löcher bildet (nach ca. 1 Minute). Die andere Seite leicht backen. Pro Pfannkuchen sollten Sie weniger als 2 Minuten brauchen: ca. 1 Minute auf der ersten Seite und ca. 30 Sekunden auf der anderen Seite.

5 Die Crêpes auf einen Teller schichten. Den ganzen Teig aufbrauchen. Jeweils nur soviel Öl in die Pfanne gießen, daß der Teig nicht anbrennt. Crêpes bis zum Füllen mit einem Teller oder mit Haushaltsfolie abdecken.

Füllung

1 Die Pilze mit einer weichen Bürste oder einem Lappen säubern. Harte Enden abtrennen; Stiele und Kappen blättrig aufschneiden.

2 Die Butter in einer Pfanne zerlassen. Die Zwiebel 4 Minuten darin glasig dünsten. Die Pilze hinzufügen und bei mittlerer Hitze unter regelmäßigem Wenden weich braten (6 Minuten).

3 Schinken, Salz, Pfeffer und Petersilie hinzufügen und 1 Minute mitdünsten. Die Pfanne vom Herd ziehen, die Füllung mit 4 Eßlöffeln Béchamel geschmeidig rühren und beiseite stellen.

4 Backrohr auf 200 Grad (Gas Stufe 3) vorheizen.

5 Zwei Auflaufformen (ca. 23 × 30 cm) verwenden. Den Boden der Formen mit je 2–3 Eßlöffeln Béchamel auskleiden. Einen Pfannkuchen mit 1 Eßlöffel Béchamel bestreichen, dann 2 Eßlöffel Pilzfüllung darauf verteilen.

6 Eine Seite des Pfannkuchens über die Füllung falten, dann die andere Seite darüberziehen, so daß eine Rolle entsteht. Die Rolle mit der Naht nach oben in die Form setzen. Die restlichen Crêpes genauso füllen und nebeneinander in die Auflaufformen setzen. Mit der restlichen Béchamelsauce überziehen und mit Parmesan bestreuen.

7 Die Fazzoletti ca. 10 Minuten überbacken, bis sie gut heiß sind und die Sauce Blasen wirft. Die Formen aus dem Ofen nehmen, 10 Minuten ruhen lassen, dann zu Tisch bringen.

Crespelle di spinaci alla Marcella

Spinatcrêpes mit Nudelfüllung

Dieses interessante Rezept kreierte meine italienische Kollegin Marcella Falcomer, als sie vor vielen Jahren im New Yorker Restaurant Four Seasons arbeitete. Marcellas Speisen sind immer auch etwas fürs Auge, und diese Crespelle machen da keine Ausnahme. Die zart grünen Pfannkuchen, die eine Füllung aus cremig-weißen Taglierini umschließen, sehen in der Tat sehr attraktiv aus.
Diese Crespelle eignen sich besonders gut als Beilage zu einem Braten oder Fleischgerichten mit Sauce. Servieren Sie die Crespelle auf einem Kissen aus gedünsteten roten Paprikastreifen (in Butter oder Olivenöl dünsten, bis sie weich, aber noch etwas knackig sind) – das sieht schön bunt aus. Für diese Crespelle brauchen Sie etwas mehr Erfahrung als für einfache Pfannkuchen. Die ersten Exemplare werden sich vermutlich in der Pfanne auflösen, denn es dauert, bis Sie das richtige Gespür entwickelt haben. Ergibt ca. 12 Crêpes.

Vorbereitung

Diese Crespelle können Sie bis zu 24 Stunden im voraus zubereiten, füllen und dann dicht in Folie gepackt im Kühlschrank aufbewahren.

Zutaten

Für die Crêpes

300 g TK-Spinat, aufgetaut
2 Eier, verquirlt
175 ml Milch
175 ml Wasser
1/2 Teelöffel Salz
1/4 Teelöffel weißer Pfeffer aus der Mühle
125 g Mehl
2 Eßlöffel Pflanzenöl + Öl zum Backen

Für die Füllung

1/2 Portion (250 g) frische Eiernudeln nach dem Rezept auf Seite 48, zu Taglierini geschnitten (s. Seite 53)
Salz
75 g zimmerwarme Butter + Butter für die Form
60 g frisch geriebener Parmesan + Käse zum Bestreuen
1 Messerspitze frisch geriebener Muskat
weißer oder schwarzer Pfeffer aus der Mühle

1 Den Spinat nach Packungsanleitung garen. Abtropfen lassen, gut auspressen, aber insgesamt etwas feucht halten. In der Küchenmaschine pürieren und abkühlen lassen.

2 Eier, Milch, Wasser, Salz und Pfeffer vermischen und gründlich verrühren. Das Mehl, dann das Öl und den Spinat unterziehen, so daß ein gleichmäßiger Teig entsteht. Wenn Sie dafür eine Küchenmaschine verwenden, alle Zutaten vermischen. Die Maschine laufen lassen, bis der Teig gleichmäßig grün und glatt aussieht. Kalt stellen (höchstens 1–2 Stunden).

3 Etwa 1/2 Teelöffel Öl in einer Pfanne mit Antihaftbeschichtung (20 cm Durchmesser) und gerundeten Seiten oder in einer Crêpepfanne erwärmen. Den Boden der Pfanne gleichmäßig mit Öl überziehen. Das Öl so stark erhitzen, daß sich der Teig sofort setzt.

4 Die Crêpes einzeln ausbacken. Mit einer Schöpfkelle soviel Teig in die heiße Pfanne gießen, daß ein hauchdünner Film den Pfannenboden bedeckt. Wenn der Teig zu dickflüssig ist, bis zu 125 ml Wasser unter den Teig rühren. Die Crespelle rasch und ohne Anbrennen über lebhafter Hitze ausbacken (wenn die Pfanne abkühlt, wird der Teig klebrig).

5 Sobald der Teig fest wird und kleine Löcher bildet, die Ränder des Pfannkuchens mit einem Spatel von der Pfanne lösen, dann den Spatel unter den Pfannkuchen schieben, damit er nicht anbrennt. Wenden und die andere Seite backen. Das Ganze sollte nicht länger als 3–4 Minuten dauern. Die Crêpes auf einen Teller schichten. Den restlichen Teig genauso backen. Jeweils nur soviel Öl in die Pfanne gießen, daß der Teig nicht anbrennt. Crêpes bis zum Füllen mit einem Teller oder mit Haushaltsfolie abdecken.

6 5 l Wasser zum Kochen bringen. Die Taglierini und 1 Eßlöffel Salz in das sprudelnde Wasser geben. Sofort umrühren und auf kräftiger Flamme wieder zum Kochen bringen. Abgießen, sobald die Nudeln an die Oberfläche steigen. Die Taglierini in einer Schüssel mit 60 g Butter schwenken, dann mit Parmesan, Muskat und Pfeffer würzen.

7 Das Backrohr auf 190 Grad (Gas Stufe 2–3) vorheizen.

8 Eine große Auflaufform leicht buttern. Jeden Pfannkuchen gleichmäßig mit Taglierini füllen. Die Crespelle aufrollen und mit einem Zahnstocher feststecken oder zu einem Tütchen formen. In die Auflaufform setzen. Die restliche Butter in Flöckchen daraufsetzen, mit etwas Parmesan bestreuen und in die obere Schiene des Backrohrs schieben. 10 Minuten überbacken, bis die Crespelle heiß und goldgelb sind. Sofort servieren.

Pasta al forno

Nudelaufläufe

Das Wort »Pasticcio« bezeichnet in der italienischen Küche ein Nudelgericht mit Sauce und verschiedenen anderen Zutaten, die zu einem Auflauf komponiert werden. Dies hat jedoch nichts mit schnellem Kantinenessen, klebrigen Makkaroni und Tiefkühlgemüse in dicklicher Brühe zu tun. In diesem Kapitel stellen wir Ihnen eine Reihe von Pasticci vor, die aus frischen Zutaten und Grundnahrungsmitteln aus Italiens Speisekammern zubereitet werden. Selbst meine Interpretation des Thunfischauflaufs, der in den 1950ern in den USA als Schulspeisung so beliebt war, wird hier aus frischen und unverfälschten Ingredienzen zubereitet. In diesem Kapitel zeige ich Ihnen zum Großteil meine eigenen Erfindungen, aber Sie werden auch echte Klassiker der italienischen Regionalküche entdecken.

Pizzoccheri al forno con cavolo, funghi e taleggio

Auflauf aus Buchweizennudeln mit Kohl, Pilzen und Taleggio

Besondere Zutaten

Zubereitung

Pizzoccheri (Buchweizennudeln) sind die Nudelspezialität des Veltlin im Norden der Lombardei. Sie werden gewöhnlich in einem herzhaften Auflauf mit Kartoffeln, Kohl oder Mangold und dem Taleggiokäse aus der Region gegessen. Wir stellen hier eine leichtere Version vor. Sie enthält Waldpilze, deren Aroma und cremige Konsistenz gut zu den nussigen Buchweizennudeln und dem erdigen Kohl passen. Kümmel und Kreuzkümmel werden in der Alpenregion häufig verwendet und führen die einzelnen Aromen schön zusammen.

Statt Lauch können Sie auch eine große Zwiebel verwenden. Sie können frische Pizzoccheri durch getrocknete Nudeln ersetzen, die allerdings im Kochwasser des Kohls 8–12 Minuten bißfest gegart werden müssen.

Zutaten

- *125 g frische wilde Pilze, z. B. Egerlinge, Pfifferlinge, Morcheln, Shiitake- oder Austernpilze*
- *Salz*
- *750 g Weißkohl, geputzt und feinstreifig aufgeschnitten*
- *½ Portion Buchweizennudeln (s. Seite 55), in kurze Tagliatelle geschnitten (s. Seite 37 und 53)*
- *90 g zimmerwarme Butter*
- *3 dicke Lauchstangen (der weiße Teil + 5 cm vom grünen Teil), sorgfältig gewaschen und in schmale Streifen geschnitten*
- *1 große Knoblauchzehe, sehr fein gehackt*
- *1¼ Teelöffel gemahlener Kümmel + ½ Teelöffel ganze Kümmelkörner*
- *½ Teelöffel Kreuzkümmel (ganz)*
- *160 g Taleggio, Fontina oder Bel Paese, fein gewürfelt*
- *175 ml Hühnerbrühe (s. Seite 63) oder leichte Fleischbrühe (s. Seite 68) oder 1 Würfel Hühnerbrühe, in 175 ml Kohlwasser aufgelöst*

1 Die Pilze mit einer weichen Bürste oder einem Lappen säubern. Holzige Stiele abtrennen. Große Pilze halbieren oder vierteln, dann blättrig aufschneiden.

2 Backrohr auf 200 Grad (Gas Stufe 3) vorheizen.

3 Einen großen Topf Wasser zum Kochen bringen. 1½ Eßlöffel Salz und den feingeschnittenen Kohl in das sprudelnde Wasser werfen. Den Topf abdecken, bis das Wasser wieder kocht. Deckel abnehmen und das Gemüse 5 Minuten garen. Die Kohlstreifen mit einem Schaumlöffel herausheben und in eine Schüssel füllen. Wenn Sie einen Brühwürfel verwenden, 175 ml Kochwasser abmessen und darin auflösen. Beiseite stellen.

4 Die frischen Buchweizennudeln in das Kohlwasser werfen und abdecken. Zum Kochen bringen und dann sofort abgießen. Die Nudeln kurz unter fließendem kaltem Wasser abschrecken, damit der Garprozeß unterbrochen wird und die Nudeln nicht verkleben. Beiseite stellen.

5 Inzwischen 60 g Butter in einer weiten Pfanne (am besten mit Antihaftbeschichtung) erhitzen. Pilze, Lauch, Knoblauch, gemahlenen Kümmel und Kreuzkümmel hineingeben und bei mäßiger Hitze dünsten, bis das Gemüse zwar weich ist, aber noch etwas Biß hat (ca. 5 Minuten).

6 Den Kohl unter das Gemüse heben und gut vermischen. Bei mittlerer Hitze unter ständigem Wenden weiterdünsten, bis sich alle Aromen schön durchdringen (7–8 Minuten). Mit ½ Teelöffel Salz oder nach Geschmack würzen. Pfanne vom Herd ziehen.

7 Eine Auflaufform (25 × 35 cm) leicht buttern. Ein Drittel der Gemüsemischung einfüllen. Butterflöckchen daraufsetzen und mit einem Drittel Käse bestreuen. Die Hälfte der Pizzocheri darüber verteilen. Mit Butterflöckchen und der Hälfte des verbliebenen Käses bedecken. Wie beschrieben fortfahren. Die oberste Schicht bildet das Gemüse, das mit dem restlichen Käse, der Butter und den Kümmelkörnern bestreut wird.

8 Den Auflauf mit Brühe übergießen, dann in der oberen Schiebeleiste des Backofens ca. 15 Minuten überbacken, bis er gut heiß ist und Blasen wirft. (Nicht zerkochen.) Vor dem Servieren einige Minuten ruhen lassen.

Pasticcio di mafalde, zucchine e funghi ai due formaggi

Nudelauflauf mit Zucchini, Pilzen und zweierlei Käsesorten

Ich mache diesen Auflauf am liebsten im Sommer, wenn die Zucchini am besten schmecken, denn Zucchini müssen frisch und jung sein. Früchte weit über 250 g sind nicht mehr süß und zart und enthalten zu viele Kerne. Statt Zucchini eignen sich auch Auberginen. Bereiten Sie sie nach der Anleitung für Lasagne mit Auberginen und Kartoffeln nach Serras Art (s. Seite 135, Schritt 4–5) vor.

Vorbereitung

Sie können den Pasticcio bis zu drei Tage im voraus zusammenstellen, abdecken und im Kühlschrank aufbewahren. Reste eignen sich gut zum Aufwärmen: mit Alufolie abdecken und im vorgeheizten Backrohr 20–30 Minuten erwärmen.

Zutaten

1 kg zarte, junge Zucchini

175 g Zuchtpilze

30 g Butter oder 2 Eßlöffel natives Olivenöl extra

ca. 75 ml natives Olivenöl extra

1 Teelöffel frisch gehackter oder 1/2 Teelöffel getrockneter Rosmarin

Salz und Pfeffer aus der Mühle

175 g getrocknete Mafalde oder Lasagneblätter

1 Portion Tomatensauce mit Gemüse (s. Seite 75) oder eine andere, hausgemachte Tomatensauce ohne Fleisch

250 g Mozzarella, geraspelt

125 g gereifter oder junger Pecorino, gerieben oder geraspelt, oder 125 g frisch geriebener Parmesan

Für den Belag

2 große Eier, leicht verquirlt

2 Eßlöffel Milch oder Doppelrahm

2 Eßlöffel frisch geriebener Parmesan

1 Zucchini von Stielenden und Blütenansätzen befreien, dann längs in 2,5 mm dünne Scheiben schneiden.

2 Die Pilze mit einer weichen Bürste oder einem Tuch säubern. Die harten Enden abtrennen, die Kappen und den Rest der Stiele blättrig aufschneiden. Butter oder Öl in einer Pfanne sanft erwärmen. Die Pilze hineingeben und bei lebhafter Flamme unter ständigem Wenden weich dünsten (ca. 6 Minuten). Vom Herd nehmen und abkühlen lassen.

3 Backofen auf 190 Grad (Gas Stufe 2–3) vorheizen.

4 75 ml Olivenöl, Rosmarin, Salz und Pfeffer verrühren. Die Zucchinischeiben auf beiden Seiten damit einpinseln und auf einem Backblech ausbreiten. Im Ofen braten, bis sie weich sind und eine leichte Färbung bekommen haben (ca. 30 Minuten). Aus dem Rohr holen und leicht abkühlen lassen.

5 Inzwischen 5 l Wasser zum Kochen bringen. 1 1/2 Eßlöffel Salz und die Nudelblätter in das kräftig sprudelnde Wasser geben. Immer wieder umrühren und die Nudeln bei starker

Hitze etwa 10 Minuten knapp bißfest garen. Abgießen, kalt abspülen, wieder abtropfen lassen und auf Wachspapier ausbreiten.

6 Die Ofentemperatur auf 200 Grad (Gas Stufe 3) erhöhen.

7 Den Boden einer Auflaufform (ca. 23 × 30 cm) mit etwas Tomatensauce bestreichen. Mozzarella und Pecorino in einer Schüssel vermischen. Die Hälfte der Zucchinischeiben auf die Tomatensauce legen. Mit einem Hauch Sauce bestreichen und mit ungefähr einem Viertel der Käsemenge bestreuen.

8 Eine Schicht Nudeln dicht an dicht nebeneinander, aber nicht übereinander, darauflegen. Mit Sauce bestreichen und mit einem Drittel der restlichen Käsemenge bestreuen. Die übrigen Zucchinischeiben, dann Sauce, Käse, Nudeln, wieder Sauce und Käse darüberschichten.

9 Für den Belag die Eier mit Milch oder Sahne und Parmesan verrühren. Diese Mischung gleichmäßig über den Pasticcio gießen. Auf der mittleren Schiene des Backrohrs ca. 20 Minuten überbacken, bis der Belag goldbraun ist und Blasen wirft. Aus dem Ofen holen und 10 Minuten ruhen lassen. Vierteln und heiß zu Tisch bringen.

Maccheroni al forno con funghi

Nudelauflauf mit Pilzen

Dieser klassische Nudelauflauf war während meiner Kindheit ein typisches Sonntagsessen – ein Genuß für Pilzfans, da für dieses Gericht alle möglichen frischen oder Zuchtpilze verwendet werden können. Traditionsgemäß nimmt man frische Steinpilze, die manchmal mit getrockneten Pilzen kombiniert werden. Da man frische Steinpilze nur selten bekommt, spielen die getrockneten Verwandten eine um so größere Rolle. Ich gebe manchmal eine halbe Dose fein gehackte Sardellen unter den Auflauf, weil sie für ein kräftiges Aroma sorgen.
Dieses Nudelgericht wird gewöhnlich als Vorspeise zu Kalbs- oder Lammbraten serviert, es macht sich aber auch gut als Auftakt zu Geflügel oder Wild. Es eignen sich alle mittelgroßen Nudelsorten, traditionsgemäß verwendet man Lumache, Rigatoni, Fusilli oder Conchiglie. (Abbildung auf Seite 22.)

Zutaten

30 g getrocknete Steinpilze
375 g frische Wald- und/oder Zuchtpilze
75 ml Olivenöl
1 Knoblauchzehe, ungeschält zerstoßen
schwarzer Pfeffer aus der Mühle
60 g Butter
60 g feine Semmelbrösel, leicht geröstet
ca. 1 Teelöffel Salz
500 g Nudeln (Lumache, Rigatoni, Fusilli oder Conchiglie)
2 Eßlöffel gehackte Petersilie

1 Die Steinpilze 30 Minuten in 450 ml warmem Wasser einweichen. Abgießen (das Einweichwasser aufheben) und gut auspressen. Nach Bedarf abspülen und nochmals auspressen. Das Wasser durch Küchenkrepp filtern und beiseite stellen. Die Pilze fein hacken.

2 Die frischen Pilze mit einer weichen Bürste oder einem Lappen säubern. Die Stiele vom Hut lösen; harte Stiele wegwerfen; harte Stellen ausschneiden, die restlichen Pilze fein hacken.

3 Backherd auf 230 Grad (Gas Stufe 4) vorheizen.

4 1 Eßlöffel Olivenöl sanft erwärmen, dann die getrockneten Steinpilze hineingeben. 2–3 Minuten unter ständigem Wenden andünsten. Das Einweichwasser hinzugießen und auf ganz kleiner Flamme 25 Minuten auf ca. 250 ml einkochen lassen. Beiseite stellen.

5 3 Eßlöffel Olivenöl mit dem zerstoßenen Knoblauch in einer Pfanne erhitzen. Mit einem Holzlöffel den Saft aus der Knoblauchzehe drücken. Die goldgelb gebratene Knoblauchzehe entfernen. Die frischen Pilze in die Pfanne geben und 12 Minuten unter ständigem Rühren und bei eher sanfter Hitze weich dünsten. Die getrockneten Steinpilze mit ihrem Sud einrühren. Mit Pfeffer abschmecken.

6 30 g Butter und das restliche Olivenöl erhitzen. Die Semmelbrösel hellgold rösten; dabei ständig umrühren, damit sie gleichmäßig bräunen.

7 5 l Wasser zum Kochen bringen. Die Pasta und 1 1/2 Eßlöffel Salz hineingeben. Die Nudeln knapp bißfest garen, abgießen und feucht halten. Die heißen und tropfend nassen Nudeln in eine Auflaufform füllen und mit der restlichen Butter, der Petersilie und dem Pilzgemüse vermischen.

8 Den Auflauf gleichmäßig mit Semmelbröseln bedecken. 5 Minuten im heißen Backrohr überbacken und servieren.

Penne rigate con ricotta al forno all'Amendolara

Nudel-Ricotta-Auflauf à la Amendolara

Noch ein köstliches süditalienisches Rezept von meiner Freundin, der renommierten Kochlehrerin Anna Amendolara Nurse. Süditalienische Nudelaufläufe mit Tomaten und Käse sind so beliebt geworden, daß dieses Gericht wirklich allen schmeckt. Für den berühmten feinen Unterschied ist es jedoch wichtig, daß Sie frische, hausgemachte Tomatensauce und italienischen Käse verwenden. Da der Auflauf ohne Fleisch auskommt, eignet er sich wunderbar für die Festtage, an denen man ohnehin schon viel Fleisch ißt; außerdem ist er ein Genuß für vegetarische Nudelfans. Statt gestreifter Penne können Sie auch Ziti oder glatte Penne nehmen. Ergibt 6 Portionen.

Zutaten

350 ml einfache Tomatensauce (s. Seite 74), frische Tomatensauce oder Tomatensauce mit Gemüse (beide Seite 75) oder eine andere hausgemachte Sauce ohne Fleisch

500 g Penne (rigate) oder Ziti

Salz

1 kg Ricotta

250 g Mozzarella, geraspelt

60 g frisch geriebener Pecorino

2 Eier, verquirlt

15 g frisch gehackte Petersilie

Pfeffer aus der Mühle

1 Backrohr auf 190 Grad (Gas Stufe 2–3) vorheizen.

2 Den Boden einer Auflaufform (ca. 23 × 30 cm) mit der Hälfte der Tomatensauce bestreichen.

3 5 l Wasser zum Kocher bringen. Die Nudeln mit $1^1/_2$ Eßlöffeln Salz in das lebhaft sprudelnde Wasser geben und knapp bißfest garen.

4 Inzwischen Ricotta, Mozzarella, die Hälfte des Pecorinos, Eier, Petersilie und Pfeffer in einer großen Schüssel vermengen und abschmecken.

5 Die Nudeln abgießen und unter die Ricottamasse heben. Die Nudeln nun in die Auflaufform füllen und gleichmäßig verstreichen. Mit der restlichen Tomatensauce überziehen mit dem Pecorino bestreuen. In der oberen Schiene des Backofens 20–25 Minuten überbacken, bis der Auflauf Blasen wirft. Sehr heiß servieren.

Vorbereitung

Sie können den Auflauf einen oder zwei Tage im voraus vorbereiten, sorgfältig abdecken und im Kühlschrank aufbewahren. Das Überbacken des kalten Auflaufs dauert 5–10 Minuten länger als im Rezept angegeben.

Bucatini al forno all'Amendolara

Überbackene Bucatini à la Amendolara

Anna Amendolaras schmackhaften und bodenständigen Spezialitäten aus Apulien kann ich einfach nicht widerstehen, und so landen ein paar von ihren Rezepten in diesem Buch. Bucatini eignen sich für diesen Auflauf am besten, aber lange Fusilli, Perciatelli oder Penne sind ein guter Ersatz. (Abbildung auf Seite 22.)

Vorbereitung

Sie können den Auflauf einen oder zwei Tage im voraus vorbereiten, sorgfältig abdecken und im Kühlschrank aufbewahren. Das Überbacken des kalten Auflaufs dauert 5–10 Minuten länger als im Rezept angegeben.

Zutaten

750 g vollreife, fruchtige Eiertomaten, geputzt und entkernt, oder 7 Dosentomaten, abgetropft und entkernt

1750 g Hähnchenteile (abspülen und trockentupfen)

2 große Knoblauchzehen, in Scheiben geschnitten

20 g grob gehackte Petersilie

Salz und schwarzer Pfeffer aus der Mühle

75 ml natives Olivenöl extra

375 g Bucatini

30 g frisch geriebener Pecorino

450 ml einfache Tomatensauce (s. Seite 74), frische Tomatensauce oder Tomatensauce mit Gemüse (beide Seite 75)

1 Backherd auf 200 Grad (Gas Stufe 3) vorheizen.

2 Vier oder fünf Tomaten zwischen den Fingern zerquetschen und in einer Auflaufform (ca. 25 × 35 cm) verteilen. Die Hähnchenteile mit der Haut nach unten auf die Tomaten setzen. Die restlichen Tomaten zerquetschen und über das Fleisch streuen.

3 Die Knoblauchscheiben zwischen die Hähnchenteile stecken. Mit Petersilie, Salz und Pfeffer bestreuen und mit Öl beträufeln. Im heißen Rohr 30 Minuten backen, bis das Hähnchen auf der Oberseite gebräunt ist. Die Fleischteile wenden und auch die andere Seite bräunen (30–45 Minuten). Sollte das Fleisch austrocknen, etwas Wasser hinzugießen.

4 In der Zwischenzeit 5 l Wasser zum Kochen bringen. Die Bucatini mit 1 Eßlöffel Salz hineingeben. Umrühren und die Nudeln knapp bißfest garen. Abgießen und beiseite stellen.

5 Das Hähnchen aus dem Ofen holen; die Bucatini darüber verteilen. Mit Pecorino und reichlich Pfeffer bestreuen. Mit der Sauce überziehen und 10–15 Minuten überbacken, bis alles schön heiß ist und der Auflauf Blasen wirft.

— Conchiglioni al forno con ricotta e spinaci in salsa aurora —

Überbackene Muschelnudeln mit Ricotta-Spinat-Füllung und cremiger Tomatensauce

Die großen Muschelnudeln sind zum Füllen und Überbacken sehr beliebt, aber auch Lumaconi (»große Schnecken«) eignen sich wunderbar. Die cremige Ricottafüllung schmeckt durch den Spinat und die gehackten Pinienkerne sehr apart. (Abbildung auf Seite 23.)

Tomatensauce pürieren

Eine Gemüsemühle in eine saubere Pfanne setzen. Das abgekühlte Fruchtfleisch der Tomaten durch die Gemüsemühle passieren und soviel Fruchtmark wie möglich auspressen.

Die Sauce wird glatt, leicht und doch würzig

Zutaten

250 g große Nudelmuscheln

Salz

3 Eßlöffel feiner Grieß

60 g Mozzarella, geraspelt

Für die Sauce

2 kg frische, gehäutete Tomaten oder Dosentomaten (abtropfen lassen), entkernt und zerstoßen oder püriert

15 g frisch gehacktes Basilikum

60 g Butter

125 ml Doppelrahm

ca. 3/4 Teelöffel Salz

weißer oder schwarzer Pfeffer aus der Mühle

Für die Füllung

750 g frischer Spinat (waschen und Stengel entfernen)

30 g Butter

1 kg Ricotta

45 g Pinienkerne

2 Eigelbe

2 Eßlöffel frisch geriebener Parmesan

2 Eßlöffel frisch gehackte Petersilie

1/2 Teelöffel Salz

1 Prise frisch geriebener Muskat

weißer Pfeffer aus der Mühle

1 Die Tomaten für die Sauce im offenen Topf und bei eher sanfter Hitze eindicken lassen (ca. 1 Stunde); gelegentlich umrühren. Tomaten vom Herd nehmen und leicht abkühlen lassen. Die Tomaten durch eine Gemüsemühle passieren (s. linke Spalte) oder durch ein Sieb streichen. Sie erhalten ca. 600 ml Sauce.

2 Für die Füllung den Spinat nur mit dem Wasser, das vom Waschen noch an den Blättern haftet, in einen Topf geben. Abdecken und kurz zusammenfallen lassen. Abkühlen lassen, dann gut auspressen und fein hacken.

3 Die Butter in einer Pfanne zerlassen. Den Spinat 1 Minute darin dünsten, dann leicht abkühlen lassen. Die Ricotta in eine Schüssel geben und mit dem gekochten Spinat und den übrigen Zutaten für die Füllung vermischen.

4 5 l Wasser zum Kochen bringen. Die Conchiglioni mit 2 Eßlöffeln Salz hineingeben. Umrühren und etwa halbgar kochen. Abgießen und mit kaltem Wasser abspülen. Gründlich abtropfen lassen.

5 Backrohr auf 180 Grad (Gas Stufe 2) vorheizen.

6 Unterdessen die Tomatensauce zum Köcheln bringen. Basilikum, Butter, Sahne und Salz einrühren und gut durchwärmen. Pfeffern. Eine große Auflaufform mit etwas Tomatensauce bestreichen.

7 Die Nudeln mit der Ricottamischung prall füllen. Mit Grieß bestreuen und abdichten. Die gefüllten Nudeln in die Auflaufform setzen. Mit Sauce überziehen. Die restliche Sauce aufheben und die Nudeln während des Backens immer wieder damit bestreichen, damit sie nicht austrocknen.

8 Den Auflauf mit Mozzarella bestreuen und dann mit Alufolie abdecken. Schön heiß werden lassen und überbacken, bis der Auflauf Blasen wirft (30–40 Minuten). Nach Bedarf immer wieder mit Sauce überziehen. Aus dem Ofen holen und 10 Minuten ruhen lassen. Heiß servieren.

Vorbereitung

Sie können den Auflauf bis zu drei Tage im voraus vorbereiten, sorgfältig abdecken und im Kühlschrank aufbewahren. Das Überbacken des kalten Auflaufs dauert 5–10 Minuten länger als im Rezept angegeben.

Pennette al forno con cavolo e fontina

Überbackene Pennette mit Kohl und Fontina

Ein schmackhafter Nudelauflauf ohne Fleisch. Kreuzkümmel und Fontina kommen in der norditalienischen Küche häufig vor, doch dieses Gericht ist eine Erfindung meiner Mutter. Bei Vegetariern kommt der Auflauf sehr gut an, weil er mit verschiedenen frischen Gemüsesorten – Fenchel, Zwiebel und Kohl – und Nudeln zubereitet wird und daher eine ganze Mahlzeit abgibt.
Das Originalrezept verlangt gewöhnlichen Weißkohl, doch es gibt keinen Grund, warum man nicht auch einmal eine andere Sorte ausprobieren könnte (z. B. Wirsing oder asiatische Kohlsorten). Die länglichen Spielarten eignen sich jedoch nicht so gut. Eine oder zwei gekochte und in Scheiben geschnittene Kartoffeln machen den Auflauf noch deftiger. Mittelgroße Muschelnudeln oder kurze Nudeln wie Fusilli oder gebrochene Ziti sind ein guter Ersatz für Penne. (Abbildung auf Seite 22.)

Zutaten

- *1 große Fenchelknolle*
- *Salz*
- *3 Eßlöffel Olivenöl*
- *1 große Zwiebel, geviertelt und in dünne Scheiben geschnitten*
- *1 große Knoblauchzehe, sehr fein gehackt*
- *750 g Weißkohl, feinstreifig aufgeschnitten*
- *1 Teelöffel zerstoßene Fenchelsamen*
- *1/2 Teelöffel Kreuzkümmel (ganz)*
- *1 Eßlöffel Rotweinessig*
- *125 ml Tomatenpüree*
- *250 g Pennette*
- *schwarzer Pfeffer aus der Mühle*
- *Butter für die Form*
- *200 g Fontina oder ein anderer halbfester Schnittkäse, in dünne Scheiben oder feine Streifen geschnitten*

1 Den harten Strunk des Fenchels entfernen, die Stengel und gefiederten Blättchen abschneiden. 2 Eßlöffel zartes Fenchelgrün hacken und beiseite stellen, den Rest für ein anderes Rezept aufheben. Die unschönen Stellen ausschneiden, dann die Fenchelknolle längs vierteln und sehr dünn aufschneiden.

2 Soviel Wasser zum Kochen bringen, daß der Fenchel davon bedeckt wird. 1 Teelöffel Salz und den feingeschnittenen Fenchel hineingeben und ca. 10 Minuten garen. Abgießen und ca. eine Tasse Kochwasser auffangen.

3 Backrohr auf 200 Grad (Gas Stufe 3) vorheizen.

4 Das Olivenöl in einer weiten Pfanne langsam erhitzen. Zwiebel und Knoblauch hineingeben und ca. 5 Minuten sanft weich dünsten. Fenchel und Kohl hinzufügen und gut umrühren. Abdecken und unter gelegentlichem Wenden weich dünsten (12–15 Minuten).

5 Fenchelsamen, Kreuzkümmel und Essig unter das Gemüse rühren. Das Tomatenpüree und 3 Eßlöffel Fenchelwasser hinzufügen. Teilweise abdecken und 10 Minuten durchkochen.

6 Unterdessen 5 l Wasser zum Kochen bringen. Die Pennette und 1 1/2 Teelöffel Salz in das sprudelnde Wasser geben. Rasch umrühren und über kräftiger Hitze garen; ab und zu umrühren, damit die Nudeln nicht verkleben. Knapp bißfest garen, abgießen und in die Gemüsepfanne füllen. Gut durchmischen und alles mit Salz und Pfeffer abschmecken.

7 Eine Auflaufform (23 × 30 cm) buttern. Den Pfanneninhalt einfüllen und mit Käse bestreuen oder belegen. Mit Alufolie abdecken und 15 Minuten überbacken. Folie abnehmen und leicht bräunen (ca. 5 Minuten). Aus dem Ofen holen, mit dem Fenchelgrün garnieren und zu Tisch bringen.

Vorbereitung

Sie können den Auflauf bis zu zwei Tage im voraus vorbereiten, sorgfältig abdecken und im Kühlschrank aufbewahren. Das Überbacken des kalten Auflaufs dauert 5–10 Minuten länger als im Rezept angegeben.

Tagliatelle al forno con tonno

Nudelauflauf mit Thunfisch, Tomaten und saurer Sahne

Eine bestimmte Version dieses Auflaufs erinnert mich an meine Schulspeisung. Die Kreation meiner Mutter, die wir hier vorstellen, hat jedoch nichts mit jener Pampe zu tun. Ich mag Thunfischsauce zu Nudeln sehr gern, und im Auflauf schmeckt sie besonders gut. Die leichte Tomatensauce und die saure Sahne lassen die Nudeln beim Überbacken nicht austrocknen.

Vorbereitung

Sie können den Auflauf bis zu zwei Tage im voraus vorbereiten, sorgfältig abdecken und im Kühlschrank aufbewahren. Das Überbacken des kalten Auflaufs dauert 5–10 Minuten länger als im Rezept angegeben.

Zutaten

1 Portion einfache Tomatensauce (s. Seite 74) oder Tomatensauce mit Gemüse (s. Seite 75)

2 Dosen hochwertiger Thunfisch in Olivenöl à 190 g (abtropfen lassen und zerpflücken)

Salz

375 g frischer Nudelteig (s. Seite 48), zu Tagliatelle geschnitten (s. Seite 53), oder getrocknete Tagliatelle

500 g saure Sahne

1 Die Tomatensauce erhitzen und den Thunfisch unterziehen. 3–4 Minuten durchköcheln lassen, dann vom Herd nehmen und beiseite stellen.

2 5 l Wasser erhitzen. 1 Eßlöffel Salz und die Nudeln in das sprudelnde Wasser geben. Die Nudeln nach der Anleitung auf Seite 58–59 oder nach der Packungsanweisung halb vorgaren. Gegen Ende der halben Garzeit 90 ml Nudelwasser unter die saure Sahne rühren und gut vermischen; beiseite stellen. Die Pasta abgießen und unter kaltem Wasser abspülen; die Nudelstränge entflechten und beiseite stellen.

3 Backrohr auf 200 Grad (Gas Stufe 3) vorheizen.

4 Ein Drittel der Thunfischsauce auf dem Boden einer Auflaufform (23 × 30 cm) verstreichen. Die Hälfte der Tagliatelle darüber verteilen. Die Hälfte der verdünnten sauren Sahne darübergießen, dann mit dem zweiten Drittel Thunfischsauce überziehen. Die restlichen Tagliatelle darauf verteilen, mit der sauren Sahne abdecken und als oberste Schicht die Thunfischsauce mit einem Spatel verstreichen.

5 Den Auflauf mit Folie abdecken und auf der mittleren Schiene des Backrohrs 10 Minuten überbacken. Folie abnehmen und ungefähr weitere 5 Minuten backen, bis der Auflauf blubbert. Aus dem Ofen holen, setzen lassen und heiß oder warm servieren.

Pasticcio di tagliatelle con ragù, salsiccie e besciamella

Tagliatelle-Auflauf mit Fleisch. Würsten und Béchamel

Für dieses Rezept eignen sich frische oder getrocknete Tagliatelle, die frischen Nudeln schmecken allerdings zarter. Das süditalienische Ragù mit Schweinefleisch ist eine meiner Lieblingssaucen. Ich verwende es in diesem Auflauf, um den Fenchel schön zur Geltung zu bringen. Sie können auch eine andere Tomaten- oder Fleischsauce oder die Tomatensauce mit wilden Pilzen und Rotwein (s. Seite 76) verwenden. Béchamel mildert den Tomatengeschmack und hält die Pasta schön saftig.

Zutaten

1 Eßlöffel Olivenöl

125 g milde italienische Bratwürste

1/2 Portion (250 g) frischer Nudelteig (s. Seite 48), zu Tagliatelle geschnitten (s. Seite 53), oder getrocknete Tagliatelle

Salz

1/2 Portion süditalienisches Ragù (s. Seite 74)

1/2 Portion Béchamel (s. Seite 77)

30 g frisch geriebener Parmesan

1 Das Olivenöl in einer Pfanne erhitzen. Die Würste darin sanft gar braten und bräunen (ca. 10 Minuten). Auf Küchenkrepp abtropfen und abkühlen lassen. Schräg in dünne Scheiben schneiden und beiseite stellen.

2 5 l Wasser zum Kocher bringen. 1 Eßlöffel Salz und die Nudeln in das sprudelnde Wasser geben. Die Nudeln nach der Anleitung auf Seite 58–59 oder nach der Packungsanweisung halb garen. Dabei ab und zu umrühren, damit die Nudeln nicht verkleben. Die Pasta abgießen und noch tropfend naß mit dem Ragù vermischen.

3 Backrohr auf 200 Grad (Gas Stufe 3) vorheizen.

4 Die Hälfte der Tagliatelle in eine 23 × 30 cm große Auflaufform füllen und mit 4 Eßlöffeln Béchamel überziehen. Einige Bratwurstscheiben darüber verteilen. Mit Parmesan bestreuen. Diesen Vorgang mit einer zweiten Lage Zutaten wiederholen. Den Auflauf zum Schluß mit einer Schicht Béchamel abdecken.

5 Den Pasticcio auf der mittleren Schiene des Backrohrs 20 Minuten überbacken, bis er schön heiß ist und blubbert. Aus dem Rohr holen und vor dem Servieren 10 Minuten ruhen lassen.

Vorbereitung

Sie können den Auflauf bis zu drei Tage im voraus zubereiten, sorgfältig abdecken und im Kühlschrank aufbewahren. Das Überbacken des kalten Auflaufs dauert 5–10 Minuten länger als im Rezept angegeben.

Ravioli gratinati

Gratinierte Ravioli

Dieser Auflauf besteht aus traditionellen Ravioli mit Ricotta- und Spinatfüllung (s. Seite 112), kann aber auch mit anderen Teigtäschchen gemacht werden, solange Füllung und Sauce zusammenpassen. Dieses Gericht ist elegant und läßt sich leicht im voraus zubereiten. Denn wenn die Ravioli einmal fertig sind, kann man sie mit Sauce und Béchamel überziehen, damit sie nicht austrocknen. Gut abgedeckt halten sie sich im Kühlschrank bis zu drei Tage lang frisch.

Zutaten

1 Portion klassische Ravioli mit Ricotta- und Spinatfüllung (s. Seite 112)

30–45 g zerlassene Butter

1 Portion einfache Tomatensauce (s. Seite 74) oder Tomatensauce mit Gemüse (s. Seite 75)

1 Portion Béchamel (s. Seite 77)

60 g frisch geriebener Parmesan

1 Die Ravioli nach Anleitung garen, abtropfen lassen und auf eine Platte setzen. Mit etwas zerlassener Butter beträufeln, damit sie nicht verkleben.

2 Backrohr auf 200 Grad (Gas Stufe 3) vorheizen.

3 Wählen Sie eine Auflaufform, in der die Ravioli in zwei Schichten Platz haben. Den Boden der Form mit ein paar Eßlöffeln Tomatensauce auskleiden. Eine Lage Ravioli hineinsetzen. Die Ravioli mit einem Hauch Tomatensauce überziehen, damit sie saftig bleiben. Mit einer dünnen Schicht Béchamel bestreichen und mit etwas Parmesan bestreuen. Mit der zweiten Lage Ravioli genauso verfahren. Den Abschluß bildet eine Schicht Béchamel, die mit Parmesan bestreut wird.

4 Die Ravioli auf der oberen Schiebeleiste des Backofens überbacken, bis sie gut heiß sind und Blasen werfen (ca. 20 Minuten). Aus dem Rohr holen und 10 Minuten ruhen lassen. Heiß oder warm servieren.

Frittata di pasta con mozzarella

Eierkuchen mit Nudeln und Mozzarella

In Italien ißt man Reste selten als Reste, sondern verwandelt sie lieber in ein ganz neues Gericht. Ein typisches Beispiel ist diese Frittata, die aus Nudelresten gemacht wird. Man bäckt die Frittata in der Pfanne vor und bräunt sie dann unter einem Grill oder im Backrohr. Mit einer Lage Mozzarella in der Mitte schmeckt die Frittata meiner Ansicht nach noch besser. Für dieses Rezept eignen sich am besten lange Nudeln (Spaghetti oder Tagliatelle) in einer Sauce. Servieren Sie die Frittata als leichtes Mittagessen, als Imbiß oder Antipasto.

Zutaten

6 Eier

3 Eßlöffel fein gehackte Petersilie

45 g frisch geriebener Parmesan

1/2 Teelöffel Salz

Pfeffer aus der Mühle

175 g gekochte Spaghetti oder Tagliatelle in Tomatensauce, zerkleinert

15 g zerlassene Butter, mit 1 Teelöffel Olivenöl vermischt

125 g Mozzarella, geraspelt

1 Die Eier mit Petersilie, Parmesan, Salz, Pfeffer und Nudeln verquirlen.

2 Butter und Öl in einer ofenfesten Omelettpfanne aus Metall (25 cm Durchmesser) erhitzen. Die Hälfte der Eimischung hineingießen und mit Mozzarella bedecken. Die restliche Eimischung darübergießen. 10 Minuten über eher kleiner Flamme braten. Die Pfanne drehen, damit sie gleichmäßig heiß wird.

3 Inzwischen die Grillschlangen vorheizen. Die Frittata in 15 cm Abstand unter den Grill schieben und 7–10 Minuten bräunen. Mit einem Spießchen prüfen, ob die Frittata gar ist. Wenn noch etwas Eimasse haften bleibt, die Frittata wieder unter den Grill schieben. Wenn die Frittata oben bereits braun, in der Mitte aber noch flüssig ist, im Backrohr bei 230 Grad (Gas Stufe 4) durchbacken.

4 Die Frittata vor dem Anschneiden 5–10 Minuten setzen lassen und auf eine Servierplatte heben. Portionieren und warm oder zimmerwarm servieren.

Pasta al forno per le feste

FESTLICHE NUDELAUFLÄUFE

Nudelaufläufe oder geschichtete Nudeln besitzen die längste Tradition unter den Nudelgerichten der italienischen Küche. In vielen Berichten über die prunkvollen Feste der Renaissancezeit sind sie erwähnt. Heute wie damals werden typische Ingredienzen wie Hühnerlebern, Kapaun, Würste, winzige Fleischbällchen, Kalbsbries und Pilze mit Nudeln und Sauce zu einem Auflauf kombiniert und überbacken. Die Saucen, meist Béchamel, Tomaten, Ragù oder Eier mit Parmesan, machen das Gericht saftig und führen die einzelnen Elemente zusammen. Zu dieser Familie der Nudelgerichte gehören auch Timpano oder Sformato, d. h. Nudelaufläufe, die in einer bestimmten Form gebacken werden, und der Timballo, der manchmal von einem Teigmantel umhüllt wird, sowie Lasagne. Dieses Kapitel stellt besonders festliche Nudelaufläufe vor.

Lasagne al forno con gamberi e spinaci

Lasagne mit Garnelen- und Spinatfüllung

Es gibt in Italien zahlreiche traditionelle Rezepte für Lasagne. Nur wenige enthalten Meeresfrüchte, doch diese Schichtnudeln bilden eine wunderbare Unterlage für Fisch, Krusten- und Schalentiere. Ich kreierte diese Lasagnevariante, als ich gerade einmal etwas frischen Spinat und Garnelen zu Hause hatte, und erzielte großen Erfolg damit. Trotz Béchamel und Tomatensauce ist das Gericht relativ leicht. Frische Pasta eignet sich für dieses phantastische und delikate Rezept am besten.

Zutaten

1/2 Portion (250 g) frischer Nudelteig nach dem Rezept auf Seite 48, noch nicht ausgerollt

Salz

Für Füllung und Belag

1 kg frischer Spinat (waschen und Stengel abschneiden)

500 g frische rohe Garnelen, gewaschen und geschält

60 g Butter

1 große Zwiebel, sehr fein gehackt

ca. 1/2 Teelöffel Salz

weißer oder schwarzer Pfeffer aus der Mühle

125 ml einfache Tomatensauce, z. B. Rezept auf Seite 74

1 Portion Béchamel (s. Seite 77), mit Muskat gewürzt

60 g frisch geriebener Parmesan

1 Den Nudelteig so dünn wie möglich ausrollen (s. Seite 50–51). Die Teigblätter mit einem Messer oder einem gezackten Teigrädchen zu 8 × 11 cm großen Rechtecken ausrädeln. Mindestens 15 Minuten auf einem trockenen Küchentuch ruhen lassen.

2 In der Zwischenzeit 5 l Wasser zum Kochen bringen. 1 1/2 Eßlöffel Salz einstreuen und zwei oder drei Nudelblätter in das sprudelnde Wasser gleiten lassen. Nach 1 Minute mit einer Schaumkelle herausfischen und sofort in kaltes Wasser tauchen (keine Eiswürfel ins Wasser geben, weil sie Löcher in den Teig reißen). Die Nudeln auf einem feuchten Küchentuch ausbreiten. Die restlichen Lasagneblätter genauso garen und abkühlen lassen. Nudeln nicht übereinanderlegen. Trockentupfen.

3 Den Spinat nur mit dem Wasser, das vom Waschen noch an den Blättern haftet, in einen großen Topf geben. Abdecken und unter gelegentlichem Wenden 5–10 Minuten weich dämpfen. Vom Herd nehmen, abtropfen und abkühlen lassen, bis Sie den Spinat anfassen können. Den Spinat mit den Händen auswringen, dann fein hacken und beiseite stellen.

4 Die Garnelen mit einem kleinen Messer den Rücken entlang aufschlitzen und entdarmen. Unter fließendem kaltem Wasser sorgfältig ausspülen. Trockentupfen, fein hacken und beiseite stellen.

5 Die Butter in einer Pfanne zerlassen. Die Zwiebel hineingeben und bei mittlerer Hitze etwa 4 Minuten glasig dünsten. Die Garnelen hinzufügen und rasch anrösten, bis sie sich rosa verfärben. Regelmäßig wenden, damit sie gleichmäßig garen. Die Pfanne vom Herd ziehen. Den gehackten Spinat unterheben, salzen und pfeffern.

6 Backrohr auf 200 Grad (Gas Stufe 3) vorheizen.

7 Tomatensauce und Béchamel verrühren. Einen Hauch Sauce auf dem Boden einer Auflaufform (25 × 35 cm) verstreichen. Eine Lage Lasagne dicht an dicht, aber nicht übereinander, auf die Sauce legen und die gesamte Form damit auskleiden.

8 Die Lasagne mit etwas Sauce überziehen. Ein paar Eßlöffel Spinat-Garnelen-Mischung darüber verteilen und mit etwas geriebenem Parmesan bestreuen. Mit einer Schicht Lasagneblätter abdecken. Achten Sie darauf, daß die Blätter nahtlos nebeneinander liegen, sich aber nicht überlappen. Die übrigen Zutaten wie beschrieben einschichten. Die oberste Lage Lasagne wird mit Béchamel überzogen und mit Parmesan bestreut.

9 Den Auflauf auf der zweiten Schiene von oben im heißen Rohr überbacken, bis sich eine goldgelbe Kruste bildet (ca. 20 Minuten). Nicht zu lange backen. Die Lasagne aus dem Ofen holen und 10 Minuten ruhen lassen. Portionieren und heiß servieren.

Vorbereitung

Sie können den Auflauf bereits einen Tag im voraus zusammenstellen, sorgfältig abdecken und im Kühlschrank aufbewahren. Das Überbacken des kalten Auflaufs dauert 5–10 Minuten länger als im Rezept angegeben.

Lasagne al forno alla Marcella

Lasagne mit Spinat- und Artischockenfüllung

Meine Kollegin Marcella Falcomer verbrachte mehrere Lehrjahre in den renommiertesten Restaurants in Mailand. Mit ihrer Begabung fürs Kochen und ihrer soliden Ausbildung in Italien ging sie nach New York, wo sie in den besten Viersternerestaurants gekocht hat. Sie hat mir viele ungewöhnliche Rezepte, die sie selbst entwickelt hat, gezeigt. Sie sind Ausdruck ihres kulinarischen Talents und eines unverwechselbaren italienischen Stils. Dieses Gericht wurde von Marcella kreiert. (Abbildung auf Seite 24.)

Zutaten

Salz

$^1/_2$ Portion (250 g) frischer Nudelteig (s. Seite 48), nach der Anleitung auf Seite 133, Schritt 1, in Lasagneblätter geschnitten

Für die Füllung

1 kg frischer Spinat (waschen und Stengel entfernen)

3 mittelgroße Artischocken à ca. 200 g

75 g Butter + Butter für die Form

schwarzer Pfeffer aus der Mühle

500 ml Béchamel (s. Seite 77)

500 g Ricotta

60 g frisch geriebener Parmesan

1 5 l Wasser zum Kochen bringen. $1^1/_2$ Eßlöffel Salz einstreuen und zwei oder drei Nudelblätter in das sprudelnde Wasser gleiten lassen. Nach 1 Minute mit einer Schaumkelle herausfischen und sofort in kaltes Wasser tauchen (keine Eiswürfel ins Wasser geben, weil sie Löcher in den Teig reißen). Die Lasagne auf einem feuchten Küchentuch ausbreiten. Die restlichen Nudelblätter genauso garen und abkühlen lassen. Nudeln nicht übereinanderlegen. Trockentupfen.

2 Den Spinat nur mit dem Wasser, das vom Waschen noch an den Blättern haftet, in einen großen Topf geben. Abdecken und unter gelegentlichem Wenden 5–10 Minuten weich dämpfen. Vom Herd nehmen, abtropfen und abkühlen lassen, bis Sie den Spinat anfassen können. Den Spinat mit den Händen auswringen, dann fein hacken und beiseite stellen.

3 Die Artischocken putzen (s. Seite 101) und in mit Essig oder Zitronensaft gesäuertes Wasser legen, damit sie nicht braun anlaufen. Sobald alle Artischocken fertig sind, abgießen. Die Artischockenhälften mit der Schnittfläche nach unten auf ein Brett legen und längs in 5 mm dünne Scheiben schneiden.

4 15 g Butter, 250 ml Wasser und $^1/_2$ Teelöffel Salz und Pfeffer in einen Topf geben. Die Artischocken hineinsetzen. Abdecken und je nach Frische der Artischocken 4–8 Minuten weich garen. Topf vom Herd nehmen, die Artischocken gründlich abtropfen und auskühlen lassen.

5 Die abgekühlten Artischocken zusammen mit dem Spinat fein hacken. 30 g Butter in einem Topf erhitzen. Das Gemüse darin schwenken und gut vermischen; beiseite stellen.

6 Backrohr auf 190 Grad (Gas Stufe 2–3) vorheizen.

7 Die restliche Butter in einem Töpfchen zerlassen und beiseite stellen. Eine Auflaufform (25 × 35 cm) buttern. Den Boden der Form mit einer dünnen Schicht Béchamel auskleiden. Eine Lage Nudelblätter auf die Sauce betten. Die Lasagne müssen nahtlos nebeneinander liegen, ohne sich zu überlappen, und müssen die ganze Form ausfüllen. Die Nudeln mit einem Hauch Béchamel überziehen, dann etwas Artischockenmischung darüber verteilen.

8 Eine Lage Ricotta und etwas geriebenen Parmesan einfüllen. Mit einer Lage Lasagne abdecken (die Nudeln dicht an dicht nebeneinander, aber nicht übereinander legen). Die Zutaten wie beschrieben einschichten. Die oberste Schicht bilden Lasagne, die mit Béchamel überzogen und mit zerlassener Butter beträufelt werden.

9 Die Lasagne auf der zweiten Schiene von oben im heißen Rohr überbacken, bis sich eine goldgelbe Kruste bildet (ca. 20 Minuten). Sofort aus dem Rohr holen und 10 Minuten ruhen lassen. Portionieren und heiß servieren.

Vorbereitung

Sie können den Auflauf bis zu drei Tage im voraus vorbereiten, sorgfältig abdecken und im Kühlschrank aufbewahren. Das Überbacken des kalten Auflaufs dauert 5–10 Minuten länger als im Rezept angegeben.

Lasagne al forno con melanzane e patate alla Serra

Lasagne mit Auberginen und Kartoffeln à la Serra

Meine lieben Freunde Valerie und Elio Serra haben mir dieses Rezept verraten, das von ihrer Familie aus Venetien stammt. In der Originalversion wird die Aubergine paniert und fritiert. Valerie bepinselt die Auberginenscheiben lieber mit Olivenöl und Rosmarin und gart sie im Rohr, bevor sie mit den anderen Zutaten in den Auflauf geschichtet werden. Dadurch werden die Lasagne viel leichter, ohne an Geschmack einzubüßen. Verwenden Sie möglichst kleine und frische Auberginen, die vor dem Garen nicht eingesalzen und abgespült werden müssen. Valerie nimmt oft trockene Lasagneblätter, weil das schneller geht. Frische Nudeln schmecken natürlich auch sehr gut.

Vorbereitung

Sie können den Auflauf bis zu drei Tage im voraus zusammenstellen, sorgfältig abdecken und im Kühlschrank aufbewahren. Das Überbacken des kalten Auflaufs dauert 5–10 Minuten länger als im Rezept angegeben.

Zutaten

300 g getrocknete Lasagneblätter
Salz

Für die Sauce

4 Eßlöffel natives Olivenöl extra
1 Zwiebel, fein gehackt
Gut 1 kg Dosentomaten (abtropfen lassen, entkernen und grob zerkleinern)
8 große frische Basilikumblätter, in winzige Stückchen gerissen
Salz und schwarzer Pfeffer aus der Mühle

Für die Füllung

7 mittelgroße neue Kartoffeln, geschält und in sehr dünne Scheiben gehobelt
1 lilafarbene oder weiße Aubergine à ca. 375 g
75 ml Olivenöl
1 Teelöffel frisch gehackter oder 1/2 Teelöffel getrockneter Rosmarin
1 Prise Salz
Pfeffer aus der Mühle
175 g Fontina, sehr fein gewürfelt
45 g frisch geriebener Pecorino oder Parmesan

1 Für die Sauce das Olivenöl in einem Topf erwärmen. Die Zwiebel ca. 4 Minuten darin glasig dünsten. Tomaten, Basilikum, Salz und Pfeffer hinzufügen. Über mittlerer Flamme etwa 30 Minuten durchkochen und regelmäßig umrühren. Topf vom Herd nehmen. Die Sauce sollte nicht zu stark eindicken, denn die Lasagne brauchen die Flüssigkeit, um saftig zu bleiben.

2 In der Zwischenzeit die Kartoffelscheiben 2 Minuten in kaltes Wasser tauchen, um die überschüssige Stärke zu entfernen. Abgießen und mit Küchenkrepp abtrocknen. Beiseite stellen.

3 Backrohr auf 190 Grad (Gas Stufe 2–3) vorheizen.

4 Die Aubergine schälen, Stiel und Blütenansatz entfernen. Quer halbieren und dann in dünne Scheiben schneiden.

5 Olivenöl, Rosmarin, Salz und Pfeffer vermischen. Die Auberginenscheiben auf beiden Seiten damit einpinseln. Auf einem Backblech ausbreiten und 30 Minuten im Ofen garen, bis sie weich sind und leicht bräunen. Aus dem Rohr holen und etwas abkühlen lassen.

6 In der Zwischenzeit 5 l Wasser zum Kochen bringen. 1 1/2 Eßlöffel Salz einstreuen; jeweils 2–3 Lasagneblätter in das sprudelnde Wasser tauchen und halb garen; ab und zu umrühren, damit die Nudeln nicht verkleben. Die Lasagne abtropfen lassen und unter kaltem Wasser abschrecken. Wieder gründlich abtropfen lassen.

7 Ein Drittel der Tomatensauce in eine Auflaufform (23 × 30 cm) füllen. Die Hälfte der Lasagneblätter daraufbetten und mit Sauce überziehen. Mit der Hälfte der Auberginen und der Hälfte der Kartoffeln bedecken. Mit einer zweiten Schicht Sauce bestreichen und mit der Hälfte des Käses bestreuen. Die restlichen Zutaten wie beschrieben einschichten. Den Abschluß bilden Sauce und Käse.

8 Die Lasagne mit Folie abdecken und auf der mittleren Schiene des Backofens etwa 45 Minuten backen, bis sie Blasen wirft und goldbraun aussieht. Aus dem Rohr holen, 10 Minuten ruhen lassen und zu Tisch bringen.

Lasagne al forno con melanzane e ragù

Lasagne mit Auberginen und Fleischsauce

Ich esse Auberginen sehr gern, vor allem dann, wenn sie noch jung sind und nicht so viele große und bittere Kerne besitzen. Diese sehr zarten und köstlichen Lasagne habe ich für frische Nudeln entwickelt. Wenn Sie keine kleinen Auberginen bekommen können, sollten Sie die größeren Früchte unbedingt einsalzen und ausschwitzen lassen. Achten Sie beim Kauf der Auberginen auf eine straffe und glatte Haut und einen kleinen Nabel (das sind männliche Früchte, die weniger Kerne enthalten). Bei frischen Auberginen ist der Stiel grün und nicht braun und verschrumpelt. (Abbildung auf Seite 24.)

Vorbereitung

Sie können den Auflauf bis zu drei Tage im voraus vorbereiten, sorgfältig abdecken und im Kühlschrank aufbewahren. Das Überbacken des kalten Auflaufs dauert 5–10 Minuten länger als im Rezept angegeben.

Zutaten

1/2 Portion (250 g) frischer Nudelteig nach dem Rezept auf Seite 48, in Lasagneblätter geschnitten (s. Seite 133, Schritt 1)

2–3 kleine Auberginen, insgesamt 750–1000 g (waschen, Stiel- und Nabelenden abtrennen)

natives Olivenöl extra zum Bepinseln der Auberginen

Salz und Pfeffer aus der Mühle

500 ml Béchamel (s. Seite 77)

600 ml Bologneser Hackfleischsauce (s. Seite 73) oder süditalienisches Ragù (s. Seite 74) oder toskanisches Ragù (s. Seite 72)

60 g frisch geriebener Parmesan

1 Die frischen Lasagneblätter wie auf Seite 133, Schritt 2, beschrieben blanchieren.

2 Backrohr auf 190 Grad (Gas Stufe 2–3) vorheizen.

3 Die Auberginen in 2,5 mm dünne Scheiben schneiden. Jede Scheibe halbieren. Eine ausreichende Menge Olivenöl salzen und pfeffern und damit die Auberginenscheiben auf beiden Seiten einpinseln. Auf ein Backblech legen und 20–30 Minuten goldbraun backen. Etwas abkühlen lassen.

4 Die Ofentemperatur auf 200 Grad (Gas Stufe 3) erhöhen. Eine Auflaufform (25 × 35 cm) mit einem Hauch Béchamel ausgießen. Eine Schicht Lasagneblätter daraufbetten; die Nudeln müssen nahtlos nebeneinander liegen, dürfen sich aber nicht überlappen.

5 Die Lasagne mit einer dünnen Lage Ragù überziehen und mit etwas Parmesan bestreuen. Einen Teil der Auberginenscheiben darüber verteilen und mit einer dünnen Schicht Béchamel bestreichen. Eine zweite Lage Nudeln einfüllen. Die übrigen Zutaten wie beschrieben einschichten. Den Abschluß bilden Lasagne, die mit Béchamel überzogen und mit Parmesan bestreut werden.

6 Etwa 20 Minuten überbacken, bis die Béchamelsauce eine goldgelbe Kruste bildet. Vor dem Servieren 10 Minuten ruhen lassen.

Lasagne semplici al forno con salsiccia

Einfache Lasagne mit Bratwurstmasse

Dieses Rezept für Lasagne ist im Vergleich zu den Aufläufen für Feiertage und besondere Gelegenheiten recht einfach. Nehmen Sie getrocknete oder frische Nudeln aus Spinat- oder Eierteig.

Vorbereitung

Sie können den Auflauf bis zu drei Tage im voraus vorbereiten, sorgfältig abdecken und im Kühlschrank aufbewahren. Das Überbacken des kalten Auflaufs dauert 5–10 Minuten länger als im Rezept angegeben.

Zutaten

500 g getrocknete Lasagneblätter

Salz

Für die Füllung

625 g pürierte Dosentomaten ohne Kerne

175 g Tomatenmark, in 250 ml Wasser aufgelöst

75 ml natives Olivenöl extra

1 kleine Zwiebel, sehr fein gehackt

1 große Knoblauchzehe, sehr fein gehackt

1 Eßlöffel frisch gehacktes Basilikum

1/2 Teelöffel frisch gehackter oder 1/4 Teelöffel getrockneter Majoran

3/4 Teelöffel Salz

750 g milde italienische Bratwurstmasse, zerkrümelt

500 g Ricotta

1 Messerspitze frisch geriebener Muskat

250 g Mozzarella, fein geschnitten

30 g frisch geriebener Parmesan

1 Die getrockneten Nudelblätter wie auf Seite 135, Schritt 6, beschrieben blanchieren. 4 Eßlöffel Kochwasser zum Verdünnen der Ricotta aufheben.

2 Backrohr auf 190 Grad (Gas Stufe 2–3) vorheizen.

3 Die Tomaten mit dem verflüssigten Tomatenmark in eine Küchenmaschine füllen und zermusen. 4 Eßlöffel Olivenöl in einem Topf erwärmen. Zwiebel und Knoblauch darin weich dünsten. Das Tomatenmus, Kräuter und Salz hinzufügen. Etwa 30 Minuten bei sanfter Hitze eindicken lassen. Das restliche Öl in einer Pfanne erhitzen und die Bratwurstmasse darin goldbraun braten.

4 Ricotta, Nudelwasser und Muskat verrühren. Etwas Tomatensauce auf dem Boden einer 20 × 30 cm großen Auflaufform verstreichen. Mit einer Lage Nudeln abdecken. Leicht mit Sauce überziehen. Etwas Bratwurstmasse, Ricotta und Mozzarella einschichten. Den Vorgang wiederholen; die Lasagne mit Mozzarella und Parmesan bestreuen.

5 25 Minuten überbacken. Vor dem Servieren 10 Minuten ruhen lassen.

Timballo di pasta con polpettine

Nudeltimbale mit Fleischbällchen im Teigmantel

Nudeln in einer Teighülle waren zur Renaissancezeit eine Herrenspeise. Der Teigmantel ist traditionsgemäß süß, ich ziehe allerdings neutralen Teig vor. Die Timbale wird am besten gleich nach dem Füllen gebacken, damit die Nudeln keine Zeit haben, sich mit Sauce vollzusaugen. (Abbildung auf Seite 25.)

Zutaten

Für die Nudelfüllung

Salz

375 g kurze Ziti, Penne oder andere mittelgroße Röhrennudeln

1/2 Portion Béchamel (s. Seite 77)

60 g frisch geriebener Parmesan

350 ml Ragù oder Tomatensauce (es eignet sich jede Sauce auf den Seiten 71–75)

Für die Fleischbällchen

30 g altbackenes Weißbrot ohne Rinde, gewürfelt

4 Eßlöffel Milch oder Brühe zum Einweichen

375 g Rinderhack oder gemischtes Hackfleisch

30 g Parmaschinken in Scheiben, grob gehackt

1/2 kleine Zwiebel, grob gerieben

1 Eßlöffel frisch geriebener Parmesan

1 Eßlöffel frisch gehackte Petersilie

3/4 Teelöffel Salz

schwarzer Pfeffer aus der Mühle

1 Eiweiß, verquirlt

Pflanzenöl zum Braten

Mehl zum Wenden

Für den Teigmantel

560 g kaltes Mehl

1 Teelöffel Salz + 1 extra Prise

375 g kalte Butter oder Butter und Schweineschmalz (gekühlt) zu gleichen Teilen

150 ml Eiswasser

2 verquirlte Eier

Butter und Mehl für die Form

1 Ei (trennen) zum Bepinseln

Teigmantel

1 Das Mehl mit einem Teelöffel Salz vermischen. Die Butter mit zwei Messern, einem Teigschneider oder mit der Küchenmaschine (langsame Stufe) in das Mehl einarbeiten, bis Krümel von der Größe eines Daumennagels (aber nicht kleiner) entstehen.

2 Das Eiswasser in die verquirlten Eier rühren. Diese Flüssigkeit langsam zu den Mehlkrümeln gießen. Von Hand verrühren, bis der Teig zusammenhält. Wenn der Teig bereits sehr feucht erscheint, nicht die ganze Flüssigkeit verwenden. Wenn Sie den Teig in der Küchenmaschine zubereiten, dann nur 5 Sekunden lang mixen (der Teig darf keine Kugel formen).

3 Den Teig rasch mit den Händen zu zwei Kugeln formen; eine Kugel sollte ungefähr doppelt so groß sein wie die andere. Der rohe Teig verträgt nur wenig Berührung, weil der Teigmantel sonst nicht so schön flockig wird. Die Kugeln zu dicken Scheiben pressen und locker in Haushaltsfolie wickeln. 2 Stunden durchkühlen.

Fleischbällchen

1 Die Zutaten für die Fleischbällchen in einer Schüssel vermischen. Den Teig zu gut olivengroßen Bällchen formen.

2 Das Öl in einer Pfanne erhitzen. Sobald es so heiß ist, daß das Fleisch bei Berührung zischt, die Bällchen in etwas Mehl wenden und in die Pfanne setzen. Durchbraten und bräunen (ca. 8 Minuten), dabei ab und zu wenden. Auf Küchenkrepp abtropfen lassen.

Zubereitung

1 Backrohr auf 190 Grad (Gas Stufe 5) vorheizen.

2 Die Teigscheiben auf einer bemehlten Arbeitsfläche 2–3 mm dünn ausrollen. Die größere Teigscheibe muß den Boden und die Wände einer Springform mit 20 cm Durchmesser auskleiden, die kleinere Scheibe bildet den Deckel. Rasch arbeiten, damit der Teig nicht zu sehr strapaziert wird.

3 Die Springform buttern und bemehlen. Die größere Teigscheibe um ein Nudelholz wickeln und vorsichtig in der Form plazieren. Den Teig sanft andrücken und darauf achten, daß er nicht reißt. Überstehende Teigränder nicht abschneiden; sie werden später über den Deckel gefaltet.

4 Den Teig mit Eiweiß einpinseln und trocknen lassen. (Damit der Boden nicht durchweicht.) Das restliche Eiweiß mit dem Eigelb und einer Prise Salz verquirlen und für den Teigdeckel beiseite stellen.

5 3,75 l Wasser zum Kochen bringen. 1 1/2 Eßlöffel Salz und die Nudeln hineingeben. Die Pasta knapp bißfest garen, abgießen, aber noch etwas feucht halten. Mit Béchamel und Parmesan mischen. Die vorbereiteten Nudeln mit den Fleischbällchen und der Sauce nach Wahl vermengen.

6 Die Nudeln und die Fleischbällchen in den Teigmantel füllen. Den Teigdeckel um ein Nudelholz wickeln, über der Form absetzen und die Timbale abdecken. Die Teigränder von Deckel und Boden mit den Händen zusammenpressen. Der Teig darf nun nicht mehr über den Rand der Form ragen. Überstehende Teigreste abschneiden und aufheben.

7 Ein kleines Loch in die Mitte des Teigdeckels ritzen. Die Teigreste ausrollen und eine dekorative Blüte ausschneiden. Die Teigblüte über das Loch »kleben« und Öffnungen einritzen, damit der beim Backen entstehende Dampf entweichen kann.

8 Den Teigdeckel mit der Eimasse bestreichen (nicht die Form bepinseln). Die Timbale 1 Stunde im vorgeheizten Ofen goldbraun backen. Aus dem Rohr holen und 10 Minuten ruhen lassen. Die Springform vorsichtig lösen und die Timbale auftragen. Bei Tisch portionieren und auf Teller verteilen.

Timpano di tagliatelle con salsa di vitello

Nudelkranz mit Kalbfleischsauce

In diesem wunderbaren und eleganten Gericht werden gekochte Tagliatelle mit Béchamelsauce überzogen und in einer Ringform als eine Art »Nudelpudding« gegart. In die Mitte kommt etwas Kalbfleischsauce, der Rest wird extra dazu serviert. Passend zur jeweiligen Sauce können Sie für den Timpano getrocknete oder frische Eiernudeln, Spinatnudeln oder andere aromatisierte Nudeln verwenden. Ich nehme am liebsten frische Nudeln, weil sie saftig bleiben und zarter schmecken. (Abbildung auf Seite 24.)

Zutaten

1 Portion Béchamel (s. Seite 77)

Salz und Pfeffer aus der Mühle

1/2 kleine Zwiebel, gerieben

Butter für die Form

5 Eßlöffel Paniermehl (ca. 30 g) für die Form

1 Portion (500 g) frischer Nudelteig nach dem Rezept auf Seite 48, zu Tagliatelle geschnitten (s. Seite 53)

Für die Kalbfleischsauce

1 kg sehr dünn geklopfte Kalbsplätzchen

Mehl zum Wenden

Salz und Pfeffer aus der Mühle

90 g Butter

2 Eßlöffel Butter

2 Eßlöffel natives Olivenöl extra

250 ml trockener Weißwein

16 frische Salbeiblätter, gehackt, + einige Blätter zum Garnieren (oder 1 Teelöffel getrockneter und gerebelter Salbei)

2 Eßlöffel frisch gepreßter Zitronensaft

350 ml leichte Fleischbrühe (s. Seite 68)

1 Die Béchamelsauce erwärmen. Salzen, pfeffern und die Zwiebel hinzufügen. Weiterrühren, bis die dickliche Sauce langsam über einen Löffel fließt.

2 Backrohr auf 190 Grad (Gas Stufe 2–3) vorheizen.

3 Eine Ringform nach der Anleitung auf der gegenüberliegenden Seite, Schritt 1, vorbereiten.

4 5 l Wasser zum Kochen bringen. 1 1/2 Eßlöffel Salz und die Tagliatelle hineingeben. Häufig umrühren, damit die Nudeln nicht verkleben. Die Nudeln knapp garen, abgießen, aber etwas feucht halten. Die noch leicht tropfenden Nudeln mit der Béchamelsauce überziehen und in die Form füllen.

5 Die Pasta im vorgeheizten Backrohr 25–30 Minuten goldbraun backen. Aus dem Ofen holen und 10 Minuten ruhen lassen. Wie auf der gegenüberliegenden Seite, Schritt 2, gezeigt, die Nudeln vorsichtig aus der Form auf eine große Servierplatte stürzen.

6 Während die Nudeln backen, das Kalbfleisch in ca. 5 × 7 cm große Stücke schneiden. Das Mehl auf einen Teller streuen und mit Salz und Pfeffer würzen. Die Hälfte der Butter und die Hälfte des Olivenöls in einer großen Pfanne erhitzen. So viel Kalbfleisch, wie in der Pfanne Platz hat, im Mehl wenden. Das restliche Fleisch noch nicht bemehlen, weil die Mehlhülle sonst durchweicht.

7 Die Fleischstücke portionsweise 1–2 Minuten pro Seite braten, bis sie außen goldgelb, innen aber noch rosa sind (das Fleisch braucht ausreichend Platz, um richtig zu braten). Auf einen Teller setzen. Das restliche Öl und die restliche Butter in die Pfanne geben und die übrigen Fleischteile braten. Das dünne Fleisch nicht zu lange braten, damit es nicht hart wird. Auf einen Teller setzen.

8 Bei mittlerer Hitze den Bratfond mit Wein loskochen (ca. 3 Minuten). Salbei, Zitronensaft und Brühe hinzufügen. 2 Minuten durchköcheln, dann abschmecken. Das ganze Fleisch wieder in die Pfanne setzen und in der Sauce erwärmen. Vom Herd ziehen.

9 Die Kalbfleischsauce wie auf der gegenüberliegenden Seite, Schritt 3, gezeigt, in die Mitte des Nudelkranzes füllen. Nach Wunsch mit Salbeiblättern garnieren. Die restliche Sauce extra dazu reichen.

Einen Nudelkranz formen

1 Die Form mit weicher Butter einfetten, dann großzügig mit Paniermehl ausstreuen. Die Form dabei drehen und wenden, damit sich das Paniermehl gleichmäßig verteilt.

2 Wenn Sie eine Springform verwenden, die Schnalle öffnen. Die heiße Form mit einem Tuch vorsichtig abheben und den Timpano auf eine Servierplatte stürzen.

3 So viel Kalbfleischsauce wie möglich in die Mitte füllen. Den Kranz mit der restlichen Sauce umgeben.

Die frischen Tagliatelle bleiben auch nach dem Backen saftig

Cannelloni al forno con pollo e funghi

Cannelloni mit Hähnchen- und Pilzfüllung in Béchamelsauce

Diese Teighüllen, deren italienischer Name wörtlich »dickes Schilfrohr« bedeutet, sind äußerst vielseitig. Zwischen frischen und getrockneten Cannelloni besteht ein himmelweiter Unterschied. Der frische Cannelloniteig wird so dünn wie möglich ausgerollt und gibt dadurch eine sehr zarte Hülle für delikate Füllungen wie diese hier ab. Der dünne Teig muß sehr vorsichtig behandelt werden, damit er nicht reißt. Die Cannelloni sollten nicht zu wenig Füllung enthalten, weil sie dann bei Tisch enttäuschen, aber auch nicht zu prall gefüllt sein, weil sie dann nicht mehr schön aussehen. Die Teighüllen können einen Tag im voraus zubereitet, vorgekocht und trockengetupft werden. Dann zwischen Wachspapier oder Folie schichten und kühl stellen. Fazzoletti (s. Seite 120) passen zu dieser Füllung ebenfalls sehr gut. (Abbildung auf Seite 24.)

Zutaten

250 g getrocknete Cannelloni oder 1/2 Portion (250 g) frischer Nudelteig nach dem Rezept Seite 48; so dünn wie möglich ausrollen (s. Seite 52–53) und unmittelbar vor dem Füllen zu 8 × 11 cm großen Cannelloniblättern schneiden

Salz

Für Füllung und Belag

250 g wilde oder Zuchtpilze

60 g Butter

3 Schalotten oder 1 kleine Zwiebel, sehr fein gehackt

3 Hähnchenbrustfilets, sehr fein gehackt

60 g Parma- oder gekochter Schinken oder Mortadella, gehackt

1/3 Teelöffel Nelkenpulver

Salz und weißer oder schwarzer Pfeffer aus der Mühle

1 Ei + 1 Eigelb, verquirlt

1 Portion Béchamel (s. Seite 77)

250 ml einfache Tomatensauce (s. Seite 74) oder Tomatensauce mit Gemüse (s. Seite 75), püriert

30 g frisch geriebener Parmesan

1 Die Pilze für die Füllung mit einer weichen Bürste oder einem Tuch abreiben. Harte Enden abschneiden und wegwerfen. Die Kappen in dünne Scheiben schneiden und dann hacken.

2 Die Butter in einer Pfanne zerlassen. Schalotten oder Zwiebel darin sanft weich dünsten. Die Pilze, das gehackte Hähnchenfleisch, Schinken oder Mortadella, Nelkenpulver, Salz und Pfeffer hinzufügen. Etwa 5 Minuten sanft dünsten, bis das Fleisch Farbe angenommen hat; dabei häufig wenden. Vom Herd ziehen und abkühlen lassen.

3 Backrohr auf 200 Grad (Gas Stufe 3) vorheizen.

4 Ei, Eigelb sowie 3 Eßlöffel Béchamelsauce unter die Hähnchenmischung rühren.

5 5 l Wasser zum Kochen bringen. Die getrockneten Cannelloni und 1 1/2 Eßlöffel Salz in das lebhaft sprudelnde Wasser geben. Die Nudeln halb fertiggaren. Dabei gelegentlich umrühren, damit die Nudeln nicht verkleben. Frische Nudelblätter kurz im kochenden Wasser blanchieren, dann abgießen und kalt abspülen. Auf feuchten Küchentüchern abkühlen lassen. Mit einem Tuch trockentupfen.

6 Den Boden einer Auflaufform mit 2–3 Eßlöffeln Tomatensauce bestreichen. 1–2 Eßlöffel Füllmasse in die Cannelloniröhren stopfen oder die frischen Teigblätter wie unten gezeigt füllen. Nebeneinander in die Form setzen.

7 Die Cannelloni mit der restlichen Tomatensauce überziehen. Béchamel darüberstreichen. Mit Parmesan bestreuen.

8 Die Cannelloni in der mittleren Schiebeleiste des Ofens etwa 15 Minuten überbacken, bis sie goldbraun sind und die Sauce blubbert. Vor dem Servieren 10 Minuten ruhen lassen.

Cannelloni füllen

1 2 gehäufte Eßlöffel Füllmasse an die Breitseite der Nudelblätter setzen; etwa ein Drittel der Fläche damit bedecken.

2 Die Nudelblätter vom gefüllten Ende her zu einem festen Bündel aufrollen. Nebeneinander in eine ofenfeste Form schichten.

Die beiden Saucen halten die Nudeln saftig

Cannelloni al forno con carne di vitello e funghi

Cannelloni mit Kalbfleisch- und Pilzfüllung

Dieses Gericht habe ich einmal in Bologna gegessen, wo Cannelloni immer aus frischen Eiernudeln gemacht werden. Für die Füllung verwendet man häufiger Kalbfleisch statt Rind. Hier kommt wieder einmal die italienische Vorliebe für das zarte Fleisch jüngerer Tiere zum Ausdruck – und auch die Notwendigkeit, Rinder bereits früh zu schlachten, weil es nicht genug Weideland gibt. Außerhalb Italiens ist Kalbfleisch längst nicht so populär, und ich werde oft gefragt, ob man diese Füllung nicht auch mit Hähnchenfleisch zubereiten könne. Im Vergleich zum zarten Kalbfleisch schmeckt Hähnchen ziemlich langweilig; nehmen Sie dann entsprechend mehr Mortadella oder Parmaschinken. Putenfleisch ist etwas aromatischer als Hähnchen und auch ein möglicher Ersatz. Wenn Sie jedoch diese Füllung ganz unverfälscht genießen wollen, sollten Sie Kalbfleisch verwenden. Ich gebe auch einen Klecks Kartoffelpüree unter die Füllung, weil sie dadurch herzhafter schmeckt und eine glattere Konsistenz bekommt. Ausreichend für ca. 24 Cannelloni oder 4 üppige Vorspeisenportionen.

Zutaten

1/2 Portion (250 g) frischer Nudelteig nach dem Rezept Seite 48; so dünn wie möglich ausrollen (s. Seite 52–53) und unmittelbar vor dem Füllen zu 8 × 11 cm großen Cannelloniblättern schneiden

Salz

Für die Füllung

1 kleine, mehlig kochende Kartoffel, ca. 125 g (abbürsten)

75 g Butter

3 große Schalotten oder 1 Zwiebel, sehr fein gehackt

500 g Tatar vom Kalb

90 g Mortadella oder Parmaschinken in dünnen Scheiben, gehackt

1/3 Teelöffel Nelkenpulver

1/4 Teelöffel frisch geriebener Muskat

300 g Pilze, geputzt, geviertelt und hauchdünn aufgeschnitten

ca. 3/4 Teelöffel Salz

4 Eßlöffel trockener Weißwein

30 g frisch geriebener Parmesan

1/4 Teelöffel weißer Pfeffer aus der Mühle

1 Ei + 1 Eigelb, verquirlt

Zum Anrichten

250 ml einfache Tomatensauce (s. Seite 74) oder Tomatensauce mit Gemüse (s. Seite 75), püriert

1/2 Portion Béchamel (s. Seite 77)

1 Die Kartoffel für die Füllung weich garen. Abgießen und sobald Sie sie anfassen können, pellen und mit einem Kartoffeleisen oder Kartoffelstampfer zermusen.

2 Die Butter in einer weiten Pfanne zerlassen. Schalotten oder Zwiebel 4 Minuten darin glasig dünsten. Dann das Fleisch, Mortadella oder Schinken, Nelkenpulver, Muskat, Pilze und Salz hinzufügen. Auf eher kleiner Flamme 4–5 Minuten sautieren, bis das Fleisch einen Hauch Farbe bekommt (es darf nicht hart und braun werden). Das Tatar mit einem Holzlöffel zerkrümeln.

3 Mit Wein ablöschen und ca. 1 Minute einkochen lassen. Die Mischung vom Herd ziehen. Kartoffelpüree, geriebenen Parmesan und Pfeffer unterrühren. Leicht abkühlen lassen, dann Ei und Eigelb einrühren.

4 Die frischen Teigblätter wie auf der gegenüberliegenden Seite, Schritt 5, beschrieben blanchieren.

5 2 gehäufte Eßlöffel Füllmasse an die Breitseite der Nudelblätter setzen; etwa ein Drittel der Fläche damit bedecken. Die Nudelblätter vom gefüllten Ende her aufrollen (s. gegenüberliegende Seite).

6 Backrohr auf 200 Grad (Gas Stufe 3) vorheizen.

7 Suchen Sie eine große rechteckige Auflaufform heraus. Tomatensauce und Béchamel getrennt erwärmen. Die Béchamelsauce mit einem Schneebesen aufrühren und Klümpchen entfernen.

8 Den Boden der Auflaufform mit einem Hauch Béchamel bestreichen. Die Cannelloni mit der Naht nach oben nebeneinander in die Form setzen. Mit Tomatensauce überziehen, dann mit Béchamel bestreichen (Sie brauchen vermutlich nicht die ganze Sauce.)

9 Die Nudeln auf der zweiten Schiene von oben etwa 10 Minuten überbacken, bis sie schön heiß sind und die Sauce Blasen wirft. Nicht zu lange garen. Vor dem Servieren 10 Minuten ruhen lassen.

Gnocchi

Gnocchi, Klösschen und Knödel

In der italienischen Umgangssprache bezeichnet man mit dem Wort »gnocco« einen Einfaltspinsel. In der Küchenterminologie steht der Begriff für Klöße verschiedener Größe und Zusammensetzung. Die meisten Gnocchi werden gegart und mit einer Sauce oder in der Brühe gegessen. Die Gnocchi alla romana aus der römischen Küche dagegen sind feste Plätzchen aus Grieß, Eiern, Milch und Käse, die mit Butter und Käse gebacken werden. Sardische Gnocchi sind aus gehärteter Maispolenta oder Grieß, werden zu Scheiben geformt und mit Tomatensauce und Käse aus Schafsmilch überbacken. In diesem Kapitel stellen wir die verschiedenen Gnocchitypen der italienischen Küche vor.

Gnocchi di ricotta
Ricottaklößchen mit Tomatensauce

Gnocchi di ricotta

Ricottaklößchen mit Tomatensauce

Viele Leute wagen sich nicht an diese herrlichen Gnocchi heran; vermutlich erscheint ihnen das Verhältnis von Ricotta und Mehl recht ungewöhnlich, und sie fürchten, daß die Gnocchi zerkochen. In der Tat sind die Gnocchi aber recht einfach, wenn die Ricotta trocken ist (s. u.). Eine frische oder fruchtige Tomatensauce paßt am besten dazu. Rühren Sie reichlich Basilikum und vielleicht einen Schuß gutes Olivenöl in die fertige Sauce. (Abbildung auf Seite 26.)

Tip

Ricotta wird in höchst unterschiedlicher Konsistenz angeboten. Weiche und flüssige Ricotta vor dem Verarbeiten abtropfen lassen, damit die Gnocchi nicht zuviel Mehl aufsaugen und schwer werden. Die Ricotta 1–2 Tage in ein Sieb setzen und über einer Schüssel abtropfen lassen. Abdecken und über Nacht in den Kühlschrank stellen, bis die Ricotta fest wird.

Zutaten

Salz

1 kg Ricotta, nach Bedarf abtropfen lassen (s. Tip links)

30 g frisch geriebener Parmesan + Käse zum Servieren

3 Eßlöffel frisch gehackte Petersilie

1/4 Teelöffel frisch geriebener Muskat

90 g (oder nach Bedarf mehr) Mehl

Zum Anrichten

1 Portion frische Tomatensauce oder Tomatensauce mit Gemüse (beide auf Seite 75)

8 große Basilikumblätter, in winzige Stückchen gerissen, und etwas Basilikum zum Garnieren

1–2 Eßlöffel natives Olivenöl extra (nach Wunsch)

1 5 l Wasser in einem großen Topf zum Kochen bringen und 2 Eßlöffel Salz einstreuen.

2 Unterdessen Ricotta, Parmesan, Petersilie, Muskat, 1 Teelöffel Salz und das Mehl in einer Schüssel gründlich vermischen.

3 Mit zwei Teelöffeln ein ungefähr walnußgroßes Probeklößchen formen.

4 Das Klößchen in das sprudelnde Wasser geben. Sobald es nach 30–45 Sekunden an die Oberfläche steigt, mit einem Schaumlöffel herausfischen. Wenn das Klößchen nicht zerkocht, den Teig zu Gnocchi formen. Jeweils nur die Menge Klößchen ins Wasser geben, die Sie auch leicht herausfischen können. Wenn das Probeklößchen zu weich ist, mehr Mehl unter den Teig geben; der Teig sollte fest, aber nicht zu schwer sein.

5 Die gegarten Gnocchi nebeneinander (nicht übereinander) auf eine Servierplatte setzen.

6 Während die Gnocchi garen, die Sauce erwärmen. Vom Herd nehmen, Basilikum und nach Wunsch das Olivenöl einrühren. Die Gnocchi mit Sauce überziehen. Mit Basilikum garnieren und mit Parmesan bestreuen.

Gnocchi di ricotta e spinaci

Ricotta-Spinat-Klößchen

Zutaten

2 kg Spinat (waschen und Stengel abtrennen)

500 g Ricotta (abtropfen lassen, s. Tip oben)

Salz

4 Eßlöffel fein geriebene Zwiebel

30 g frisch geriebener Parmesan + Käse zum Servieren

30 g (oder nach Bedarf) mehr Mehl

1/3 Teelöffel frisch geriebener Muskat

4 große Eiweiße

weißer oder schwarzer Pfeffer aus der Mühle

1 Den Spinat nur mit dem Wasser, das vom Waschen noch an den Blättern haftet, in einen großen Topf füllen. Abdecken und unter gelegentlichem Wenden 5–10 Minuten dämpfen. Tiefkühlspinat nach Packungsanweisung garen. Vom Herd nehmen, abtropfen und abkühlen lassen, bis Sie das Gemüse anfassen können. Soviel Wasser wie möglich auspressen. Sehr fein hacken und beiseite stellen.

2 Ricotta, Spinat, 1 Teelöffel Salz und die übrigen Zutaten mit einem Holzlöffel verrühren. 5 l Wasser in einem großen Topf zum Kochen bringen. 2 Eßlöffel Salz einstreuen.

3 Mit zwei Teelöffeln ein ungefähr walnußgroßes Probeklößchen formen.

4 Das Klößchen in das sprudelnde Wasser geben. Sobald es nach 30–45 Sekunden an die Oberfläche steigt, mit einem Schaumlöffel herausfischen. Wenn das Klößchen nicht zerkocht, den Teig zu Gnocchi formen. Jeweils nur die Menge Klößchen ins Wasser geben, die Sie auch leicht herausfischen können. Wenn das Probeklößchen zu weich ist, mehr Mehl unter den Teig geben; der Teig sollte fest, aber nicht zu schwer sein.

5 Die gegarten Gnocchi nebeneinander auf eine Servierplatte setzen. Mit Parmesan bestreuen und zu Tisch bringen.

Gnocchi di patate con pesto alla Silvana

Kartoffelgnocchi mit Pesto nach Silvanas Art

Viele Rezepte für Kartoffelgnocchi verlangen Eier, Eiweiß und sogar Backpulver. Eier helfen zwar, den Teig zu binden, machen den Teig aber auch feuchter, weshalb man mehr Mehl braucht. Eier machen die Gnocchi auch unangenehm elastisch. Man kann leider kein absolut genaues Rezept für Kartoffelgnocchi aufstellen, weil die benötigte Mehlmenge vom Feuchtigkeitsgehalt der Kartoffeln abhängt. Es gibt jedoch eine Faustregel: je weniger Mehl, um so leichter die Gnocchi.

Gnocchi formen

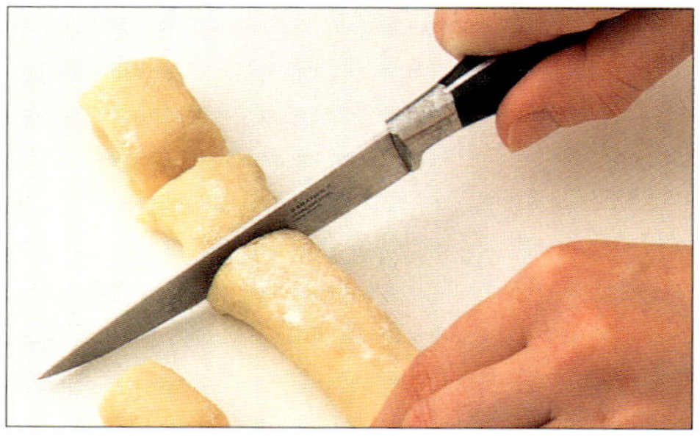

1 Den Teig zu einer ca. 1,5 cm dicken Schnur rollen. Die kleineren Gnocchetti aus 1 cm dicken Teigsträngen formen. Den Strang in 1,5 cm oder (für Gnocchetti) in 1 cm lange Stücke schneiden. Die Teigstückchen zu Kugeln rollen.

2 Die Teigkugel mit dem Daumen festhalten und auf einem hölzernen Butterspatel entlangstreifen oder über die mittleren Löcher einer Reibe ziehen; dabei leichten Druck ausüben. So entsteht die typische Delle und das Rillenmuster (durch die Delle werden die Gnocchi leicht und können gleichmäßig garen).

Zutaten

Für die Gnocchi

750 g gleich große, mehlig kochende Kartoffeln

ca. 125 g (oder nach Bedarf mehr) Mehl

Salz

1 Messerspitze weißer Pfeffer aus der Mühle

Zum Anrichten

1 Portion Basilikumpesto nach Silvanas Art (s. Seite 107)

frisch geriebener Parmesan

1 Backrohr auf 200 Grad (Gas Stufe 3) vorheizen.

2 Die Kartoffeln auf ein Backblech setzen und je nach Größe 45–60 Minuten garen. In der Zwischenzeit drei Backbleche mit Küchentüchern auslegen.

3 Das Mehl auf ein großes Nudelbrett oder eine Arbeitsfläche häufen. In der Mitte eine Mulde formen. Wenn die Kartoffeln noch warm, aber bereits so weit abgekühlt sind, daß Sie sie anfassen können, die Schale mit einem Messer abziehen. Die Kartoffeln müssen noch warm sein, wenn sie mit dem Mehl verarbeitet werden. Die Kartoffeln durch eine Presse direkt in die Mulde drücken (oder von Hand zermusen und in die Mulde füllen). 1 Teelöffel Salz und Pfeffer über die Kartoffelmasse streuen.

4 Das Mehl von außen nach innen in die Kartoffeln einarbeiten und einen gleichmäßigen, zarten Teig herstellen. Die Mehlmenge hängt vom Feuchtigkeitsgehalt der Kartoffeln ab. Das Mehl deshalb nur portionsweise einarbeiten. Den Teig nicht zu fest kneten; er sollte geschmeidig, aber keinesfalls klebrig sein.

5 Den Teig 5 Minuten lang sanft durchkneten. Den Teig dann vierteln und portionsweise verarbeiten. Den Rest in der Zwischenzeit abdecken und kühl stellen (nicht länger als 30 Minuten). Die Gnocchi wie links gezeigt formen. Wenn der Teig etwas klebrig wird, die Schnüre und den Spatel mit etwas Mehl bestäuben. Wenn der Teig insgesamt zu klebrig wirkt, wieder zu einer Kugel formen und noch etwas Mehl einarbeiten.

6 Die Gnocchi nebeneinander auf die Bleche setzen. Sie können die so vorbereiteten Gnocchi bis zu 3 Stunden im Kühlschrank aufheben.

7 Den Boden einer Servierplatte mit etwas Pesto oder Butter bestreichen; Platte vorwärmen.

8 5 l Wasser in einem großen Topf zum Kochen bringen. 2 Eßlöffel Salz hineingeben. Ein Tuch aufheben und die Gnocchi ins Wasser gleiten lassen. Mit einem Holzlöffel umrühren. Sobald die Gnocchi an die Oberfläche steigen, mit einer Schaumkelle herausfischen und 2–3 Minuten in einem Sieb abtropfen lassen. Die übrigen Gnocchi genauso garen.

9 Die Gnocchi nebeneinander auf die vorbereitete Servierplatte setzen. Den Pesto mit ein paar Teelöffeln Kochwasser cremig rühren. Die Gnocchi mit Pesto überziehen und mit einem Hauch Parmesan bestreuen. Sofort servieren.

Tip

Da der Gnocchiteig möglichst wenig Mehl enthalten soll, nimmt man am besten ältere Kartoffeln. Junge Kartoffeln enthalten mehr Wasser. Man kann die Kartoffeln in der Schale kochen oder dämpfen. Zum Zermusen empfiehlt sich ein Kartoffeleisen, da ein Kartoffelstampfer oder eine Gabel Klümpchen hinterlassen; in der Küchenmaschine werden die Kartoffeln schmierig.

Vorbereitung

Die fertig ausgeformten Gnocchi können Sie auf den Blechen ruhen lassen, in Folie oder Wachspapier einschlagen und bis zu 3 Stunden im Kühlschrank aufbewahren. Wenn Sie die Gnocchi länger aufheben möchten, die Gnocchi wie beschrieben garen und in einer Lage auf einem Blech ausbreiten. Auf dem Blech einfrieren (mehrere Stunden). Die gefrorenen Gnocchi dann in einen Plastikbeutel oder einen Behälter füllen. Sie halten sich einen Monat lang frisch. Zum Auftauen direkt in sprudelndes Salzwasser werfen und garen, bis sie an die Oberfläche steigen. Nach Rezept anrichten.

Gnocchi di patate con ragù di manzo

Kartoffelgnocchi mit Rindfleischsauce

Kartoffelgnocchi werden oft mit einer Tomaten- oder Fleischsauce serviert. Ich esse dieses Ragù aus Rindfleisch besonders gern zu Gnocchi. Diese Sauce ist eine spontane Erfindung meiner Mutter und erinnert in ihrer Zusammenstellung an die Fleischsaucen des achtzehnten Jahrhunderts.

Bis Anfang des zwanzigsten Jahrhunderts machte man Ragù ohne Tomaten; man verwendete statt dessen Zimt, Muskat und andere Gewürze. Das Fleisch wurde oft in sehr kleine Stückchen geschnitten oder geschnetzelt statt durch den Fleischwolf gedreht. Dadurch wirkte die Sauce eher wie ein leichtes Ragout (daher der Name). Dieses moderne Ragù wird mit Nelkenpulver aromatisiert und fällt in jene Kategorie. Es schmeckt auch hervorragend zu hausgemachten Pappardelle (s. Seite 52) und sogar zu getrockneten Nudeln wie Gnocchetti oder Cavatelli.

Zutaten

1 Portion Kartoffelgnocchi (s. gegenüberliegende Seite)

Für das Ragù

3 Eßlöffel natives Olivenöl extra

30 g Mehl zum Wenden

1/4 Teelöffel Nelkenpulver

1/4 Teelöffel schwarzer Pfeffer aus der Mühle

750 g Nackensteak oder ein Bratenstück vom Rind, pariert und gewürfelt

1 große Zwiebel, sehr fein gehackt

2 Mohrrüben, gehackt

2 Selleriestengel mit Blattgrün, gehackt

250 g Tomaten, gehäutet, entkernt und zermust

500 ml frische Rinderbrühe (oder 1 Brühwürfel in 500 ml Wasser auflösen)

1 großes Lorbeerblatt

Salz

1 Das Öl für das Ragù in einer schweren Pfanne oder einem Stieltopf erhitzen. Inzwischen das Mehl auf einen Teller streuen und mit Nelkenpulver und Pfeffer vermischen.

2 Das Fleisch sorgfältig mit Küchenkrepp abtrocknen. Leicht in dem gewürzten Mehl wenden. Das Fleisch in die Pfanne setzen und bei mittlerer Hitze auf beiden Seiten bräunen (ca. 10 Minuten).

3 Zwiebel, Mohrrübe und Sellerie hinzufügen und bei eher milder Hitze andünsten. Umrühren, dann die Tomaten, die Hälfte der Rinderbrühe und das Lorbeerblatt hineingeben. Teilweise abdecken und auf kleiner Flamme schmoren, bis das Fleisch zart ist (ca. 50 Minuten). Ab und zu umrühren, damit nichts anbrennt. Die restliche Brühe nach Bedarf portionsweise hinzugießen, damit die Sauce nicht austrocknet.

4 Die Gnocchi wie auf der gegenüberliegenden Seite, Schritt 8, beschrieben garen. Das Ragù mit 1/2 Teelöffel Salz oder nach Geschmack würzen und mit Pfeffer abrunden. Die Gnocchi abgießen und mit dem Ragù anrichten.

Gnocchi di patate con salsa di spinaci

Kartoffelgnocchi mit Spinatsauce

Traditionsgemäß ißt man Kartoffelgnocchi mit Pesto, einfachen Tomatensaucen oder Gorgonzolasauce. Die Kombination von Kartoffelgnocchi und Spinatsauce ist etwas Neues. Ich finde, diese Sauce paßt hervorragend zu Gnocchi, die nach einer würzigen Begleitung verlangen. Wenn man die Zutaten einmal vorbereitet hat, ist die Sauce schnell gemacht. Formen und kochen Sie zuerst die Gnocchi und halten Sie sie bis zum Anrichten warm. Die Sauce paßt auch gut zu frischen oder getrockneten Fettuccine oder Tagliatelle.

Zutaten

1 Portion Kartoffelgnocchi (s. gegenüberliegende Seite)

Für die Sauce

500 g frischer Spinat (waschen und Stengel abschneiden)

60 g Butter

1 Zwiebel, gerieben oder fein gehackt

350 ml Doppelrahm

1 Prise frisch geriebener Muskat

Salz

60 g frisch geriebener Parmesan + Käse zum Servieren

weißer Pfeffer aus der Mühle

1 Den Spinat nur mit dem Wasser, das vom Waschen noch an den Blättern haftet, in einen großen Topf füllen. Abdecken und unter gelegentlichem Wenden 4–5 Minuten dämpfen. Vom Herd nehmen, abtropfen und abkühlen lassen, bis Sie das Gemüse anfassen können. Soviel Wasser wie möglich auspressen. Sehr fein hacken und beiseite stellen.

2 Die Butter in einer weiten Pfanne erhitzen. Die Zwiebel 4 Minuten bei mittlerer Hitze glasig dünsten. Den Spinat hinzufügen, mit der Zwiebel vermischen und 1 Minute mitdünsten.

3 Doppelrahm, Muskat und 1/3 Teelöffel Salz in die Pfanne geben und zum Köcheln bringen. Den Parmesan einrühren, abschmecken und vom Herd nehmen.

4 Unterdessen die Gnocchi wie auf der gegenüberliegenden Seite, Schritt 8, beschrieben garen. Abgießen und mit der Sauce anrichten. Bei Tisch geriebenen Parmesan dazu reichen.

Gnocchetti con pomodoro e mozzarella

Kartoffelgnocchetti mit Tomaten und Mozzarella

Vor vielen Jahren machte ich einmal Ferien an der amalfitanischen Küste. Die Freunde meiner Tante führten uns in eine kleine Trattoria in den Hügeln von Capo di Sorrento. Ich erinnere mich nicht mehr an den Namen, aber ich weiß noch, daß das Lokal an einem Hang unter der Terrasse eines Wohnhauses lag. Vielleicht gibt es die Trattoria gar nicht mehr; doch den phantastischen Geschmack der Gnocchi, die ich damals mit meinen ungefähr siebzehn Jahren aß, habe ich nicht vergessen. Die Gnocchi waren überzogen mit einer feinen Sauce aus Tomaten, die an den Stauden vor dem Haus gereift waren. Und das Ganze wurde mit frischem Mozzarella aus der Gegend überbacken. (Abbildung auf Seite 26.)

Zutaten

1 Portion Gnocchetti (s. Seite 144)

Olivenöl für die Form

Zum Anrichten

1 Portion frische Tomatensauce (s. Seite 75); statt Petersilie frisches Basilikum verwenden

175 g frischer Mozzarella

1 Die Gnocchetti nach der Anleitung auf Seite 144 zubereiten. Auf Backbleche, die mit Küchentüchern ausgelegt wurden, setzen. Eine ofenfeste Form mit warmem Olivenöl einpinseln.

2 5 l Wasser in einem großen Topf zum Kochen bringen. 2 Eßlöffel Salz hineingeben. Ein Tuch aufheben und die Gnocchetti ins Wasser gleiten lassen. Mit einem Holzlöffel umrühren. Sobald die Gnocchetti an die Oberfläche steigen, mit einer Schaumkelle herausfischen und 2–3 Minuten in einem Sieb abtropfen lassen. Die übrigen Klößchen genauso garen. Die abgetropften Gnocchetti nebeneinander in die Form füllen.

3 Backrohr auf 230 Grad (Gas Stufe 4) vorheizen.

4 Die Gnocchetti mit etwas Sauce überziehen und mit Mozzarella bestreuen. Die Form in die oberste Schiene des Backofens schieben. Die Gnocchi 5 Minuten überbacken, bis der Mozzarella zu schmelzen beginnt. Sofort servieren.

Gnocchi di spinaci alla Marcella

Spinatgnocchi nach Marcellas Art

Noch ein Rezept von Marcella Falcomer, das mir so gut geschmeckt hat. Diese Gnocchi haben wenig mit den Spinatklößchen auf Seite 143 zu tun, sondern ähneln eher klassischen Kartoffelgnocchi, die mit Ricotta und Spinat angereichert wurden. Entfernen Sie alle Spinatstengel, damit das Püree cremiger wird. Nehmen Sie bei Tiefkühlspinat nur erstklassige Marken, die keine Stengel verarbeiten. Marcella serviert diese köstlichen Gnocchi mit einer sehr einfachen Tomatensauce, die mit einem oder zwei Eßlöffel Butter verfeinert wird. Dadurch gerät die Sauce seidig-glatt und mild. (Abbildung auf Seite 27.)

Vorbereitung

Sie können die fertig ausgeformten Gnocchi auf Blechen ruhen lassen, in Folie oder Wachspapier einschlagen und bis zu 3 Stunden im Kühlschrank aufbewahren. Wenn Sie die Gnocchi länger aufheben möchten, die Gnocchi wie beschrieben garen und in einer Lage auf einem Blech ausbreiten. Auf dem Blech einfrieren (mehrere Stunden). Die gefrorenen Gnocchi dann in einen Gefrierbeutel oder einen Behälter füllen. Sie halten sich einen Monat lang frisch. Zum Auftauen direkt in sprudelndes Salzwasser werfen und garen, bis sie an die Oberfläche steigen. Nach Rezept anrichten.

Zutaten

Für die Gnocchi

250 g mehlig kochende Kartoffeln, gewaschen und getrocknet

500 g frischer Spinat (sorgfältig waschen und Stengel abtrennen) oder 300 g TK-Spinat ohne Stengel

125 g Ricotta (abtropfen lassen; s. Tip Seite 143)

30 g frisch geriebener Parmesan

1 Ei

1 Messerspitze frisch geriebener Muskat

1/2 Teelöffel Salz (oder nach Geschmack)

1 Messerspitze weißer oder schwarzer Pfeffer aus der Mühle

175 g Mehl

Zum Anrichten

1 Portion frische Tomatensauce (s. Seite 75), einfache Tomatensauce (s. Seite 74) oder Tomatensauce mit Gemüse (s. Seite 75; mit Butter statt mit Olivenöl kochen)

15 g Butter

2 Teelöffel frisch gehackte Petersilie oder 6–8 große frische Basilikumblätter, in kleine Stücke gerissen

frisch geriebener Parmesan

1 Backrohr auf 200 Grad (Gas Stufe 3) vorheizen.

2 Die Kartoffeln je nach Größe 45-60 Minuten im heißen Backrohr weich garen (oder weich dämpfen; s. Tip Seite 144). Drei Backbleche mit sauberen Küchentüchern abdecken und beiseite stellen.

3 Den Spinat nur mit dem Wasser, das vom Waschen noch an den Blättern haftet, in einen großen Topf füllen. Abdecken und unter gelegentlichem Wenden 5-10 Minuten dämpfen. Tiefkühlspinat nach Packungsanweisung garen. Vom Herd nehmen, abtropfen und abkühlen lassen, bis Sie das Gemüse anfassen können. Soviel Wasser wie möglich auspressen. Sehr fein hacken oder in der Küchenmaschine pürieren. Beiseite stellen.

4 Sobald die Kartoffeln noch heiß, aber so weit abgekühlt sind, daß Sie sie anfassen können, pellen und durch ein Kartoffeleisen drücken oder mit einem Kartoffelstampfer bzw. einer Gabel zermusen. Das Kartoffelpüree in einer großen Schüssel mit Spinat, Ricotta, Parmesan, Ei, Muskat, 1/2 Teelöffel Salz und Pfeffer verrühren.

5 Das Mehl auf ein großes Nudelbrett häufen. In die Mitte eine Vertiefung drücken. Die Spinatmischung hineinsetzen. Nach und nach das Mehl vom Rand her in die Spinatmasse arbeiten und einen weichen, glatten und leicht klebrigen Teig herstellen. Den Teig nicht zu stark kneten. Nach und nach Mehl hinzufügen, bis die Masse trocken, aber nicht hart ist. Die genaue Mehlmenge hängt vom Feuchtigkeitsgehalt der übrigen Zutaten ab. Dabei gilt: je weniger Mehl, um so leichter die Gnocchi.

6 Die Gnocchi nach der Anleitung auf Seite 144 ausformen. Auf Backblechen ausbreiten. Die rohen Gnocchi lassen sich einige Zeit im Kühlschrank aufbewahren (s. Vorbereitung, links).

7 Den Boden einer großen Servierplatte mit einem Hauch Tomatensauce bestreichen und warm halten.

8 5 l Wasser in einem großen Topf zum Kochen bringen. 2 Eßlöffel Salz hineingeben. Ein Tuch aufheben und die Gnocchi ins Wasser gleiten lassen. Mit einem Holzlöffel umrühren. Sobald die Gnocchi an die Oberfläche steigen, mit einer Schaumkelle herausfischen und 2-3 Minuten in einem Sieb abtropfen lassen. Die übrigen Gnocchi genauso garen. Sie können die so vorbereiteten Gnocchi einfrieren (s. Vorbereitung, links).

9 Die Tomatensauce erwärmen und mit Butter verfeinern. Die Sauce 5 Minuten durchköcheln lassen. Vom Herd nehmen und Basilikum oder Petersilie einrühren. Die Gnocchi mit Sauce überziehen, mit Parmesan bestreuen und sofort servieren.

Gnocchi di patate dolci al gorgonzola

Süßkartoffelgnocchi mit Gorgonzolasauce

Nach der Entdeckung der Neuen Welt gelangten viele neue Nahrungsmittel nach Italien. Darunter waren auch Süßkartoffeln und verschiedene Kürbissorten. Es scheint eine Eigenheit der Italiener zu sein, fremde Ideen aufzunehmen und in etwas völlig Neues zu verwandeln. In Großbritannien wurden die neuartigen Kartoffeln gekocht, in Deutschland gebraten — und in Italien machte man Gnocchi daraus. Analog verarbeitete man wie hier die verschiedensten Kürbisse zu Gnocchi.
Ich habe zu diesen Gnocchi immer eine Mandelsauce oder die ganz klassische Sauce aus Butter und Salbei (s. Variante) serviert. Vor einigen Jahren war ich mit einigen Foodjournalisten in Parma. Im La Greppia, einem wunderbaren Restaurant in der Stadtmitte, bekam ich die Gnocchi mit Gorgonzolasauce. Wir alle fanden diese Kombination sehr gelungen, denn die scharfe Sauce bildete den richtigen Hintergrund für die süßen Klößchen. Auch hier habe ich Süßkartoffeln anstelle von traditionellem italienischen Kürbis verwendet (s. Tip, Seite 118).

Zutaten

Für die Gnocchi

750 g gleich große Süßkartoffeln oder Yam

15 g Butter

2 Eßlöffel frisch geriebener Parmesan

Salz

1 Prise weißer Pfeffer aus der Mühle

ca. 125 g Mehl (nach Bedarf mehr)

Zum Anrichten

1 Portion Gorgonzolasauce (s. Seite 77)

1 Backrohr auf 180 Grad (Gas Stufe 2) vorheizen.

2 Die Süßkartoffeln oder Yam mit einer Gabel einstechen. Direkt auf den Gitterrost legen und im Rohr weich garen (ca. 1 Stunde). Sobald die Kartoffeln so weit abgekühlt sind, daß Sie sie anfassen können, schälen und würfeln. Unterdessen drei Backbleche mit frischen und trockenen Küchentüchern auslegen.

3 Die Butter vorzugsweise in einer Pfanne mit Antihaftbeschichtung erwärmen. Süßkartoffeln oder Yam hineingeben. Auf kleiner Flamme etwa 8 Minuten rösten und häufig umrühren, damit überschüssige Feuchtigkeit entweichen kann. Leicht abkühlen lassen. Die warmen Kartoffeln oder Yam mit einem Kartoffeleisen oder -stampfer bzw. mit einer Gabel pürieren. Hierfür keine Küchenmaschine verwenden.

4 Das Püree in eine Schüssel füllen. Parmesan, 1/2 Teelöffel Salz und Pfeffer aus der Mühle unterziehen. Das Mehl auf ein großes Nudelbrett häufen. In die Mitte eine Mulde drücken. Die warmen Süßkartoffeln hineinfüllen. Nach und nach vom Rand her das Mehl einarbeiten und rasch einen Teig herstellen. Der Teig muß gleichmäßig und weich sein, darf aber nicht kleben. Nach Bedarf etwas mehr Mehl dazugeben.

5 Die Gnocchi nach der Anleitung auf Seite 144 ausformen. Wenn der Teig klebrig wird, den Butterspatel oder die Reibe mit Mehl bestäuben.

6 Die Gnocchi in einer Lage auf Backblechen ausbreiten. Die rohen Gnocchi lassen sich einige Zeit im Kühlschrank aufbewahren (s. Vorbereitung, Seite 147).

7 5 l Wasser in einem großen Topf zum Kochen bringen. 2 Eßlöffel Salz einstreuen. Ein Tuch aufheben und die Gnocchi ins Wasser gleiten lassen. Mit einem Holzlöffel umrühren. Sobald die Klößchen an die Oberfläche steigen, mit einer Schaumkelle herausfischen und in einem Sieb abtropfen lassen.

8 Die Gnocchi in einer Lage auf einer Servierplatte anrichten. Die übrigen Gnocchi genauso verarbeiten. Sie können die so vorbereiteten Gnocchi einfrieren (s. Vorbereitung, Seite 147). Die Sauce erwärmen und über die Gnocchi gießen. Servieren.

Variante

Für eine Salbeisauce 125 g Butter im Wasserbad oder in einem Topf mit schwerem Boden erhitzen. Fünf oder sechs große Salbeiblätter hineingeben und umrühren. Den Salbei 4–5 Minuten in der Butter ziehen lassen. 175 ml Doppelrahm einrühren und 2 Minuten köcheln und eindicken lassen. Den Topf vom Herd nehmen und 90 g frisch geriebenen Parmesan unterziehen. Die Salbeiblätter herausfischen. Die Gnocchi mit Sauce beträufeln und mit Parmesan bestreuen.

Gnocchi di semolino alla romana

Grießplätzchen römische Art

Es ist nicht ganz klar, warum diese Grießplätzchen auf Italienisch auch »Gnocchi« heißen, obwohl sie eigentlich nichts mit den Kartoffelgnocchi gemeinsam haben. Ich vermute, ihr Aussehen ist für diesen Namen verantwortlich. Die klassische römische Spezialität ist um einige Jahrhunderte älter als Kartoffelgnocchi und wird gewöhnlich im Frühjahr zur Osterzeit gemacht. Grieß wird wie Polenta zu einem Brei verkocht, den man fest werden läßt. Die Gnocchi werden aus der festen Grießmasse, in die auch Eier und Käse kommen, ausgestochen. Das köstliche und zarte Gericht ist den Aufwand wert – der im Vergleich zu anderen Gnocchi meiner Ansicht nach ohnehin recht gering ausfällt. Einige Italiener mischen die Milch mit Fleischbrühe, damit die Gnocchi kräftiger schmecken und eine leichtere Konsistenz erhalten. Ich mag beide Varianten. (Abbildung auf Seite 26.)

ZUTATEN

1 l Milch oder ein Gemisch aus Milch und leichter Fleischbrühe (s. Seite 68) oder einer anderen würzigen Brühe

250 g feiner Grieß

1 Teelöffel Salz

75 g weiche Butter + Butter für die Form

125 g frisch geriebener Parmesan

1/4 Teelöffel frisch geriebener Muskat

1 großes Ei, verquirlt

1 Backrohr auf 230 Grad (Gas Stufe 4) vorheizen.

2 Ein Nudel- oder Schneidbrett leicht einölen. Eine Auflaufform (ca. 28 × 35 cm) großzügig buttern. Einen Krug kaltes Wasser neben dem Brett bereitstellen.

3 Die Milch oder Milch-Brühe-Mischung in einen hohen Topf gießen. Grieß und Salz langsam hineinrieseln lassen und mit einem Schneebesen verrühren, damit sich keine Klümpchen bilden. Die Herdplatte einschalten und weiterrühren, bis sich der Grieß leicht von der Topfwand löst (ca. 20 Minuten). Den Grieß vom Herd nehmen, aber weiterrühren.

4 60 g Butter, die Hälfte des Parmesans, Muskat und zum Schluß das Ei unterziehen; alle Zutaten gut vermischen. Mit dem Schneebesen rasch weiterschlagen, damit das Ei im heißen Grieß nicht stockt.

5 Den Grieß mit einem breiten Teigspatel ca. 5 mm dünn auf das geölte Brett streichen. Den Spatel oder einen Löffel in das kalte Wasser tauchen und den Grieß damit glattstreichen. Etwa 15 Minuten ruhen lassen.

6 Mit einem Glas oder Keksförmchen (6 cm Durchmesser) Kreise aus der festen Grießmasse ausstechen. Sie können den Grieß auch in Quadrate teilen.

7 Die Grießscheiben dachziegelartig in eine Auflaufform schichten. Die restliche Butter zerlassen. Den Rest Parmesan über die Grießplätzchen streuen, dann mit Butter beträufeln. In der obersten Schiene des Ofens überbacken, bis die Plätzchen goldbraun aussehen und Blasen werfen. Vor dem Servieren 10 Minuten ruhen lassen.

Gnocchi di semolino con ragù alla sarda

Sardische Grießplätzchen mit Fleischsauce

Diese polentaartigen Gnocchi sind eine Spezialität Sardiniens und mit den römischen Gnocchi (s. o.) verwandt. Statt Grieß können Sie auch Polentamehl verwenden. Diese Gnocchi ähneln dann einer Pasticciata di polenta. Ich habe das Gericht von meiner Mutter gelernt. Der einzige Unterschied zum Rezept meiner Mutter besteht in der Form der Plätzchen: die Polenta wird in Quadrate, nicht in Kreise geschnitten – nach Wunsch können Sie das hier auch tun. Das unkomplizierte Gericht wurzelt in der Bauernküche, und so ist die Sauce das einzig Aufwendige daran. Sie können eine einfache Tomaten-Fleisch-Sauce oder ein gewichtigeres Ragù (s. Seite 71–73) dazu servieren.

ZUTATEN

Butter für die Form

1 l Milch

250 g feiner Grieß

1/2 Teelöffel Salz

eine beliebige Fleischsauce (s. Seite 71–73)

250 g halbfester sardischer Pecorino, toskanische Caciotta oder Queso Manchego, gewürfelt

1 Backrohr auf 230 Grad (Gas Stufe 4) vorheizen.

2 Ein Nudel- oder Schneidbrett leicht einölen. Eine Auflaufform (ca. 28 × 35 cm) großzügig buttern. Einen Krug kaltes Wasser neben dem Brett bereitstellen. Die Sauce erwärmen und durchköcheln lassen. In der Zwischenzeit die Gnocchi vorbereiten.

3 Die Milch in einen weiten und hohen Topf gießen. Grieß und Salz wie oben, Schritt 3, beschrieben mit einem Schneebesen einrühren.

4 Den Grieß wie oben, Schritt 5, beschrieben auf das Brett streichen und auskühlen lassen. Den festen Grieß in Kreise oder Quadrate schneiden (s. oben, Schritt 6)

5 Eine Lage Grießscheiben in die Auflaufform schichten. Eine Lage Ragù und eine Lage Käse darüber verteilen. Mit den übrigen Grießplätzchen abdecken. Mit einer Schicht Sauce und Pecorino abschließen. Die Plätzchen in der obersten Schiene des Ofens überbacken, bis sie goldbraun aussehen und Blasen werfen. Aus dem Rohr holen und vor dem Servieren 10 Minuten ruhen lassen.

Canederli

Südtiroler Speckknödel in Fleischbrühe

Speckknödel, die in anderen Regionen Italiens Canederli, Tirolerknödel oder Gnocchi di pane heißen, sind eine Spezialität des Trentino, Südtirols und der benachbarten Regionen Friaul und Julisch Venetien, deren Kultur und Küche stark durch die Habsburger und die slawischen Völker beeinflußt wurde. Diese Knödel sind eine wunderbare Verwertungsmöglichkeit für altbackenes Brot. Traditionsgemäß kommt Südtiroler Speck (eigentlich geräucherter und luftgetrockneter Schinken) in die Knödel. Sie können statt dessen aber auch Parmaschinken und/oder italienische Salami verwenden.
In einer würzigen hausgemachten Fleisch- oder Gemüsebrühe serviert, geben die Knödel ein einfaches, aber köstliches Gericht ab. Nehmen Sie für das Rezept nur herzhaftes, gesäuertes Brot. Weiches und flaumiges Weißbrot paßt hier nicht. Das Brot muß unbedingt altbacken sein; geröstetes oder weiches, frisches Brot ist nicht geeignet. (Abbildung gegenüberliegende Seite und Seite 26.)

Zutaten

250 g altbackenes Brot ohne Rinde (nach Bedarf etwas mehr)

4 Eier und 1 Eiweiß, verquirlt

1/4 Teelöffel frisch geriebener Muskat

1/2 Teelöffel Salz (oder nach Geschmack)

250 ml Milch

45 g Butter

1 große Zwiebel, sehr fein gehackt

60 g Südtiroler Speck oder Parmaschinken, in Scheiben geschnitten und gehackt

60 g italienische Salami, gehackt

4 Eßlöffel Mehl

2 Eßlöffel frisch gehackte Petersilie

2 Eßlöffel frisch gehackter Schnittlauch oder Frühlingszwiebelhalme

schwarzer oder weißer Pfeffer aus der Mühle

1 Portion leichte Fleischbrühe (s. Seite 68)

frisch geriebener Parmesan zum Servieren

1 Das Brot mit den Händen fein zerzupfen. Eier und Eiweiß, Muskat, Salz und Milch in einer Schüssel vermischen. Das Brot hineingeben und einweichen lassen, bis die ganze Flüssigkeit aufgesogen und das Brot durch und durch feucht ist. Wenn die Masse zu flüssig ist, etwas mehr zerpflücktes Brot hinzufügen, bis eine gleichmäßige Masse entsteht, die sich gut verarbeiten läßt. Mit den Händen Brot und Eimischung vermengen.

2 Unterdessen die Butter in einer Pfanne erwärmen. Die Zwiebel etwa 6 Minuten bei eher sanfter Hitze darin weich dünsten. Schinken und Salami hinzufügen und 2 Minuten mitdünsten. Den Pfanneninhalt zusammen mit Mehl, Petersilie, Schnittlauch oder Frühlingszwiebel und Pfeffer unter die Brotmasse rühren.

3 Die Brühe in einem großen Topf erhitzen. Teilweise abdecken, damit nicht zu viel Brühe verdampft.

4 Mit den Händen etwas Teig zu einer walnußgroßen Kugel formen. Den Probeknödel in die kochende Brühe werfen. Wenn er nicht zerkocht, den restlichen Teig zu Knödeln von der Größe einer kleinen Mandarine formen. Wenn der Probeknödel zerkocht, etwas mehr Mehl unter den Teig geben.

5 Alle Knödel gleichzeitig in die heiße Brühe geben und garen, bis sie an die Oberfläche steigen. Den Topf vom Herd nehmen. Die Knödel mit etwas Brühe und frisch geriebenem Parmesan servieren.

Variante

In Südtirol und im Trentino kennt man außerdem Schwarteknödel, die aus altbackenem Schwarzbrot gemacht werden. Sie werden ebenfalls in Fleischbrühe gegart, dann aber mit Sauerkraut oder zu Braten serviert. Ersetzen Sie das Weißbrot durch altbackenes Roggenbrot und den Südtiroler Speck durch mageren Frühstücksspeck. Nehmen Sie statt der Frühlingszwiebelhalme eine kleine und sehr fein gehackte Zwiebel und eine kleine, sehr fein gehackte Knoblauchzehe. Den Muskat weglassen. Wie beschrieben zubereiten.

Ricette regionali

REGIONALREZEPTE

Italienische Volkskundeforscher konnten in den zwanzig Regionen der Halbinsel zweitausend verschiedene Nudeltypen ausmachen. Jede Region hat ihre eigene Küche entwickelt, die von den Traditionen der dort ansässigen Völker und verschiedenen Eroberern geprägt wurde. Hinzu kamen zahlreiche Ausländer, die sich in Italien verliebt haben, geblieben sind und ihre unauslöschliche Spur hinterlassen haben. Diese regionalen Unterschiede manifestieren sich in Nudelgerichten ebenso wie in allen anderen Aspekten der italienischen Küche. Einige Regionalgerichte bleiben auf ihr Ursprungsgebiet beschränkt. Es ist jedoch bemerkenswert, wie andere Rezepte, zum Beispiel die Lasagne alla bolognese, die Aufmerksamkeit von Restaurantköchen erregt und infolgedessen die Grenzen ihrer Ursprungsregion überschritten haben. Die Originalrezepte in diesem Kapitel sollen Sie nicht zuletzt daran erinnern, daß es sich angesichts der leider etwas glanzlosen Mischformen, die überall auf der Welt aus diesen Gerichten entstanden sind, lohnt, die Urformen dieser köstlichen Speisen wiederzubeleben.

PASTA E FASIOI
Bohneneintopf mit Nudeln auf venetische Art

Pasta e fasioi

Bohneneintopf mit Nudeln auf venetische Art

Mit Ausnahme einiger weniger Gerichte spielen Nudeln in der Küche Venetiens keine große Rolle. Eine dieser Ausnahmen sind Bohneneintöpfe mit Nudeln, die »pasta e fagioli« oder, im Dialekt der Region, »pasta e fasioi« genannt werden. In Venetien werden sie mit einer Finesse zubereitet, die andernorts unerreicht ist. Die Bohnengerichte Venetiens schmecken wegen der hochwertigen Bohnen, die hier gedeihen, so gut. Für diesen Eintopf nimmt man die dicken, fleischigen und zarten hellbraunen Bohnen aus Lamon in Friaul. Da sie außerhalb Italiens nur schwer erhältlich sind, haben wir sie durch Wachtelbohnen ersetzt.

Zutaten

500 g getrocknete Wachtel- oder Pintobohnen, über Nacht eingeweicht

1 Eßlöffel natives Olivenöl extra

60 g Speck oder 2 Eßlöffel natives Olivenöl extra und 30 g Butter

1 große Knoblauchzehe, sehr fein gehackt

1 kleine Mohrrübe, gehackt

1 kleine Zwiebel, gehackt

1 Selleriestengel mit Blattgrün, gehackt

3 Lorbeerblätter

250 g Schinkenfleisch, gewaschen und gewürfelt

175 g frischer Nudelteig nach dem Rezept auf Seite 48, zu Tagliatelle geschnitten (s. Seite 53), oder getrocknete Fettuccine, Nudelnester oder Tagliatelle (in 5 cm kurze Stücke gebrochen)

Salz

$^1/_2$ Teelöffel schwarzer Pfeffer aus der Mühle

1 Die Bohnen abgießen und kalt abspülen, bis das Wasser völlig klar ist. Beiseite stellen.

2 Olivenöl und Speck oder Olivenöl und Butter in einem großen und weiten Topf erhitzen. Knoblauch, Mohrrübe, Zwiebel, Sellerie und Lorbeerblätter hinzufügen. Bei mittlerer oder mäßiger Hitze etwa 10 Minuten weich dünsten. Dabei ab und zu umrühren, damit das Gemüse gleichmäßig gart.

3 Die Hälfte des Schinkens einrühren, dann die Bohnen hinzuschütten. 10 Minuten dünsten, damit sich die einzelnen Aromen durchdringen können. 2 l kaltes Wasser hinzugießen und zum Kochen bringen. Dann bei sanfter Hitze wallen lassen, bis die Bohnen gar sind (60-75 Minuten).

4 15 Minuten vor Ende der Garzeit in einem zweiten Topf 2,75 l Wasser zum Kochen bringen. Die Nudeln und 1 Eßlöffel Salz in das sprudelnde Wasser werfen. Die Nudeln halb garen: ca. 1 Minute für frische und 4 Minuten für getrocknete Nudeln. Ab und zu umrühren, damit die Nudeln nicht verkleben.

5 Die Pasta abgießen und mit dem restlichen Schinken zu den Bohnen geben. 1-2 Minuten durchköcheln, bis die Nudeln fast gar sind. Mit Salz (ca. 1$^1/_2$ Teelöffel) und Pfeffer abschmecken.

Lasagne alla bolognese

Lasagne Bologneser Art

Zutaten

1$^1/_2$ Portionen Bologneser Hackfleischsauce (s. Seite 73)

1 Portion (500 g) Spinatnudelteig (s. Seite 54) oder je $^1/_2$ Portion (250 g) frische Spinat- und Eierteig (s. Seite 48), noch nicht ausgerollt

1 Portion Béchamelsauce (s. Seite 77)

150 g frisch geriebener Parmesan

1 Die Bologneser Sauce köcheln lassen, während Sie den Nudelteig so dünn wie möglich ausrollen (s. Seite 50–51). Die Teigblätter in 8 × 11 cm große Rechtecke schneiden und mindestens 15 Minuten trocknen lassen.

2 Backrohr auf 190 Grad (Gas Stufe 2–3) vorheizen.

3 Die Lasagne nach der Anleitung auf Seite 135, Schritt 6, vorkochen. Den Boden einer 20 × 28 cm großen Auflaufform mit einer dünnen Schicht Bologneser Sauce bestreichen. Mit einer Lage Lasagneblätter abdecken (die Nudeln sollen nahtlos nebeneinander, aber nicht übereinander liegen). Mit Fleischsauce überziehen, dann eine dünne Schicht Béchamel mit etwas Parmesan darüberstreichen. So fortfahren, bis alle Zutaten aufgebraucht sind (ggf. nicht die ganze Fleischsauce verwenden). Die oberste Schicht bildet Béchamelsauce, die mit Parmesan bestreut wird.

4 Die Lasagne in der obersten Schiene des Ofens überbacken, bis sie goldbraun aussehen und leise blubbern. Vor dem Servieren 10 Minuten ruhen lassen.

Vorbereitung

Sie können den Auflauf bereits einen Tag im voraus zusammenstellen, sorgfältig abdecken und im Kühlschrank aufbewahren. Das Überbacken des kalten Auflaufs dauert 5–10 Minuten länger als im Rezept angegeben.

Schiaffettoni

Überbackene Rigatoni mit Fleischfüllung auf kalabrische Art

Ein Rezept von Carlo Benevidas, der im New Yorker Restaurant I Trulli kocht – diesmal aus Kalabrien. Statt Rigatoni eignen sich auch große Muschelnudeln oder Lumaconi (»große Schnecken«).

Zutaten

500 g Rigatoni
Salz
50 ml natives Olivenöl extra
1 kleine Zwiebel, gehackt
1 dicke Scheibe Pancetta oder Parmaschinken à 60 g, fein gehackt
$^1/_2$ kleine Mohrrübe, sehr fein gehackt
1 Selleriestengel mit Blattgrün, sehr fein gehackt
15 g grob gehackte frische Petersilie
1 kg mageres Schweinehack
schwarzer Pfeffer aus der Mühle
2 kleine oder 1 großes Lorbeerblatt
4 Eßlöffel Geflügel- oder Rinderfond oder -brühe
60 g frisch geriebener Pecorino
30 g frisch geriebener Parmesan

Für die Sauce

1 Portion einfache Tomatensauce (s. Seite 74) oder frische Tomatensauce oder Tomatensauce mit Gemüse (beide Seite 75)

1 5 l Wasser zum Kochen bringen. Die Nudeln und $1^1/_2$ Eßlöffel Salz hineinwerfen. Die Nudeln halb fertiggaren (ca. 7 Minuten). In einem Sieb abgießen, dann unter fließendem kaltem Wasser abkühlen. Gut abtropfen lassen und beiseite stellen.

2 Die Füllung vorbereiten. Das Olivenöl in einer Pfanne erhitzen. Die Zwiebel 4 Minuten darin andünsten. Dann Pancetta oder Schinken, Mohrrübe, Sellerie und Petersilie hineinrühren und mit dem Öl überziehen.

3 Das Schweinefleisch, 1 Teelöffel Salz, Pfeffer und Lorbeer hinzufügen. Das Fleisch mit einer Gabel zerkrümeln und in der Pfanne schwenken. Fond oder Brühe angießen. Unter häufigem Umrühren sanft dünsten, bis das Fleisch weich ist und eine aromatische Füllung entsteht (25 Minuten).

4 Die Pfanne vom Herd ziehen, die Lorbeerblätter entfernen. Die Masse durch den Fleischwolf drehen oder in der Küchenmaschine sehr fein hacken. Die Hälfte des Pecorinos und den ganzen Parmesan einarbeiten und gut vermischen.

5 Backrohr auf 190 Grad (Gas Stufe 2–3) vorheizen.

6 Einige Eßlöffel Tomatensauce auf dem Boden einer großen Auflaufform verstreichen. Die Rigatoni mit einem kleinen Löffel oder einem Spritzbeutel mit weiter Tülle füllen.

7 Die Rigatoni nebeneinander in die Auflaufform schichten. Mit einer Lage Sauce überziehen und mit etwas Pecorino bestreuen. So fortfahren, bis alle Rigatoni aufgebraucht sind. Die oberste Lage Rigatoni mit Sauce bedecken und mit Käse bestreuen.

8 Die Schiaffettoni auf der mittleren Schiebeleiste des Ofens 10-20 Minuten überbacken. Die Nudeln müssen schön heiß sein und blubbern. Vor dem Servieren einige Minuten ruhen lassen.

Rigatoni alla fiorentina

Rigatoni mit Fleischsauce nach Florentiner Art

Diese wunderbare und aromatische Fleischsauce nennt man im Italienischen »stracotto«, was wörtlich »lange gekocht« bedeutet. Die Florentiner Spezialität wird gewöhnlich mit Rindfleisch zubereitet. Ich nehme für einen Stracotto auch gerne Schweinefleisch, weil die Sauce dann intensiver schmeckt. In der Regel serviert man dazu Rigatoni, aber auch andere kurze Nudeln wie Penne, Lumache, Penne mezzanine oder Fusilli und Gnocchi sind geeignet.

Zutaten

15 g getrocknete Steinpilze

60 g Butter

30 g Pancetta, fein gehackt

1 kleine Zwiebel, sehr fein gehackt

1 Selleriestengel mit Blattgrün, sehr fein gehackt

1 kleine Mohrrübe, sehr fein gehackt

3 Eßlöffel sehr fein gehackte frische Petersilie

250 g Rinderkamm ohne Fett und Knochen, in 1 cm große Würfel geschnitten

250 g Schweinekoteletts ohne Fett und Knochen, in 1 cm große Würfel geschnitten

1 Messerspitze Nelkenpulver

1 Eßlöffel Mehl

175 ml Rinderbrühe

150 ml guter, trockener Rotwein

Salz

2,5 cm Zitronenschale (ohne weiße Haut)

Pfeffer aus der Mühle

500 g Rigatoni

1 Die Steinpilze 30 Minuten in 250 ml warmem Wasser einweichen. Abgießen, das Wasser auffangen. Die Pilze hacken. Das Wasser durch Küchenpapier filtern.

2 Die Butter in einer weiten Pfanne zerlassen. Die Pancetta hineingeben und etwas Farbe nehmen lassen (ca. 4 Minuten). Zwiebel, Sellerie, Mohrrübe und Steinpilze hinzufügen. Das Gemüse nun bei mittlerer Hitze 5 Minuten anrösten und leicht bräunen.

3 Die Petersilie einrühren. Das Fleisch hinzufügen und bei nurmehr mäßiger Hitze 5 Minuten rundherum bräunen. Nelkenpulver und Mehl einrühren. Steinpilzwasser, Brühe und Wein hinzugießen. Mit Salz abschmecken.

4 Die Zitronenschale verdrehen, damit sie ihr aromatisches Öl abgibt, und in die Sauce geben. Umrühren, abdecken und auf möglichst kleiner Flamme $2^1/_2$–3 Stunden simmern lassen; gelegentlich umrühren. Das Fleisch muß in der Sauce zerkochen. Wenn die Sauce nicht genügend eingedickt ist, in der offenen Pfanne sanft einkochen lassen. Wenn die Sauce zu dick ist, mit etwas Brühe verdünnen. Mit Pfeffer abschmecken.

5 5 l Wasser zum Kochen bringen. Die Rigatoni und $1^1/_2$ Eßlöffel Salz hineingeben und sofort umrühren. Die Nudeln al dente garen. Abgießen, mit der Sauce in der Pfanne schwenken und heiß servieren.

Cecatelli di ricotta

Apulische Ricottanudeln

Auf einer Reise nach Lecce in Apulien lernte ich den Apulier Nicola Marzovilla kennen. Er machte mich mit den besten Spezialitäten, die die Restaurants der Stadt zu bieten hatten, bekannt. Doch dann entdeckte ich, daß sein eigenes Restaurant I Trulli in New York einige interessante Regionalgerichte, die ich in Apulien probiert hatte, auftischt. Der Koch des I Trulli, Carlo Benevidas, verriet mir das Rezept für die traditionellen handgemachten Nudeln der Capitanata (der nördlichen Provinz) in Apulien. Cecatelli sind eine Variante der bekannteren apulischen Cavatelli und werden mit Ricotta statt mit warmem Wasser gemacht.

Zutaten

250 g Mehl

Salz

500 g Ricotta, nach Bedarf abtropfen lassen (s. Tip Seite 143)

Für die Sauce

1 Portion einfache Tomatensauce (s. Seite 74) oder frische Tomatensauce (s. Seite 75), mit Basilikum statt Petersilie zubereitet

frisch geriebener Pecorino zum Servieren

1 Das Mehl zu einem Kegel aufschütten und 1 Teelöffel Salz hinzufügen. In die Mitte eine Vertiefung drücken. Die Ricotta in die Mulde füllen. Mit den Händen das Mehl in die Ricotta einarbeiten und einen gleichmäßigen Teig herstellen. Der Teig sollte weich und elastisch, aber nicht klebrig sein. Mit einer Schüssel abdecken und 5 Minuten ruhen lassen.

2 Vier Backbleche mit Küchentüchern auslegen und bemehlen. Den Teig vierteln. Jede Portion zu langen Schnüren mit 1 cm Durchmesser rollen und bemehlen, falls sie klebrig werden. Die Schnüre in 3 cm lange Stücke schneiden. Die Teigstücke mit zwei mittleren Fingern leicht flachdrücken und zum Körper ziehen, so daß eine kleine Spirale entsteht. Dann vom Körper weg auf den bemehlten Teil der Arbeitsfläche schieben. Die Cecatelli auf die Bleche setzen.

3 Die Sauce aufwärmen. 5 l Wasser zum Kochen bringen. Die Cecatelli hineinwerfen und 2 Eßlöffel Salz einstreuen. Sobald die Nudeln an die Oberfläche steigen, mit einer Schaumkelle herausheben und auf eine vorgewärmte Platte setzen. Mit Sauce überziehen, mit Pecorino bestreuen und zu Tisch bringen.

Spaghetti con tonno alla molisana

Spaghetti mit Thunfischsauce nach der Art des Molise

Dies ist eine Abwandlung des Rezepts, das mir Michele DiFilippo, ein Koch, der aus dem Molise stammt, gegeben hat. Das sommerliche Gericht wird mit frischen Strauchtomaten gemacht (ersatzweise Dosentomaten verwenden). Italienischer Thunfisch, der in Olivenöl eingelegt ist, schmeckt besser als die anderen Sorten aus der Dose. Wenn Sie keinen italienischen Thunfisch bekommen können, nehmen Sie anderen Thunfisch in Öl.

Zutaten

3 Eßlöffel natives Olivenöl extra
2 große Knoblauchzehen, sehr fein gehackt
1 Zwiebel, sehr fein gehackt
125 ml trockener Weißwein
1,5 kg frische und am Strauch ausgereifte Eiertomaten, gehäutet, entkernt und grob gehackt, oder 625 g abgetropfte Dosentomaten, entkernt und gehackt
Salz
1 Dose Thunfisch in Olivenöl à 190 g (abtropfen lassen und zerpflücken)
1 kleine Handvoll (ca. 2 Eßlöffel) frische Basilikumblätter, in winzige Stückchen gerissen
2 Eßlöffel frisch gehackte Petersilie
1/2 Teelöffel frisch gehackter oder 1/4 Teelöffel getrockneter Oregano
1/2 Teelöffel weißer oder schwarzer Pfeffer aus der Mühle
500 g Spaghetti

1 Das Öl in einem Topf erwärmen. Knoblauch und Zwiebel etwa 5 Minuten bei mäßiger Hitze weich dünsten.

2 Den Wein angießen und umrühren, bis der Alkohol verdampft ist (ca. 3 Minuten). Die Tomaten mit 1/2 Teelöffel Salz hinzufügen. Im offenen Topf etwa 15 Minuten simmern, bis die Sauce eindickt.

3 Den Thunfisch einrühren und 5 Minuten mitkochen. Basilikum, Petersilie, Oregano und Pfeffer einrühren, dann die Sauce vom Herd ziehen.

4 Unterdessen 5 l Wasser zum Kochen bringen. Die Spaghetti und 1 1/2 Eßlöffel Salz hineingeben. Sofort umrühren und die Nudeln al dente garen. Abgießen, in der Sauce schwenken und servieren.

Curligionis 'e patata

Sardische Ravioli mit Kartoffel- und Pecorinofüllung

Diese köstlichen und ungewöhnlichen Ravioli sind eine Spezialität Sardiniens, wo wohl der beste Schafskäse der Welt gemacht wird: Viscidu, ein trockener, säuerlicher und salziger Käse, sowie reifer Pecorino, den man auch im Ausland kaufen kann. Da es den Viscidu außerhalb Sardiniens nicht gibt, verwende ich für das Rezept Feta, der ähnlich schmeckt. Die Zwiebeln für die Füllung werden traditionsgemäß in hocharomatischem Rinderfett gedünstet, Sie können aber auch natives Olivenöl extra verwenden. Curligionis 'e patata werden schlicht mit geriebenem Pecorino oder mit Tomatensauce (z. B. die einfache Tomatensauce auf Seite 74 oder die frische Tomatensauce auf Seite 75) serviert. Die Anleitung für Ravioli finden Sie auf Seite 56.

Zutaten

1 Portion (500 g) frischer Nudelteig (s. Seite 48), noch nicht ausgerollt
1 verquirltes Ei zum Versiegeln
Butter für die Form und zum Bepinseln der Ravioli

Für die Füllung

500 g mehlig kochende Kartoffeln, gewaschen, aber nicht geschält
3 Eßlöffel Rinderfett oder natives Olivenöl extra
1 Zwiebel, sehr fein gehackt
1 große Knoblauchzehe, sehr fein gehackt
2 Teelöffel fein gehackte frische Minze
60 g Schafskäse (Feta), sehr fein zerkrümelt
6 Eßlöffel frisch geriebener Pecorino sardo oder Pecorino romano + etwas Käse zum Servieren
1/4 Teelöffel Pfeffer aus der Mühle
1 Teelöffel Salz

1 Die Kartoffeln für die Füllung mit kaltem Wasser aufsetzen. Zum Kochen bringen und weich garen (ca. 25 Minuten). Abgießen und pellen. Die Kartoffeln durch ein Eisen in eine Schüssel pressen oder sehr fein zerstampfen.

2 Das Rinderfett oder das Olivenöl in einem Pfännchen erhitzen. Zwiebel und Knoblauch rund 6 Minuten auf eher kleiner Flamme sehr weich dünsten; dabei ab und zu umrühren. Den Pfanneninhalt zu den Kartoffeln geben.

3 Die übrigen Zutaten für die Füllung in die Schüssel geben. Mit den Händen oder einem Holzlöffel zu einer gleichmäßigen Masse vermengen. Abschmecken.

4 Den Nudelteig nach der Anleitung auf den Seite 50–51 ausrollen und die Ravioli wie auf Seite 56 gezeigt füllen.

5 Eine große Servierplatte buttern. Etwas Butter zerlassen und damit dann die gegarten Ravioli bepinseln.

6 Die Ravioli nach der Anleitung auf Seite 111, Schritt 6, garen und auf die Servierplatte häufen. Etwas Butter zwischen die einzelnen Lagen träufeln, damit die Nudeln nicht verkleben. Die Ravioli heiß oder warm servieren. Bei Tisch geriebenen Pecorino dazu reichen.

Ravioli pusteresi

Pustertaler Schlutzkrapfen

Diese ungewöhnlichen Teigtaschen aus Südtirol sind auch unter dem Namen Turteln bekannt. Sie werden traditionsgemäß aus Roggenmehl zubereitet. Das Roggenmehl, das man außerhalb Italiens zu kaufen bekommt, enthält jedoch nur sehr wenig Gluten (Klebereiweiß), und ist daher schwer zu verarbeiten. Ich empfehle eine Mischung aus Roggen- und Weizenmehl. Wie man die Teigtaschen formt, steht auf Seite 56.

Zutaten

Für den Nudelteig

125 g Roggenmehl
1 großes Ei + 1 Eiweiß zum Versiegeln
2 Teelöffel zerlassene Butter
2 Eßlöffel zimmerwarme Milch
Salz

Für die Füllung

500 g Ricotta, nach Bedarf abtropfen lasen (s. Tip Seite 143)
1/2 Teelöffel Kreuzkümmel (ganz)
2 Eßlöffel fein gehackter Schnittlauch oder Frühlingszwiebelhalme
1 Eigelb
60 g frisch geriebener Pecorino

Zum Anrichten

90 g Butter + Butter zum Bepinseln
3 Eßlöffel Semmelbrösel
Salz und Pfeffer aus der Mühle

1 Den Nudelteig nach der Anleitung für frische Eiernudeln auf Seite 48–51 herstellen. So dünn wie möglich ausrollen und immer wieder mit Weizenmehl bestäuben.

2 Die Ricotta mit den anderen Zutaten für die Füllung in einer Schüssel vermischen.

3 Die Teigtaschen wie auf Seite 112, Schritt 3–7, beschrieben formen. Eine weite und flache Servierschüssel buttern. Etwas Butter zerlassen und damit dann die gegarten Schlutzkrapfen bepinseln.

4 Die Schlutzkrapfen wie auf Seite 112, Schritt 8, beschrieben garen. Mit einem Schaumlöffel aus dem Topf heben und in die Servierschüssel setzen. Wenn Sie die Teigtaschen übereinander schichten, mit etwas zerlassener Butter beträufeln.

5 Für die Sauce die Butter in einem Pfännchen zerlassen. Die Semmelbrösel darin goldbraun rösten. Über die Schlutzkrapfen geben, salzen und pfeffern und zu Tisch bringen.

Tortelli di zucca

Lombardische Teigtaschen mit Kürbisfüllung

In der Lombardei spielen Nudeln keine so große Rolle wie in den Regionen Mittel- und Süditaliens. Es gibt jedoch eine Reihe von hervorragenden Pastagerichten, die von der Raffinesse der lombardischen Küche zeugen. Tortelli di zucca, mit Kürbis gefüllte Teigtäschchen, sind eine jener Spezialitäten der Lombardei und vor allem Mantuas. Wie auch bei den anderen Nudelgerichten in diesem Buch, die mit dem süßen italienischen Kürbis zubereitet werden, können Sie hier als Ersatz feste Butternut-Squash, Süßkartoffeln oder Yam verwenden (s. Tip Seite 118). Diese köstliche Interpretation der Tortelli di zucca stammt von Marcella Falcomer, die in der Region aufwuchs. Servieren Sie zu den Tortelli Butter und Parmesan oder eine leichte Tomatensauce. Die Anleitung für Tortelli finden Sie auf Seite 57.

Zutaten

1/2 Portion (250 g) frischer Nudelteig (s. Seite 48), noch nicht ausgerollt
1 Eiweiß zum Versiegeln
Salz

Für die Füllung

1 kg süßliches Kürbisfleisch, Butternut-Squash, Süßkartoffeln oder Yam
20 g zerlassene Butter
90 g hochwertige Mortadella, sehr fein gehackt
3 Eßlöffel frisch geriebener Parmesan
2 Teelöffel frisch gehackte Petersilie
1 Prise frisch geriebener Muskat
1 Eigelb
Salz und Pfeffer aus der Mühle

Zum Anrichten

90 g Butter + Butter zum Bepinseln
30 g Parmesan, geraspelt oder gerieben

1 Backrohr auf 190 Grad (Gas Stufe 2–3) vorheizen.

2 Für die Füllung den Kürbis oder die Süßkartoffeln bzw. Yam wie bei den Caramelle auf Seite 118, Schritt 1–2, beschrieben, garen. Noch warm schälen und würfeln.

3 Die Butter in einer Pfanne mit Antihaftbeschichtung erwärmen. Kürbis bzw. Süßkartoffeln oder Yam hineingeben und unter häufigem Wenden ca. 8 Minuten braten. Leicht abkühlen lassen, dann durch ein Kartoffeleisen pressen oder mit dem Kartoffelstampfer fein zermusen. Das Mus in eine Schüssel füllen und mit Mortadella, Parmesan, Petersilie, Muskat und Eigelb vermischen. Salzen und pfeffern.

4 Den Nudelteig so dünn wie möglich ausrollen (s. Seite 50–51). Die Tortelli nach der Anleitung auf Seite 57 formen und einige Minuten zum Trocknen ausbreiten. Eine vorgewärmte Servierplatte buttern.

5 Die Tortelli wie auf Seite 112, Schritt 8, beschrieben garen, dann auf die Servierplatte setzen. Mit zerlassener Butter beträufeln und mit Parmesan bestreuen.

Crostoli

Süße Nudeln aus Friaul-Julisch Venetien

Ich habe bereits in einem anderen Kochbuch ein Rezept für süße Bandnudeln (Frappe) veröffentlicht. Doch das nebenstehende Rezept, das mir die Kollegin und Nudelkünstlerin Marcella Falcomer gezeigt hat, ist etwas anders. Im Gegensatz zu den ausgebackenen Bandnudeln aus anderen Landesteilen (sogenannte Cenci, Sfrappole und Cartadatte) werden die Crostoli zu einem Knäuel aufgerollt. Der Teig wird nicht mit Marsala oder Wein, sondern mit Grappa zubereitet und wirkt dadurch leichter. Dank dem niedrigen Zuckeranteil nehmen die Nudeln beim Ausbacken auch nur wenig Öl auf. Der Teig wird ähnlich wie frischer Nudelteig mit der Maschine zubereitet. Zum Aufrollen der Knäuel brauchen Sie eine zweizinkige Gabel mit langem Griff. (Abbildung gegenüberliegende Seite).

Zutaten

200 g Mehl

2 Eier

2 Teelöffel Zucker

2 Teelöffel Pflanzenöl + Öl zum Ausbacken

2 Eßlöffel Grappa, Cognac oder Whisky

Möglichst feiner Kristallzucker zum Bestreuen

Puderzucker oder Rosinensauce (s. Seite 161) zum Servieren

1 Das Mehl auf einem Nudelbrett oder einer Arbeitsfläche zu einem Kegel aufschütten. In die Mitte eine Mulde drücken. Eier, Zucker, 2 Teelöffel Pflanzenöl und Grappa (oder einen anderen Brand) hineingeben. Die flüssige Mischung wie bei normalem Nudelteig (s. Seite 48) mit einer Gabel in das Mehl einarbeiten.

2 Weiterarbeiten, bis eine glatte und elastische Teigkugel entsteht. Den Teig in Haushaltsfolie wickeln und 2 Stunden bei Zimmertemperatur oder über Nacht im Kühlschrank ruhen lassen.

3 Den Teig in sechs Portionen teilen. Jeweils nur eine Portion verarbeiten, den Rest in Haushaltsfolie schlagen. Jedes Teigstück nacheinander durch alle Einstellungen der Nudelmaschine ziehen und einen möglichst dünnen Teigstreifen herstellen.

4 Mit einem gezackten Teigrädchen den Teigstreifen in 2,5 cm breite und 30 cm lange Bänder schneiden.

5 Das Öl zum Ausbacken in einem großen Topf erhitzen. Es muß so heiß sein, daß der Teig bei der Berührung mit dem Öl zischt.

6 Die Teigbänder einzeln ausbacken. Dazu jeweils ein nur 2,5 cm langes Stück in das heiße Öl tauchen. Das Teigende nun mit den Gabelzinken erhaschen und das Teigband um die Gabel wickeln.

7 Das aufgewickelte Teigband von der Gabel schütteln, so daß das heiße Öl zwischen die Teigschichten dringen kann und der Teig gleichmäßig bäckt. Am Schluß sollten die Crostoli wie locker gewickelte Knäuel oder Bandrollen aussehen. Goldgelb ausbacken, wenden und auch die andere Seite goldgelb backen. Herausheben und auf Küchenkrepp abtropfen lassen. Den restlichen Teig genauso ausbacken. Noch heiß mit Zucker bestreuen.

8 Die Crostoli abkühlen lassen und mit Puderzucker bestreuen oder nach Wunsch mit Rosinensauce beträufeln.

Tagliatelle con le nocciole

Umbrische Tagliatelle mit Haselnüssen

Das ungewöhnliche Rezept stammt aus Umbrien, wo diese süßen Tagliatelle an Heiligabend gegessen werden. Nach Wunsch können Sie noch süßes Kakaopulver unter die Nudeln geben. Die gekochten Nudeln werden gleich mit der Sauce angerichtet, aber erst zimmerwarm serviert.

Zutaten

125 g Haselnüsse

125 g frische Semmelbrösel, leicht geröstet

die abgeriebene Schale einer Zitrone

1 Teelöffel Zimt

1 Portion (500 g) frische Eiernudeln (s. Seite 48), zu Tagliatelle geschnitten (s. Seite 53)

Salz

150 g zerlassene Butter

2 Eßlöffel möglichst feiner Kristallzucker

2 Eßlöffel gesüßtes Kakaopulver (nach Wunsch)

1 Backrohr auf 180 Grad (Gas Stufe 2) vorheizen.

2 Die Nüsse mit Wasser besprühen, auf ein Blech legen und 12–15 Minuten im heißen Rohr leicht rösten. Die heißen Nüsse auf ein Küchentuch schütten und dann im Tuch aneinanderreiben, um das feine Häutchen abzulösen. Die Nüsse in der Küchenmaschine grob hacken. Nüsse, Semmelbrösel, Zitronenschale und Zimt vermischen.

3 5 l Wasser zum Kochen bringen. Die Tagliatelle und 1 1/2 Eßlöffel Salz hineingeben. 30 Sekunden garen. Abgießen und die leicht tropfenden Nudeln wieder in den Topf füllen. Mit Butter übergießen und mit Zucker und der Nußmischung anmachen. Nach Wunsch mit Kakaopulver bestäuben. Zimmerwarm servieren.

Calciuni

Ausgebackene Kastanienravioli auf kalabrische Art

Als ich eine Food-Kolumne für einige New Yorker Zeitungen zu schreiben begann, gab mir ein Kollege das Rezept seiner Mutter für diese süßen Kastanienravioli, die im Dialekt Kalabriens Calciuni, »kleine Hosen« heißen. Signora Carmela Genovese war aus Kalabrien nach New York ausgewandert, und ihr Sohn erinnerte sich gern an die traditionellen Süßigkeiten seiner Kindheit.

Sie können für dieses Rezept auch Kastanienpüree aus der Dose verwenden. Das Gewicht der frischen Kastanien ist höher, weil Sie auch die Schalen und u. U. ungenießbare Früchte miteinkalkulieren müssen. Das Gewicht der gekochten Kastanien beträgt 300 g. Der Teig wird fast ohne Zucker gemacht, aber Puderzucker oder Honig süßen die Calciuni. Wie man Ravioli macht, steht auf Seite 56.

Zutaten

Für die Füllung

375 g frische Eßkastanien oder 300 g abgetropfte Dosenkastanien bzw. Kastanienpüree
2 Eßlöffel stark gebrühter schwarzer Kaffee
30 g gute Bitterschokolade
2 Eßlöffel süßer Sherry
3 Eßlöffel Zucker (oder nach Geschmack)
1/4 Teelöffel Zimtpulver

Für den Teig

125 g Mehl
30 g kalte Butter
1 Ei, leicht verquirlt
2 Eßlöffel Zucker
1 Prise Salz
1 Eßlöffel Wasser
1 verquirltes Ei zum Versiegeln
Pflanzenöl zum Ausbacken
Honig oder Puderzucker zum Garnieren

1 Frische Kastanien mit warmem Wasser bedecken und ca. 30 Minuten einweichen. Mit einem kleinen Messer die Schale auf der flachen Seite der Kastanien kreuzweise einritzen, die Früchte selbst aber nicht verletzen.

2 Die Kastanien in einem Topf mit Wasser aufsetzen. Zum Kochen bringen, dann bei halb geöffnetem Deckel 40–60 Minuten weich garen. Nach Bedarf Wasser nachgießen, damit die Kastanien immer bedeckt bleiben.

3 Die Kastanien abgießen und mit frischem Kochwasser bedecken. Einzeln schälen, während die anderen Kastanien einweichen (das Schälen geht leichter, wenn die Kastanien warm bleiben). Wenn sich das innere Häutchen nicht leicht entfernen läßt, noch einmal kurz kochen. Die Kastanien mit einer Gemüsemühle, einem Kartoffeleisen oder mit der Küchenmaschine pürieren.

4 Den Kaffee in einen Topf gießen und die Schokolade darin schmelzen. Das Kastanienpüree und die anderen Zutaten für die Füllung hinzufügen und gut vermischen. Die Konsi-

stenz der Füllung ähnelt Kartoffelpüree. Wenn die Mischung zu trocken erscheint, mit etwas mehr Sherry verdünnen. Nach Bedarf stärker süßen.

5 Das Mehl für den Teig in eine Schüssel geben. Butterflöckchen direkt in das Mehl schneiden. Die Butter in das Mehl reiben, bis etwa erbsengroße Krümel entstehen.

6 Die Mehl-Butter-Mischung auf ein Brett häufen. In die Mitte eine Mulde drücken. Das Ei und die restlichen Zutaten für den Teig hineingeben. Die Flüssigkeit mit einer Gabel in das Mehl rühren, bis ein weicher Teig entsteht. Dabei stets nur in eine Richtung schlagen. Wenn der Teig für die Gabel zu fest wird, mit den Händen weiterkneten.

7 Angetrocknete Teigkrümel vom Brett schaben, damit sie nicht in den Teig gelangen. Der Teig sollte glatt, gleichmäßig und elastisch sein. Wenn der Teig zu weich ist, etwas mehr Mehl hineinkneten. Wenn er zu fest ist, die Hände beim Kneten mit Wasser anfeuchten. Ungefähr 10 Minuten durchkneten. Für die Teigbereitung in der Küchenmaschine s. Tip Seite 49; dafür den Zucker gleich in die Eimischung geben. Den fertigen Teig zur Kugel formen, mit einem sauberen Tuch abdecken und 30 Minuten ruhen lassen.

8 Die Teigkugel halbieren. Die eine Hälfte verarbeiten und die andere mit einem angefeuchteten Tuch abdecken. Den Teig so dünn wie möglich ausrollen (s. Seite 50–51) und zu 30 cm langen Streifen schneiden. Jeweils einen gehäuften Teelöffel Füllmasse in 5 cm Abstand auf den Teigstreifen setzen. Nach der Anleitung auf Seite 56 versiegeln und zu Ravioli formen.

9 Das Öl 5 cm hoch in einen Topf gießen und erhitzen, bis es bei Berührung zischt. Die Ravioli portionsweise goldgelb ausbacken. Ab und zu wenden, damit sie gleichmäßig garen. Mit einem Schaumlöffel herausheben und auf Küchenkrepp abtropfen lassen. Die Ravioli auf einen Teller schichten. Die einzelnen Lagen mit etwas Honig oder Puderzucker überziehen. Heiß oder zimmerwarm servieren.

Torta dolce di spaghetti con salsa d'uva secca

Süßer Spaghettikuchen mit Rosinensauce auf neapolitanische Art

Manchmal verwendet man Nudeln in der italienischen Küche auch für Süßspeisen, u. a. Soufflés und Puddings. Dieses neapolitanische Rezept stammt von Anna Salerno. Die einfachen Stände machten diesen Pastakuchen am Ostersonntag. Man ißt diese Torta gewöhnlich ohne Beigaben, aber ich serviere die Rosinensauce meiner Großmutter dazu. Sie träufelte diese Sauce über ausgebackene Nudelstreifen (die apulischen Cartadatte), die den Crostoli von Seite 158 ähneln. Das Originalrezept wird zwar ohne Portwein (oder Vinsanto) gemacht, doch mit Wein schmeckt es voller und interessanter. Ergibt ca. 500 ml.

Vorbereitung

Sie können den Kuchen bereits einen oder zwei Tage im voraus zusammenstellen, sorgfältig abdecken und im Kühlschrank aufbewahren. Das Überbacken der kalten Nudeln dauert 5–10 Minuten länger als im Rezept angegeben.

Zutaten

Für den Kuchen
250 g sehr dünne Spaghetti, gekürzt
2 Eßlöffel Pflanzenöl für das Nudelwasser
1 1/2 Eßlöffel grobkörniges Salz
3 Eier
125 g Zucker
Saft und abgeriebene Schale einer Orange
60 g Sultaninen
1 Eßlöffel geriebener Pecorino oder Parmesan
15 g zerlassene Butter + Butter für die Form
Für die Sauce
500 g Rosinen
750 ml Wasser
250 ml Portwein
je 1/2 Teelöffel Nelkenpulver und Zimt
170 g Honig

Sauce

1 Die Rosinen in einem verschlossenen Topf 1 Stunde lang sanft in Wasser garen. Sobald das Wasser kocht, die Wärmezufuhr drosseln.

2 Die gegarten Rosinen durch eine Gemüsemühle oder ein Sieb passieren. Sie erhalten ungefähr 500 ml sirupartige, dickliche Sauce.

3 Die Rosinensauce wieder in den Topf füllen. Portwein, Nelken und Zimt sowie Honig hinzufügen. 30 Minuten sanft durchköcheln. Ab und zu umrühren. Vor dem Verwenden abkühlen lassen.

Kuchen

1 Backrohr auf 180 Grad (Gas Stufe 2) vorheizen.

2 5 l Wasser zum Kochen bringen. Die gekürzten Spaghetti, Öl und Salz hineingeben. Mit einer Gabel umrühren und garen, bis die Nudeln weich sind, aber noch ihre Form behalten.

3 Unterdessen die restlichen Zutaten mit Ausnahme der zerlassenen Butter in einer großen Schüssel vermischen. Die Spaghetti abgießen, unter kaltem Wasser abschrecken und abtropfen lassen. Die Nudeln mit dem Eierteig vermischen.

4 Die Paste nun in eine gebutterte Auflaufform (20×28 cm) füllen und mit zerlassener Butter beträufeln. 45 Minuten goldgelb backen. Während der letzten 15 Minuten Backzeit regelmäßig nachsehen, damit der Kuchen nicht zerkocht. Warm servieren und nach Wunsch die Rosinensauce dazu reichen.

Mehl, hier fein ausgemahlenes Weizenmehl, ist ideal zum Nudelmachen

Nehmen Sie Eier von freilaufenden Hühnern für frischen Nudelteig

Gutes natives Olivenöl extra ist für Saucen unentbehrlich

Rosmarin wird gern in Fleischsaucen gegeben und ist eines der wenigen Gewürzkräuter, das sich gut trocknen läßt

Sardellen in Olivenöl zerschmelzen zu Saucen

Getrocknete Steinpilze sorgen für unvergleichlichen Geschmack und Aroma

Das Bauchfleisch (»ventresca«) von Thunfisch, in Olivenöl eingelegt, ist hervorragend in Konsistenz und Geschmack

Junger und zarter Blattspinat wird gehackt und für Raviolifüllungen, Gnocchi und Saucen verwendet

Eiertomaten aus der Dose und Tomatenmark sind unentbehrlich

Speisekammer

Der alles entscheidende Faktor für gutes und erfolgreiches Kochen ist die Qualität der Zutaten. Ich lernte diese Lektion von meiner Mutter, die sich die Gemüsestände auf dem Markt in Ruhe ansah und ihr Gemüse sorgfältig aussuchte und dabei überlegte, was sie zum Abendessen kochen sollte. Manchmal mußte sie aber auch für unerwartete Gäste rasch etwas zusammenstellen. Bei diesen Gelegenheiten kochte sie immer ein schnelles Nudelgericht aus den Zutaten, die sie gerade zur Hand hatte. Ich war damals noch klein, aber ich lernte daraus, daß in einer gut bestückten Speisekammer immer die Grundzutaten stehen, die auf dieser Seite beschrieben sind.

Was Sie ausserdem immer im Haus haben sollten:

Mehl, getrocknete Nudeln, Mozzarella, Mascarpone, Butter, Doppelrahm, Gorgonzola, grüne und weiße Pfefferkörner, Buchweizenmehl, Sellerie, Zwiebeln

Glossar

Al dente: Wörtlich »für den Zahn«; damit bezeichnet man die bißfeste Konsistenz richtig gegarter, getrockneter Nudeln. Frische Nudeln können nie »al dente« gegart werden, weil sie zu weich sind.

Battuto: Verschiedene rohe und gehackte Gemüsesorten – meist Mohrrüben, Sellerie, Zwiebel und/oder Knoblauch sowie Petersilie –, die angedünstet werden und die Grundlage vieler italienischer Saucen und Speisen bilden.

Maccheroni: Hauptsächlich in Süditalien ein altmodischer Ausdruck für getrocknete Nudeln, auch die Bezeichnung für Röhrennudeln.

Pastasciutta: Wörtlich »trockene Nudeln«, d.h. frische oder getrocknete Nudeln mit Sauce (statt in der Suppe oder in einem Auflauf).

Pasticcio: Auflauf aus Nudeln und anderen Zutaten mit einer oder mehreren Saucen.

Ragù: Eine reichhaltige Fleischsauce mit oder ohne Tomaten.

Salsa: Tomatensauce oder eine andere Sauce aus relativ vielen verschiedenen Zutaten.

Soffritto: Im Topf oder in der Pfanne gedünsteter »battuto«.

Sugo: Eine einfache Tomatensauce oder andere Sauce aus verhältnismäßig wenigen Zutaten.

Grieß braucht man für römische Gnocchi

Parmaschinken und Pancetta schmecken in Ragùs und gefüllten Nudeln phantastisch

Basilikum, Knoblauch und Pinienkerne sind die drei Grundzutaten für den Pesto und werden in der italienischen Küche auch sonst reichlich verwendet

Frische Ricotta ist eine klassische Zutat für Saucen und Nudelfüllungen

Parmesan (Parmigiano reggiano) und Pecorino (unten) sollte man stets frisch reiben

Frische, glattblättrige Petersilie ist in der italienischen Küche unersetzlich

Schwarze und grüne Oliven sollte man mit Stein und in Olivenöl eingelegt kaufen

Kapern sollten sehr klein und fest sein

Pfeffer wird erst unmittelbar vor dem Verwenden gemahlen, damit seine Schärfe und sein reines Aroma voll zur Geltung kommen

Getrocknete rote Pfefferschoten (»peperoncini«) werden zerstoßen und in süditalienischen Gerichten verwendet

Safranfäden oder -pulver sind ein vielgepriesenes Würzmittel

Register

Fett gedruckte Seitenzahlen verweisen auf Abbildungen.

Danksagung

Ich möchte mich bei den folgenden Personen bedanken, die mir bei meiner Recherche geholfen und mir freundlicherweise ihre Rezepte für die Veröffentlichung in diesem Buch zur Verfügung gestellt haben: Marcella Falcomer, Valerie und Elio Serra, Anna Amendolara Nurse, Flavia Destefanis, Paolo Destefanis, Stephen Schmidt, Nicola Marzovilla und das Restaurant I Trulli, Mario Randazzo und das Restaurant La Manda, Massimo Iacono und Professor Folco Portinari von der Universität Turin. Mein Dank geht auch an die Nudelfirma La Molisana, die unsere Testküche mit ausgezeichneten Nudeln beliefert hat. Ich bedanke mich bei denjenigen, die mir für meine Recherche in Geschichte und Kunst geholfen haben, vor allem bei Eva Agnesi aus Imperia in Ligurien. Mein besonderer Dank geht an meine Mutter Giustina Ghisu della Croce und an Alexander Barakov, die mit mir die Rezepte entwickelt und ausprobiert haben. Ich danke Alexander Barakov auch für seine Unterstützung bei Recherche und Redaktion. Und wie immer Flavia Destefanis für ihre Hilfe im Italienischen.
Ich bin meinen Lektoren Lorna Damms und Helen Diplock und dem phantastischen Team von Dorling Kindersley äußerst dankbar. Ebenso danke ich den Fotografen Ian O'Leary und Dave King für ihre großartigen Aufnahmen. Desgleichen danke ich Richard Bowditch und Eileen Brady-Nelson für ihre Fotos. Ich möchte außerdem die Bücher und Veröffentlichungen erwähnen, die bei meiner Recherche hilfreich waren:

Anthony Caputo, *Buffo*, Wayne State Publishers, Indiana 1978
Alberto Consiglio, *I Maccheroni*, Newton Compton Editori, Rom 1973
Anna del Conte, *Portrait of Pasta*, Paddington Press, London 1976
Julia della Croce, *Pasta Classica: The Art of Italian Pasta Cooking*, Chronicle Books, San Francisco 1987
Felice Cúnsolo, *Gli Italiani a Tavola*, U. Mursia 7C., Mailand
Pierre Louis Duchartre, *The Italian Comedy*, Dover, New York 1966
Adelheid Gealt und James Byam Shaw, *Domenico Tiepolo: The Punchinello Drawings*, George Braziller, Inc., New York 1986
Maurizio Fagiolo und Maurizio Marini, *Bartolemeo (e/o) Pinelli 1781-1835 e il suo tempo*, Centro Iniziative Culturali, Pantheo, Rom 1983
F. T. Marinetti, *La Cucina Futuristica*, engl. Übersetzung, Bedford Arts Publishers, San Francisco 1989

Bildnachweise

Autorenfoto (Umschlagklappe): Eileen Brady-Nelson
Autorenfoto, Seite 6: Richard Bowditch
Seite 6, u.l. und Seite 7, u.: Julia della Croce (Privatsammlung)
Seite 7, o.: Tiepolo-Illustration, von einem Druck von Georg Friedrich Schmidt; mit freundlicher Genehmigung der Newark Public Library
Seite 8: Flavia Destefanis (Privatsammlung)
Alle anderen Aufnahmen von Ian O'Leary, mit Ausnahme der Seiten 30–43 (Dave King) und der Seiten 46–47 (Tim Ridley)